JN069857

武蔵野大学
法学研究所叢書
2

検討！ABLから事業成長担保権へ

池田眞朗
［編著］

武蔵野大学出版会

はしがき

武蔵野大学法学研究所では、2023 年 3 月末に、念願の研究所叢書第 1 巻『SDGs・ESG とビジネス法務学』を出版したが、ここに続けて第 2 巻を上梓することになった。

本書は、2023 年 2 月 28 日に武蔵野大学有明キャンパスで開催された、同大学法学研究所主催の、中村廉平教授追悼・担保法制シンポジウム「検討！ABL から事業成長担保権へ――中小企業金融の近未来」（当日のチラシを後掲する）の全報告を収録・再現し、併せてそれらを補充する 3 論稿を掲載するものである。

本書の内容とその出版の意図については、冒頭の池田眞朗「変革の時代の民事立法のあり方とビジネス法務学――本書の解題を兼ねて」をご参照いただきたいが、重ねて述べておきたいことは、第 1 巻に続けて、現下のビジネス法務学の喫緊の重要課題をテーマにしていることと、本書に収録したシンポジウムは、法律学のシンポジウムではなく（もちろん法律学と重なる部分はあるが)、「ビジネス法務学」のそれである、ということである。

今、この変革の時代に必要なのは、現実の社会の「動態」を適切にとらえて、社会の今後のより良い発展に貢献できる学問である。そこで重要になるのは、既存の学理に拘泥するのではなく、どのように世のため人のためになる「ルールの生成」に寄与できるか、ということであろう。

私共が、2018 年 4 月に大学院法学研究科を「ビジネス法務専攻」として開設したのは、まさにそのような認識があった故である。

もとよりビジネス法務学なる学問は、私共が現在生成中のものである。しかし少なくとも、本叢書第１巻第２巻を通読していただければ、私共が確立しようと努力している「ビジネス法務学」の本質が、ある程度ご理解いただけるのではないかと思う。

また本書では、ビジネス法務学において必要となる「産官学連携」の一つの形を示せたという自負もある。財務省近畿財務局、金融庁、経済産業省（登壇順）の３省庁の報告に、産としてのABL協会の関係者を含む研究者教員・実務家教員（法曹）の報告や論稿を加えた、大学研究所主催のシンポジウムは、管見の及ぶ限りでは他に例を見ない。すなわちビジネス法務学は、いわゆる大学研究者だけで形成できるものではなく、実務家、法曹、官僚という多様な人材の結集によってかたち造られるものである（その点に関連していえば、武蔵野大学法学研究所および大学院法学研究科が、社会構想大学院大学との連携のもとに、2019年から文部科学省の「持続的な産学共同人材育成システム構築事業」による「実務家教員COE（Center of Excellence）プロジェクト」に参加してきた経験も役立っている）。また学問分野的にも、ビジネス法務学は、法律学、経営学、経済学、会計学、公共政策学、社会学等々との連携の上に成り立つものと言える。

本書が、叢書第１巻とともに、「ルール創りの新しいかたち」を示すことに多少なりとも成功しているとすれば、それは本書所収のシンポジウムにご登壇・ご報告をくださった方々の、また補充論稿のご執筆をくださった方々の、お力の故である。シンポジウムの企画者として、また本書の編者として、深甚の御礼を申し上げたい。

本書の出版にあたっては、第１巻に続き武蔵野大学出版会の斎藤晃様に大変にお世話になった。厚く御礼を申し上げる次第である。

2023年６月

武蔵野大学法学研究所長・同大学院法学研究科長・教授

池田眞朗

武蔵野大学法学研究所　中村廉平教授追悼・担保法制シンポジウム
検討!ABLから事業成長担保権へ
－中小企業金融の近未来－
❶ 開会挨拶と本シンポジウムの趣旨
池田 眞朗
武蔵野大学法学研究所長
（大学院法学研究科長・教授）
❷ 中小企業金融の現下の課題
島田 佳樹
財務省近畿財務局理財部
金融監督第二課課長
❸ 事業成長担保権の立案内容の紹介
尾﨑 有
金融庁企画市場局参事官
❹ 我が国におけるABLの現状と、事業成長担保権への期待
山井 翔平
経済産業省経済産業政策局
産業資金課 課長補佐
❺ 法務省の担保法制立法と金融庁の事業成長担保権の比較検討
粟田口 太郎
武蔵野大学教授・弁護士
❻ 中小企業金融の近未来と事業成長担保権の評価－ABL再考
水野 浩児
追手門学院大学経営学部長・教授
❼ 質疑応答
コメンテーター
片山 直也
慶應義塾大学大学院法務研究科教授
❽ 閉会挨拶
池田 眞朗
法学研究所長
主催 武蔵野大学法学研究所
日時 2023年2月28日（火）13:30~17:00
開催方式 対面：武蔵野大学 有明キャンパス3号館3−301 およびZoom 利用のオンライン開催
参加費無料
事前登録制
■参加申込方法■　2023年2月24日（金）12:00までに下記アドレスへメールでお申込みください。メールタイトルは「2/28シンポジウム申込」と明記し、メール本文に氏名、所属（職業）、参加方法「対面」または「Zoom」をご記載ください。Zoomでの参加をご希望の方には、後日、ZoomのURLを送信いたします。
世界の幸せをカタチにする。
Creating Peace & Happiness for the World
Musashino University
武蔵野大学
お申込み・お問合せ
E-mail:a_gakubu@musashino-u.ac.jp
武蔵野大学 法学研究所　庶務担当：学部事務課
〒135-8181　東京都江東区有明 3-3-3　Tel.03-5530-7730

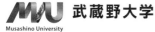

■「検討！ ABL から事業成長担保権へ――中小企業金融の近未来」シンポジウム（2023年2月28日実施）

目　次

執筆者(報告者)一覧

池田眞朗（いけだ・まさお）
武蔵野大学法学研究所長、大学院法学研究科長・教授、慶應義塾大学名誉教授

島田佳樹（しまだ・よしき）
財務省近畿財務局理財部金融監督第二課課長

尾﨑 有（おざき・ゆう）
金融庁企画市場局参事官

山井翔平（やまい・しょうへい）
経済産業省経済産業政策局産業資金課課長補佐

粟田口太郎（あわたぐち・たろう）
武蔵野大学大学院法学研究科特任教授、アンダーソン・毛利・友常法律事務所外国法共同事業パートナー弁護士

水野浩児（みずの・こうじ）
追手門学院大学経営学部長・教授

片山直也（かたやま・なおや）
慶應義塾大学大学院法務研究科教授

有吉尚哉（ありよし・なおや）
武蔵野大学大学院法学研究科特任教授、西村あさひ法律事務所パートナー弁護士

(掲載順)

変革の時代の民事立法のあり方とビジネス法務学
――本書の解題を兼ねて

池田眞朗

I　はじめに

本書は、2023年2月28日に武蔵野大学有明キャンパスで開催された、同大学法学研究所主催の、中村廉平教授追悼・担保法制シンポジウム「検討！ABLから事業成長担保権へ――中小企業金融の近未来」の全報告を収録・再現し、併せてそれらを補充する2論稿（および解題を兼ねての本稿）を掲載するものである。なお本書は、武蔵野大学法学研究所叢書第2巻として出版される[1)]。

本稿は、本書の解題を兼ねて、主催者側の本シンポジウム開催の意図と問題意識を述べるものである。本シンポジウムの主題である、担保法制と事業成長担保権の問題は、企業法務・金融法務にたずさわる実務家と、いわゆる民事法学研究者の双方にとっての、現下（2023年上半期現在）の最重要の

1)　第1巻は、池田眞朗編著『SDGs・ESGとビジネス法務学』（武蔵野大学出版会、2023年3月）である。

問題といってもよいものであり、それぞれの立場からの関心や問題意識は多様に存在すると思われる。その多様性を制約する意図は全くないが、しかし、主催者として最初に書いておきたいのは、筆者が本書後掲のシンポジウム開催挨拶で述べる通り、今回のシンポジウムは、「ビジネス法務学」のシンポジウムであって、法律学のシンポジウムではない、ということである。

もちろん、筆者が「ビジネス法務学」と称するものと、法律学とは重なる部分も当然あるが、両者はその着眼・発想において、またその本質において、大いに異なるのである[2)]。そのビジネス法務学の観点からすると、現下の担保法制の改正論議は、いわゆる法律学の世界からの議論とはまた違った角度からのアプローチがされることをまず提示しておきたいのである。

II　ABLからの発想

周知のように、2023年上半期の現在、わが国の担保法制論議は、2021年4月以来、法務省法制審議会の担保法制部会が検討を続けており[3)]、すでに中間試案を提示してパブリックコメントを募集し、その後の要綱案のとりまとめに向けた検討段階に至っている[4)]。そしてその中では、新たな包括的

---

2)　ビジネス法務学については、前注1）の巻頭論文としての、池田眞朗「これからのSDGs・ESGとビジネス法務学」（前注1）1頁以下）参照。ことに法律学との差異については同30頁以下も参照。

3)　法務省の法制審議会担保法制部会の前段の研究会としては、2019年3月から2021年3月まで、公益社団法人商事法務研究会に設けられた「動産・債権を中心とした担保法制に関する研究会」（道垣内弘人座長）があった。同研究会は、法務省民事局参事官室が事務局を務める形で、動産・債権担保法制の整備に向けた立法課題を検討し、報告書を商事法務研究会ウエブサイト上に公表している。この内容の適切な紹介・評価を示す優れた論稿として、粟田口太郎「動産・債権担保法制の整備に向けた動きと流動化・証券化取引への影響」SFJ Journal（流動化・証券化協議会会報誌）23号（2021年8月）1頁以下がある。

4)　担保法制の見直しに関する中間試案に対するパブリックコメント募集は令和5年3月20日で締め切られ、担保法制部会では第32回会議（令和5年4月25日）以降、「担保法制の見直しに関する要綱案のとりまとめに向けた検討」に入っているようである（法

な担保制度の検討も提示されている。一方それに対して、2020年12月から事業者を支える融資を検討してきた金融庁[5)]が別途、事業成長担保権についての立法提案を提示しようとしている状況にある。また、中小企業庁もすでに2021年に提案を出している[6)]。筆者らは、武蔵野大学において大学院法学研究科をビジネス法務専攻として開設している立場から、この状況をビジネス法務学の観点に立って分析・検討しようと考えた。そして、「検討！ABLから事業成長担保権へ」とのネーミングからも明らかなように、その分析の入り口にABLを想定したのである。

ABL（Asset Based Lending、この場合のAssetは流動資産を指す）については、現在、動産・債権担保融資と称されることが多いが、ABLのわが国での第一号を実施した故・中村廉平氏は、「流動資産一体担保型融資」[7)]と称していた。

しかしこのABLについては、たとえば事業担保的な考え方との違いについて、「(ABLは）事業キャッシュフローの把握を目指す点で、事業担保による与信と共通する面もある。しかし、ABLは、担保目的物の交換価値に解消されない事業（ゴーイング・コンサーン）の価値を把握することを狙いながらも、他方で、担保として具体的に把握しているのは、事業のライフサ

務省HP参照：法制審議会担保法制部会第32回会議（令和5年4月25日開催））。

5) 金融庁では、「事業者を支える融資・再生実務のあり方に関する研究会」による「論点整理」が令和2（2020）年12月25日に出され、「論点整理2.0」が令和3年11月30日に出されている。令和5（2023）年初めの段階では、金融審議会「事業性も着目した融資実務を支える制度のあり方等に関するワーキング・グループ」で審議が行われている（堀内秀晃「事業成長担保権と金融実務——資金調達促進の観点から」銀行法務21・894号（2023年2月号）1頁）。

6) 中小企業庁は、「取引法制研究会」を組織し、令和3（2021）年3月に、「中小企業が使いやすい譲渡担保制度の実現に向けた提案」を公表している。

7) 商工組合中央金庫の平成17（2005）年5月26日のプレスリリース資料News Release「流動資産一体担保型融資（アセット・ベースト・レンディング）第一号案件を実行——事業のライフサイクルを主眼とした中小企業の資金調達の新展開」参照。なお池田眞朗「ABLと新しい動産・債権担保法制への提言」事業再生と債権管理170号1頁も参照。

イクルの各段階での個別資産としての動産・債権（在庫・売掛債権等）およびその交換価値（換価代金、回収金）に過ぎない[8)]。これに対して、事業担保は、文字どおり、事業自体（継続企業価値）を担保として把握することを眼目とする。ここにABLと事業担保の本質的な差異がある」[9)]と指摘される。この指摘はもちろん的確なものであるのだが、筆者らの関心はそのような相違点にあるのではない。ABLの理念の、事業成長担保権などの事業担保法制の提案との発想上の共通点にあるのである。

それが、ABLの理念にある、運転資金の回らない中小企業者を支援するという、筆者の主張してきたところの、債務者を「生かす担保」[10)]の考え方である。かつて、中小企業の資金調達に関しては、土地・建物に抵当権を設定し、個人保証を徴求し、それらが尽きると金融機関は融資を控え、優良な製品を作っている中小企業でも資金繰りに窮して立ち行かなくなる、という図式があり、わが国のABLは、そのような中小企業に運転資金を提供し、企業活動を存続させるという狙いをもって行われるものが多かった。もっとも、このような融資形態が先行していた米国では、たとえば経営が苦しくなった百貨店の全商品をボローイングベースで評価して融資し、経営が立ち直

8）　この部分には、森田修「floating chargeの構想とABL」池田真朗＝中島弘雅＝森田修編『動産債権担保　比較法のマトリクス』（商事法務、2015年）433頁が引用されている。

9）　佐藤正謙「事業担保・包括担保の効用と限界——金融実務を踏まえて」金融法務事情2178号（2022年1月25日号）16頁。本論文は、同弁護士の「事業担保の意義と制度設計」角紀代恵＝道垣内弘人＝山本和彦＝沖野眞已編『現代の担保法』（有斐閣、2022年）325頁以下と合わせて、（実務家と学者の双方の業績を通覧しても、）本書の主題に関する卓越した参考文献と評することができる。

10）　最初に提示した論稿は、池田真朗「ABL等に見る動産・債権担保の展開と課題——新しい担保概念の認知に向けて」伊藤進先生古稀記念論文集『担保制度の現代的展開』（日本評論社、2006年）275頁以下（池田真朗『債権譲渡の発展と特例法』〔債権譲渡の研究第3巻〕（弘文堂、2010年）320頁以下所収）。その後、池田真朗「ABLの展望と課題——そのあるべき発展形態と「生かす担保」論」NBL864号（2007年9月）21頁以下（池田・前掲『債権譲渡の発展と特例法』335頁以下所収）に詳論し、池田真朗「ABL——「生かす担保論」後の展開と課題」NBL975号（2012年）32頁以下（同『債権譲渡と民法改正』（弘文堂、2022年）406頁以下所収）でフォローしている。

らなければ即担保実行をして清算するという、スクラップアンドビルド型のABL も多かったようである。しかしわが国の ABL は、売掛金や在庫を担保に取っても、その担保は、債務者の企業活動を継続させるためのもので、債権者が即実行して融資金を回収するのではなく、債務者を「生かす」担保として徴求し、融資者（債権者）は債務者の在庫の状況や売掛先の吟味等をしながら融資を継続するという、いわゆるリレーションシップバンキングを行うものとして想定された。

もとより、融資者にとってその利ざやは大きなものではなく、在庫評価等をアウトソーシングした場合の費用等もあって、最近の低金利の続く状況下では、ABL は金融機関が喜んで採用する取引にはなっていない。しかしながら、ABL の理念は、例えば、優良な製品を作り地場産業を支えているような中小企業を支援して事業を存続させることによって、それが地域経済の健全化、活性化につながり、ひいては地域金融機関にも利益をもたらす、というような考え方につながっていた。少なくとも、この考え方は、ビジネス法務学の観点からは正しいものであり、またこれが、SDGs の観点からも再評価に値するといってよい[11)]。

---

11)　ABL についてのこのような観点からの「生かす担保」論は、金融法関係の学会等でも一定の認知を得ていると考えるが（例として、中島弘雅教授（当時慶應義塾大学教授）の主宰された 2011 年の金融法学会シンポジウム「ABL の過去・現在・未来――実務と比較法の対話」がある。中島「ABL 担保取引と倒産処理の交錯―― ABL の定着と発展のために」金融法務事情 1927 号 71 頁以下参照）、一方、生かす担保論について触れなかった学会報告例として、2022 年の金融法学会シンポジウム「動産・債権担保法制の近過去・近未来」における、阿部裕介准教授の報告「ABL の機能から見た判例法理の意義」（金融法研究 38 号 43 頁以下）がある。阿部准教授は、活字になったものを読む限りでは、報告の中では「生かす担保」の用語を（意図的にかどうかは不明だが）全く用いず、早稲田大学の白石大教授から、「阿部報告では「生かす担保」として ABL を性格づけることについてどのように考えておられるか」という当然の質問を受けている。また阿部准教授はその回答として、「生かす担保」論は、阿部報告がいう「事業保護機能」のほうで受け止めていると回答されているが（金融法研究 74 ～ 75 頁）、同准教授の報告における「事業保護機能」は、「他の債権者による個別執行から事業を保護する」機能として説明されている（同 44 頁）。確かに全資産担保には、解体を招くような他の

筆者らがこの発想を出発点として本シンポジウムを開催することにしたのは、まさに、現下の担保法制改正論議が、誰のための、何のための改正を目指しているのかということを検討の基本に置くべきであるという主張の表れであることをまずご理解いただきたい。

Ⅲ　立法の出発点—法律学とビジネス法務学の違い

ABLが行われるようになって以降の担保法制に関する研究者中心の論文集としては、まずABL協会の中に組織されたABL法制研究会の成果物である、池田真朗＝中島弘雅＝森田修編『動産債権担保　比較法のマトリクス』（商事法務、2015年）年があげられよう。さらに、法制審議会担保法制部会開始後のものとして、田高寛貴編著『担保法の現代的課題—新たな担保法制の構想に向けて』（商事法務、2021年）が挙げられる。ここでは、その後者の冒頭論文である、藤澤治奈「岐路に立つ日本の動産担保法制」[12)]に触れたい。この論文は、「Ⅰ　はじめに」の後が、「Ⅱ　一元主義か？多元主義か？」「Ⅲ　刻む担保か？まとめる担保か？」と続いている。藤澤教授が、現代のわが国の担保法学者のホープであることは疑いのないところであり、この論稿も法律学的には優れたものと考えるのであるが、この論文の構成がまさに現代の法律学の「立法」に対するアプローチの仕方を表しているのであって、ビジネス法務学では、こうはならないのである。

つまり、少なくとも筆者の考えるビジネス法務学では、最初に問題にすべ

債権者からの個別執行を防ぎ、支援を継続しようとする担保権者による保護のもとで事業を一体として存続させることができるという意味（粟田口太郎、法制審議会担保法制部会第31回会議参考人意見資料（https://www.moj.go.jp/content/001393066.pdf）注3参照）においては、債務者を「生かす」機能があるということは否定しないが、筆者らの提示してきた「生かす担保」論（上記粟田口参考人の意見陳述はそれを強調している）とはその着眼においてかなりの隔たりがあると言わざるを得ない。

12）　藤澤治奈「岐路に立つ日本の動産担保法制」田高寛貴編著『担保法の現代的課題——新たな担保法制の構想に向けて』（商事法務、2021年）1頁以下。

きは、誰のための、何のための立法か、ということなのである。一元主義か多元主義かとか、刻む担保かまとめる担保かとかは、論じる順番は後になる。たとえば、中小企業の資金調達をより円滑にする必要があるならば、あるいは地域経済の活性化を図る必要があるならば、それらのためにはどういうルールを作るべきか、というところから考えるのがビジネス法務学なのである。

この点で、我々は2017年の民法債権関係の大改正（2020年施行）の反省を思い浮かべるべきである。この改正では、学者中心で議論が進み、学理優先の改正が多くあった。規定の理論的な整合性や学説上の論争の整理などが目立って、実務界や弁護士会から、立法事実（改正すべき具体的な問題点）の希薄さが批判されたりしたのである。この失敗を繰り返してはならない。

Ⅳ　立法担当者の関心事と立法の姿勢

同様なことは、政府の立法担当者が何に関心をもち、どういう基本姿勢で立法に臨むか、についてもいえる。今回の法制審議会担保法制部会の開始から間もない時期だったと思うが、ある立法関係者が、「債権質という規定があるのにこれを使わずに債権譲渡担保に走るのは好ましくないから債権質を使わせたい」という趣旨の発言をするのを聞いて、筆者は耳を疑った。現在はそのような発言はなくなっているだろうと思う（思いたい）が、民事取引の世界で、為政者が自分たちの作ったルールを「使わせる」という発想自体が適切ではないのである。民事立法の担当者は、法律を「使わせる」のではなく、「使われる」法律を作らなければならない。

ことに、担保法の世界では、市民は、使い勝手の悪い、あるいはメリットのない、ルールは使わないのである。これは、私が「行動立法学序説」[13)]と称した論稿でも明らかにしているところなのだが、民法で言えば、明治民

13)　池田真朗「行動立法学序説――民法改正を検証する新時代の民法学の提唱」法学研究〔慶應義塾大学〕93巻7号（2020年）57頁以下、同『債権譲渡と民法改正』〔債権譲渡の研究第5巻〕（弘文堂、2022年）599頁以下収録。

法以来のいくつかの実証例がある。明治民法典制定以前から債権担保の手法として使われてきた「買戻し」(民法579条以下)が、民法典の規定が詳細で融資者にうまみがないためになかなか使われなくなり、再売買一方の予約(民法556条に基づく)が代替的に使われたとか[14)]、昭和の中期以降に流行した仮登記担保と代物弁済予約を組み合わせる融資手法(ただしこれには法潜脱の面もあった)が、昭和53(1978)年の仮登記担保法の施行で全く使われなくなった[15)]など、参考となる先行例から十分に学ぶべきである。

V　規制法と促進法

これも筆者が「行動立法学序説」の論文に書いたところだが、これからの法律は、規制法ばかりでなく促進法も積極的に作られるべきである[16)]。変革の時代にあっては、法律の役割は、市場を規制するだけでなく、新たな取引形態を支援し促進することが必要なのである。ちなみに筆者が立案から立法まで関与した取引促進法としては、平成10(1998)年の、債権譲渡登記制度を創設した債権譲渡特例法(のちに平成16(2004)年に動産譲渡登記制度を加えて動産債権譲渡特例法となる)と、平成19(2007)年の、電子記録債権制度を創設した電子記録債権法がある。

ここでは詳論を避けるが、前者は、民法467条2項の定める、債権譲渡の第三者対抗要件としての債務者に対する確定日付のある証書による通知が、企業が資金調達のために行う大量債権の譲渡に不便であることから、多数の譲渡情報を磁気媒体(当時はフロッピーだったが現在はUSBやCD-ROM)に入れて申請して(さらに直接の電子申請も可能である)、法務局(東京法務局の一局扱い)のコンピューターに登記するもので、当時は登記の電子化の

---

14)　池田・前注13)論文64頁以下、同『債権譲渡と民法改正』607頁以下。

15)　池田・前注13)論文69頁以下、同『債権譲渡と民法改正』612頁以下。

16)　池田・前注13)論文83頁以下、90頁以下、同『債権譲渡と民法改正』629頁以下、637頁以下。

第一号となったものである。これは現在まで非常に多く使われ、債権譲渡による資金調達を大きく発展させた。またその後に言われるようになった、企業や金融機関におけるIT化、DX化に資するものともなったわけである[17)]。

後者の電子記録債権は、民法上の指名債権（2017年民法改正までの表現）でも、手形法上の手形債権でもない、第三の類型の、コンピューター上の記録によって発生し記録によって移転する電子記録債権というものを創設したものである。これは機能としては紙の手形を置き換えることのほかに、指名債権と違って確実なエビデンスがあることから担保活用の適性があり、さらにごく最近では、契約書自体や仕様書なども記録できることから、建設請負契約の電子契約などにも活用されている[18)]。

要するに、現代のルールメイキングは、取引の規制と促進の双方を勘案してされるべきなのである。

VI　ABL支援とスタートアップ支援の共通点

その観点からさらに視野を広げたい。筆者らは、ABLから発想をスタートさせたが、たとえばかなり早い時期から、日本銀行は、ABL支援とスタートアップ企業支援の両者を対象にした融資枠の設定などを試みていた[19)]。この二つは、実は金融機関が「ある程度のリスクを勘案しながら支援すべき」対象として、共通する性格を持つのである。つまり、融資する側が、安全確実な融資先ばかりを優遇するのではなくて、社会的に有用な製品を生み出し

---

17)　なお、債権譲渡通知のIT化・DX化の最近の動きとしては、池田真朗「債権譲渡通知・承諾のIT化特例と債権譲渡登記・電子記録債権」NBL1206号（2021年）10頁以下、同『債権譲渡と民法改正』645頁以下。

18)　なお、最近の電子記録債権の活用形態については、池田真朗「電子記録債権の活用最前線—受発注情報活用融資、電子契約、電子帳簿法改正への対応」（池田『債権譲渡と民法改正』500頁以下。

19)　日本銀行は2011年6月に中小・ベンチャー企業を対象としたABL等に5000億円の新貸出枠を設定する発表をしている（日本経済新聞2011年6月15日付朝刊記事参照）。

たり、市民生活を豊かにする事業計画を実現しようとしている企業を融資者側が見出し、それを支援して、ひいては融資者側の利益につなげるという、融資者側の新世代の「目利き」、「見識」、「創意工夫」が問われるというところで共通点を持つのである。今回の金融庁の事業成長担保権の提案も、そのような視野と射程を考えて設計されているものと筆者は理解している。

また、そのようなレベルまでの被融資者（債務者）の支援は、それだけ融資者のリスクが上がり、利益見込みが少なくなるのであるから、ひっきょう、「生かす担保」論の提唱者の理想論に過ぎない、と片付ける向きがあれば、筆者としては、（別稿にも述べたところだが）すでに現代の金融法務は、「すべてのステークホルダーが持続可能性を自分事と考えて協力しなければ維持発展が望めない状況」になっている[20)]と反論しておきたい。

Ⅶ　本書の構成と２本の論稿を追加した理由

本稿の冒頭に記したように、本書は、2023年２月28日に開催された、担保法制シンポジウム「検討！ ABLから事業成長担保権へ――中小企業金融の近未来」の全報告を収録・再現し、併せてそれらを補充する２論稿を掲載するものである。ここではその２論稿の追加の理由を述べておきたい。

まず、有吉論文「事業成長担保権に信託を用いることに関する一考察」であるが、これは、シンポジウム当日にフロアから頂戴した複数の質問・感想用紙に書かれていた、金融庁案の事業成長担保権における信託の用い方についての質問や意見に応えるものとして、筆者が有吉本学特任教授に依頼したものである。そこでは、信託を用いる理由についての質問や、信託を用いることに反対しないが、使い勝手の良いものにしてほしいとか、信託についてあまり詳細厳格な規定を置かないでほしいという記載があった。ちなみにこ

20）　池田真朗「今後の金融法務の展望――SDGsとESGの発想を入れて」銀行法務21・872号（2021年７月号）１頁参照。

れらはいずれも、筆者が本稿Ⅳで書いた趣旨に合致するものである。シンポジウム当日に議論ができなかった点について、有吉論文が、論者の見解を表明するとともに、議論の場を整序するものとなれば幸いと考えている。

次に、最後の片山論文「事業を目的とする担保をめぐる２つの理論的課題」である。片山教授には当日のシンポジウムを結ぶコメンテーターとしてオンラインで参加をいただいたのであるが、実は片山教授には、以前からこのような包括的な担保の考え方についての、フランス法などの検討を含めた研究成果がある。この成果もまた、現下の日本国内での（どうしても解釈論的に細かくなっていく）議論に、異なる視点や考え方を提供しうるものではないかと筆者は考えた。もちろんコメンテーターとして限られた時間の報告では尽くせなかった部分や背景部分を補充していただくということも考えて、別稿執筆をお願いした次第であるが、同論稿は、その期待を超えて、伝統的な法律学の観点からも本書の主題を整理し展望するものとなっている。

Ⅷ　おわりに―変革の時代の民事立法のあり方とビジネス法務学

本稿で私は、民事立法の担当者は、法律を「使わせる」のではなく、「使われる」法律を作らなければならない、と書いた。変革の時代にあっては、この発想は当然ながらより重要となる。つまり、法が市民社会を権威主義的に指導・誘導する、という考え方は、現代においてはもちろん誤りであると考えるが、変化の激しい時代には、さらにこれまでと違った立法の「見識」が問われるのである。

わかりやすい例を挙げれば、暗号資産（仮想通貨）に対する対応、脱炭素化とそれに対するESG投資等に対する対応、ごく最近のChat GPTに対する対応などが好例として挙げられる。

これらについて、どれをどう規制しどう促進させるか、そもそも法律の形で関与するかしないか、官庁や業界団体のガイドラインなどのソフトローで対処するか、など、選択肢は多様化しており、またそれらの問題に対する対応の速度を上げる必要があり、かつ、迅速な対応を心掛けつつ間違ってはいけない、何よりそこに、居丈高ではない形でこの社会を考える理念、倫理観などを含めた判断力がなければならない、などという高度な要請がなされているのである。

これらは、ビジネス法務学では当然の主たる検討対象なのだが、法律学の世界で、今、どれだけ「主要な」検討課題として意識されているだろうか。

つまり、変革の時代の民事立法は、構造的に変容しなければならないのかもしれない。担当省庁が、学者を中心にして有識者や実務家を集めて研究会や審議会を開き、原案を作ってパブリックコメントを求める、というプロセスにも、もはや限界が来ているのかもしれないのである。自戒も込めてあえていえば、そもそも多くの法学者が、時代の変化に追いついているか、という大きな問題がある。立法論を研究対象から外し、緻密詳細な解釈論の世界で育ってきた学者が多いのである。学理優先と批判された2017年の民法債権関係改正は、その限界の予兆であったのかもしれない。改正原案を作るべきは、学者ではなく取引実務の最先端にいる実務家（弁護士、企業法務・金融法務関係者、消費者団体関係者など）であったのではないかという疑問である[21)]。

その意味では、担保法制の改正という現下の課題について、法務省と、金融庁、中小企業庁などは、それぞれに担当する職掌が異なり、把握している取引実務も、立法の必要性を認識する角度も異なる。そう考えれば、担保法制の改正について、各省庁からそれぞれの立法提案がなされた今回の事象は、ある意味、この変革の時代には、当然であり歓迎すべきことなのかもしれないと考えるのである。

その分、複数の提案を投げかけられた実務側の関与責任も重くなる。かつ

21）　筆者は、「法律は、作ってから解釈を工夫して運用するものではなく、作る前に効果を想定しシミュレーションをして作るもの」との指摘をしている（池田・前注13）論文61頁、同『債権譲渡と民法改正』603頁）。2017年の民法債権関係の改正では、その観点から見て問題を含むものが多かった。それゆえ立法素案の段階から、実務家中心の参画が望まれるのである。

て筆者は、民法債権関係の改正に関して、ある金融機関関係者から、「決まれば決まったで対応を考えます」という言葉を聞いたことがある。これはこれからの時代には改めていただきたい態度である。新法施行にともなう契約書の書式の変更一つにしても、それはビジネス上の損失なのである。改正の現実的な必然性が不明なままに実務が不要とも言うべき対応と支出に追われるとしたら、それはあってはならない法改正なのである。

ビジネス法務学や行動立法学の視点からは、今回の担保法制改正は、わが国の民事立法の、そして取引社会自体の、大きな試金石ではないかと考える。実務側が、「各省庁がいくつも立法提案をして、結果が見ものだ」などという、他人事のように無責任な対応をするのであれば、それは強く批判されるべきである[22)]。私見の見るところ、各省庁は、（前例とか旧慣とかの制約はありつつも）それぞれにベストを尽くして、責任を果たそうとしている。直接の立法提案を試みてはいない経済産業省や財務省も、法務省や金融庁の提案の分析検討に努め、協力を試みている。願わくば、近い将来に実現するであろう担保法制改正法が、わが国の取引社会で広く「使われる」ものとなり、企業活動の隅々に資金が行きわたるものとなってほしいと祈るものである。そのためには、諸規定の些末な調整に注力をするのではなく、誰のための、何のための立法かという根本を、最後まで見据えてほしいと思うのである。

以上の諸点から、改めてABLから事業成長担保権への系譜を、「世のため人のための立法」という観点から見るならば、これは全国民が検討するに値する立法提案であるといってよい。本書が、今回の中村廉平教授追悼・担保法制シンポジウム「検討！ ABLから事業成長担保権へ——中小企業金融の近未来」を、一書を充てて再現し補充する所以である。

---

22)　本書収録のシンポジウムの報告者の一人でもある、本学法学研究科特任教授の粟田口太郎弁護士は、つとに「私たち実務に携わる立場の者は、法律家であるか否かを問わず、あるべき実務と、実需の観点から、この立法が最善のものとなるよう、必ずしもパブリックコメントを待たずに、できるだけ早い段階から、幅広く意見を発信し、より良い立法に反映させていくことが、ぜひとも望ましいものと思われる」と書いていた（粟田口・前掲注3）論文11頁）。まさに最重要の提言といえよう。

開会挨拶と本シンポジウムの趣旨

池田眞朗

武蔵野大学の法学研究所長および大学院法学研究科長を務めております、池田眞朗でございます。法学研究所主催の、中村廉平教授追悼・担保法制シンポジウム「検討！ ABL から事業成長担保権へ――中小企業金融の近未来」を開始いたします。本日は、この会場とまたオンラインでの多数のご参加をいただき、誠にありがとうございます。200 名に及ぶ方々のお申込みを、会場・オンラインの両方合わせての数ですが、頂戴をしております。主催者として開会のご挨拶と、本シンポジウムの趣旨説明をさせていただきます。

本学は教育機関としては、来年 2024 年に創立 100 年を迎えますが、女子大学から共学に変わりましたのが 2004 年で、その後多くの学部を創設して本日に至ります。法学部は文字どおり新興でございまして、2014 年に、それまでの政治経済学部を改組して、法学部と経済学部にいたしました。法律関係はほぼゼロからのスタートで、2012 年の開設準備段階から、私がカリキュラム作成や人事構成の責任者を務めました。

そして教育面では「マジョリティの学生のためのルール創り教育」を標榜する新しい法学部を開設いたしました。ちょうど大学全体で 4 学期制を採用した時期で、それに対応させて、民法財産法をすべて2年時までに終えてしまうという、独自の「民事基本法先行集中学習カリキュラム」を採用しております。

研究面では、故中村廉平教授のイニシアチブで、まず中小企業金融研究からスタートいたしまして、2014年の最初の法学部開設記念シンポジウムのテーマは、「21世紀の資金調達と民事法の役割——中小企業の発展と市民の幸福のために」というものでありました。その際は、当時の北川慎介中小企業庁長官と、須藤正彦元最高裁判所判事を招待講演者にお迎えをいたしました。その折の中村先生の報告が、「個人保証の問題点と停止条件付経営者保証」でありました。これは武蔵野法学の第1号に掲載されておりますけれども[1)]、本日、会場ではその日の中村先生作成の報告資料のコピーをお配りした次第です。

本学ではその後、大学院法学研究科をビジネス法務専攻として修士課程を2018年に開設いたしまして、同博士後期課程は2021年に開設しております。法学研究科は、金融法務学、SDGs・ESGとビジネス法務学、そして高齢者法学、これらを3本の柱といたしまして、わが国における研究拠点となることを目指しております。また、金融法務学関係のその後の実績としましては、2021年2月に法学研究科博士後期課程開設記念の3連続フォーラムの第1回として電子契約フォーラム、第2回として、担保法制フォーラムを開催いたしまして、その記録を武蔵野法学15号に収録しております[2)]。

なお、中村先生はABL協会の運営委員長もお務めになられておりましたが、その ABL協会の理事長は私が務めておりまして、それから中村先生の

---

1)　武蔵野法学1号（2014年12月刊）は、2014年4月19日に開催した法学部開設記念シンポジウム「21世紀の資金調達と民事法の役割——中小企業の発展と市民の幸福のために」全体を収録し（同号1頁以下)、中村廉平教授の「個人保証の問題点と停止条件付経営者保証」は同号53頁以下である。なお武蔵野法学は、現状では5=6合併号以降が武蔵野大学学術機関リポジトリで閲覧可能である。

後の運営委員長を、本日の報告者の、弁護士である粟田口太郎本学法学研究科特任教授が引き継いでくださっています。

以上の次第で、本日のシンポジウムは、まさに改革の動きのさなかにあるわが国の担保法制に関して、産官学連携の新たな試みとして、産としてのABL協会や関西経済界、それから官として金融庁、経済産業省、財務省近畿財務局の皆様、学として追手門学院大学経営学部長の水野浩児教授と慶應義塾大学法科大学院の前院長の片山直也教授というメンバーで世に問う、中小企業金融の近未来に関するシンポジウムということになった次第でございます。なお、本日、片山教授におかれては海外出張中でいらっしゃいまして、フランス、トゥールーズからZoomでご参加をくださる予定でございます。

本日のシンポジウムは、出発点として、ABLを動産・債権中心の流動資産一体担保型融資と捉えまして、そこからの発展形として、企業の事業性評価とつながる包括担保権としての事業成長担保権を考えるということにいたします。また、一方で、周知のように法務省が現在、法制審議会で担保法制の改革を検討して、パブリックコメントを求めたりしている現状でございますので、そちらとの比較も行いつつ、わが国の中小企業金融のあるべき方向性を検討するものとしたいと考えております。

そこで、まずご参加の皆さまにご理解いただきたいことは、これは法律学のシンポジウムではなく、法学研究科ビジネス法務専攻を有する武蔵野大学法学研究所が主催する、「ビジネス法務学」のシンポジウムであるということであります。ビジネス法務学自体が生成途上でありまして、私どもはその確立に努力している最中なのですけれども、法律学とビジネス法務学は違います。端的に申し上げますと、ビジネス法務は法律の立法や解釈だけで動い

---

2)　武蔵野法学15号は、横書き冒頭に池田眞朗「ビジネス法務学序説―武蔵野大学大学院法学研究科博士後期課程の開設にあたって」を掲載し（402頁以下）、その後に「第1回 電子契約Onlineフォーラム」「第2回 担保法制Onlineフォーラム」「第3回 高齢者とビジネスと法Onlineフォーラム」をすべて収録する（第3回分に一部収録除外あり）。

ているものではありません。私自身、行動立法学[3)]というものを提唱して、解釈学偏重といわれる旧来の法律学に、いわば反省を促しているところではあるのですが、ビジネス法務学というのは、世の中の動きを総合的に把握して初めて進展するものであります。

つまり現在の法律学は、出来上がっているルールの解釈に大きな比重を置く、その意味で静的な、かつ他の学問分野との交渉の少ない、閉鎖的な学問になってしまっていますが、ビジネス法務学は、まず時代の変化をとらえる動的な学問であるべきところが、法律学との決定的な差異と申し上げてもいいと思います。そしてビジネス法務学は、学問分野でいえば経営学とか経済学とか商学とか会計学とか公共政策学とか、そういうものとの連携の上に成り立つものであります。ご参加の皆さまには、本日の各登壇者の報告を、そのような観点でまず捉えていただきたいと思います。

なお、本学法学研究所では、この３月末に『SDGs・ESG とビジネス法務学』という論文集を法学研究所叢書第１巻として出版いたしまして、その中でビジネス法務学の確立に近づきたいと思っているところであります[4)]。

また、本日のプログラム構成は地域金融の実務や学際的な交流も意図して、水野教授や近畿財務局の、関西における活動も紹介しつつ、西と東の意見交換・交流も意図しております。

いずれにしましても、本日は大変幸いなことに官界、学界、実務界からベストメンバーと申し上げてよい皆さまにおそろいをいただきましたので、主催者としましては現下の議論にかなりのインパクトを与えるものとしたいと

---

3)　池田真朗「行動立法学序説――民法改正を検証する新時代の民法学の提唱」法学研究〔慶應義塾大学〕93 巻 7 号（2020 年）57 頁以下、同『債権譲渡と民法改正』〔債権譲渡の研究第 5 巻〕（弘文堂、2022 年）599 頁以下所収。

4)　池田眞朗編著『SDGs・ESG とビジネス法務学』〔武蔵野大学法学研究所叢書第 1 巻〕（武蔵野大学出版会、2023 年）は、池田眞朗「これからの SDGs・ESG とビジネス法務学」、本田圭（本学法学研究科客員教授・弁護士）「再生可能エネルギー法の展開と ESG」など 13 編の論稿を収録している。

考えているところでございます。

それでは、ここで故中村廉平先生について少しご紹介をさせていただきます。中村廉平先生は、かつて商工組合中央金庫（商工中金）の法務室長や組織金融部担当部長として、金融業界、ことに中小企業金融の世界を牽引し、かつ、金融専門誌に多数の論考を発表されて、理論面でも金融法学の世界を実務家の立場で代表されていた方であります。法制審議会、産業構造審議会、中小企業政策審議会の各部会委員、それから内閣府構造改革評価タスクフォース委員も務められました。そして、2014年4月からは武蔵野大学法学部教授に就任されました。今日でいう実務家教員の、まさに先駆者、先導者というべき方であります。

その中村先生が2005年に商工中金にご在籍中、福岡銀行と組んで、わが国最初のABL案件を実施されました。そこで私は2006年に「生かす担保論」[5)]を書いてサポートさせていただいたわけですが、先生はその後、ABL協会では学者や実務家を集めた、ABL実務研究会も組織され、わが国のABLの実務と理論をリードしておられました。また、中小企業庁や金融庁、経済産業省等でのご活躍も大きく、経営者保証と事業承継の問題についてもガイドラインづくり等で活躍されておられました。

私は2014年に武蔵野大学法学部を作ります際に、いわば創設のパートナーとして中村先生をお誘いし、法学部教授となっていただいたのですが、それからは立教大学の非常勤講師として、さらに東北大学でも授業を持たれるということで、研究教育に精力的に活動しておられました。しかし、先生は2015年9月にくも膜下出血で倒れられました。その後、回復されたのですが、

---

5)　池田真朗「ABL等に見る動産・債権担保の展開と課題――新しい担保概念の認知に向けて」伊藤進先生古稀記念論文集『担保制度の現代的展開』（日本評論社、2006年）275頁以下（池田真朗『債権譲渡の発展と特例法』〔債権譲渡の研究第3巻〕（弘文堂、2010年）320頁以下所収）。その後、池田真朗「ABLの展望と課題――そのあるべき発展形態と「生かす担保」論」NBL864号（2007年9月）21頁以下（池田・前掲『債権譲渡の発展と特例法』335頁以下所収）に詳論する。

高次脳機能障害という後遺症が残り、医師の診断で教壇への復帰がかなわないまま病気療養、休職となりまして、2017年3月末日で大学は任期満了・退職となりました。さぞご無念であったと思うのですが、その後、ご療養中の2019年2月3日に誤嚥性肺炎で入院され、2月18日に他界されました。まだ62歳であられました。

亡くなられてから、ちょうど4年が経過いたしますが、この間、新型コロナ禍のために追悼行事も行われないままでまいりました。先ほど、本シンポジウム開催に先立ちまして、ささやかなセレモニー[6)]ということで、奥様中村朱美様に記念品を差し上げましたところですが、中村先生がご存命であれば、この1月で66歳になられたところですから、現在の担保法制の改正論議、そして本日のテーマである事業成長担保権の創設論議に、必ずや関わられて大きな、おそらくは中心的な役割を果たしていたものと思われます。これが本日のシンポジウムに、中村廉平教授追悼と銘打たせていただいた所以であります。天上の中村先生に喜んでいただけるようなシンポジウムにしたいと念じております。

なお、主催者として、あらかじめお願いを申し上げますが、これだけのテーマで、これだけのメンバーですので、13時30分開始で17時終了予定としてございますが、若干の延長の可能性はお許しをいただきたいのと、それから、お手元の質問票は、実際にはご意見、ご感想をいただくというもので、時間の関係でほとんどが後日、活字にする際に反映をさせていただくということになろうかと思いますので、あらかじめお許しをお願いしたいと思います。以上、私からの開会のご挨拶とさせていただきます。本日は、どうぞよろしくお願いいたします。

---

6)　なお、当日の開始前セレモニーとシンポジウム前半の司会は、金安妮武蔵野大学法学部准教授が担当した。

中小企業金融の現下の課題

島田佳樹

財務省近畿財務局金融監督第二課の島田と申します。本日はよろしくお願いいたします。『検討！ ABL から事業成長担保権へ――中小企業金融の近未来』ということで、歴史ある担保法制シンポジウムにお招きいただきまして、誠にありがとうございます。本日は「中小企業金融の現下の課題」をテーマとして、これからの事業成長担保権につながるような、中小企業金融を取り巻く現状を簡単にご説明したいと思います。

I　近畿財務局のご紹介

まず、近畿財務局のご紹介をさせていただきます。財務局は財務省と、財務省と金融庁の総合出先機関としてもブロック別に設置されております。9財務局、1財務支局がブロック別に、あとは各府県に財務事務所、出張所がある、省庁別でも各府県に拠点が存在している官署です。

財務局の使命は財務省と金融庁の施策を地域に広報するとともに、地域の意見要望や実情を伝えるということと、地域の特性を踏まえた施策を実施するという、地域に貢献する官庁というふうに捉えていただければと思います。

具体的な業務として五つ記載しておりますが、私が携わってる業務は真ん中の金融行政という部門でして、金融機関が地域の事業者へ金融仲介機能を発揮しているか、事業者支援が適切に行われているかといった観点に立ちまして、地域銀行や信用金庫、信用組合の日々の監督や検査を行っております。金融監督第二課は、近畿管内の信用金庫や保証協会を監督している部署ということになります。

II　最近の経済情勢

次に、最近の経済情勢ということで、財務局で実施している法人企業統計調査につきまして、令和4年7月から9月期の調査によりますと、売上高は増収、経常利益も、感染症の影響が緩和されたことによる需要増の影響などを背景に、輸送用機械を中心とした製造業で回復が進んだことなどから、全体としてはこちらも増益傾向となっています。

設備投資計画になりますが、全産業で62.8兆円、前年比プラス14.3%と引き続き好調な計画で、過去の12月時点計画と比較しても最大の数字となっております。足元の設備投資が好調な要因として、好調な企業収益が継続していること、DX投資やGX投資が活発化していること、2021年度に予定されておりました設備投資計画の先送り分が持ち越されてきたことで、ここにきて設備投資意欲が高まっているということが挙げられます。

雇用環境になりますが、雇用環境は有効求人倍率も上昇傾向で、企業側のマインドも人材不足と見る状況が継続しており、今後もさらに不足感の強い状況が予測されます。新型コロナウイルス感染症により雇用に一時過剰感があったものの、足元ではコロナ前の水準にまで戻ってきている状況です。

2022年の春闘の状況ですが、賃金が2.07%、賞与が8.92%と増加しているところが見て取れます。

先ほど賃金は伸びていると言いましたが、12月の消費者物価指数前年同月比はプラス4.0%と、それを上回る伸びです。左のグラフ、コア消費者物価指数、生鮮食品を除いて計算された指数のことを指す通称ですが、この寄与度の内訳を見ると、黄色のエネルギーの部分と、黄緑色の生鮮食品を除く食料が価格上昇の要因となっていることが分かります。なお、コア消費者物価指数の伸び率は消費増税の影響を除きますと、1981年12月のプラス4.0%以来、41年ぶりの上昇率となっております。

関西のトピックスのご紹介です。まず、開催まで774日になりました、大阪・関西万博のトピックスです。これから関西経済に大きな影響を与えると期待され、来場者は約3000万人、経済効果は約2兆円と試算されているところです。テーマは、『いのち輝く未来社会のデザイン』として、「未来社会の実験場」の具体化に向けたアクションプランとして「空飛ぶクルマ」、「自動運転」、「水素発電・アンモニア発電」などが挙げられています。

Ⅲ　中小企業を取り巻く金融行政

企業を取り巻く金融行政ということで、まず、これまでの金融行政の定義を簡単にご説明いたします。元は大蔵省の中に銀行局が設置されていましたが、ご存じのとおり、金融機関の不良債権問題がありまして、2000年に金融庁が発足、当時は金融危機へ対応するために主要行を中心として、金融検査マニュアルに基づき資産査定を実施して、いかにして不良債権の処理を加速化させていくかといった観点から、厳格に行政を行ってまいりました。不良債権問題が落ち着きを取り戻した後、金融機関を処分する方針から、金融機関が地域のために貢献できるように育成していく方針に舵を切り、リーマンショックによる金融不安や景気の悪化の中で、中小企業金融円滑化法が施行され、金融機関に対して企業から条件変更の申し出があれば丁寧に対応することや、貸し渋りを行っていないかといった観点で金融機関を監督していくという、大きな転換がありました。

その後、2010 年代に入り、「資産査定」は原則、金融機関の判断を尊重することとなり、金融機関も融資だけではない、持続可能なビジネスモデルを模索していくこととなります。2020 年に入り、コロナの感染拡大に伴い、いわゆるゼロゼロ融資が始まり、現在は事業者に寄り添った支援がなされているか、返済に困っている事業者が取りこぼしのない支援を受けられる体制になっているかを監督当局として、目下金融機関や支援機関の実態をよく見ている最中です。

全国の状況をお示ししたものですが、右側、銀行の融資残高を見ると、2020 年 5 月のゼロゼロ融資が始まった頃から融資が急激に伸びています。その下では、民間金融機関に日本政策金融公庫等の政府系を含めた、ゼロゼロ融資の実態を記載しておりますが、民間金融機関の 23 兆円と、政府系の 18 兆円を足した 41 兆円という数字がゼロゼロ融資の実績になります。既に、その半分近くが返済を開始しておりますが、返済のピークは来年となっているため、監督当局である財務局としても、金融機関や支援機関が単に資金繰り支援だけではなく、左側の箱にあります、経営改善や事業再生等を通じた事業者支援をしっかり行っているか、その実態を見ているところです。

毎年、公表されております金融行政方針ですが、これに基づき、我々監督当局である財務局も金融機関の監督を行っております。左が足元で力を入れているところで、金融機関の事業者支援を促すことが重要ですし、そうした経営改善の支援を効率的、効果的に進めていくため、現場で事業者支援に当たる金融機関の職員向けに「業種別支援の着眼点」を公表しています。本件に関しましては、本日ご参加の追手門学院大学の水野教授にもアドバイスいただいております。また、右側が長期的な目線での金融行政で、国民の安定的な資産形成のための NISA の抜本拡充であるとか、サスティナブルファイナンスを推進するための企業と金融機関が対話するためのガイダンスを策定したりしています。

次に、こちらは昨年、金融庁、財務省、経済産業省が公表した「中小企業活性化パッケージ」です。中小企業の置かれた環境に応じてフェーズごとの取り組みを記載しておりますが、まず、全国47都道府県にある中小企業再生支援協議会が、新たに活性化協議会という名称で生まれ変わることになりました。

フェーズごとに見ますと、左側の収益力改善フェーズというところでは、例えばコロナ禍で資金繰りに特化した特例リスケという制度がありましたが、企業を長い目で支援していくために収益力改善計画を策定することとし、その後のフォローアップや助言も事業者に行えるようになっております。真ん中の事業再生フェーズでは、事業再生ガイドラインの中で経営者の退任原則を緩和し、弁護士を活用した再生計画策定では補助金も出るなど、新たな制度が創設されているところです。右側の再チャレンジフェーズというところでは、個人破産回避に向け、経営者保証ガイドラインの考えを明確化することとしております。

先ほど触れた、経営者保証についてご説明いたします。政府の実行計画の他、先ほどの金融行政方針にも記載がありましたが、現在、経営者保証に依存しない融資慣行の確立のため、2023年4月から、経営者保証改革プログラムが始まります。

経営者保証に関する現状については、既にガイドラインが設定され9年が経過し、経営者保証に依存しない融資の割合は着実に増加し、足元では30%を超えている状況になります。

金融機関と事業者の経営者保証に関する認識になりますが、新たに融資を行う場合、経営者保証を徴求する際に、金融機関は7割方説明していると回答している一方で、事業者側がその説明を受けたと回答しているのは3割にとどまり、双方の認識にギャップが生じています。

金融機関は企業以上に経営トップの方の理念や方針が営業店に及ぼす影響が大きく、例えば無保証割合が85%まで改善した銀行では、経営トップが保証のやりとりに使う時間を事業支援などのリレーションに使うべきとの意識から、共に課題を解決していこうとする姿勢が経営者にあれば、原則、経営者保証を徴求しないようにしていますが、こういう金融機関の実態を金融庁・財務局としても今後、見ていくこととしております。

今回策定した経営者保証改革プログラムの概要になりますが、まず、(1)として、監督の強化になります。金融機関が個人保証を徴求する際に、事業者への説明や、その結果を記録することを求めると同時に、件数の報告も求め、状況に応じて当局が金融機関に特別ヒアリングをするということとなっております。

(2)は、金融機関事業者を含めた意識改革です。金融機関が事業者とより良い信頼関係を築くことや、具体的かつ分かりやすい記載で見える化し、現場まで浸透させることを目的に経営陣を交えて議論した取り組み方針を金融機関に対外公表してもらうこととなりました。さらに現在、金融機関への説明会だけではなく事業者向けの説明会も全国で実施していまして、新たな融資慣行の確立に向けた意識改革を進めているところです。

(3)は金融機関宛て要請文の発出です。本取組について、特に重要なのは営業現場の第一線まで確実に浸透させること、企業文化として定着させるための体制整備を求めていきます。単に保証契約の内容を説明するだけではなく、どの部分が十分でないために保証契約が必要なのか、どういった改善を図れば保証契約の変更、解除の可能性が高まるかといった踏み込んだ説明を行うべきですが、先ほどの乖離を見ると、それが金融機関営業店の現場まで行き届くのか、事業者の知識、経験に応じて理解と納得を得る説明が組織として行えるかを監督当局としても見ていきます。

10 月 28 日に閣議決定された物価高克服経済再生実現のための総合経済対策の資料になりますが、今回の総合経済対策の全体像を示しています。物価高騰、賃上げの取り組みなど四つのテーマで構成されていまして、財政支出で 39 兆円、事業規模で約 72 兆円の総合経済対策となっています。

次に、地域金融関連にかかる施策の抜粋です。後段の下線部の所になりますが、「中小企業・小規模事業者の収益力改善、債務減免を含めた事業再生・再チャレンジを支援することで、過剰債務を克服し、信用保証制度において、借換え需要に加えて、新たな資金需要にも対応する制度を創設するとともに、資本性資金（劣後ローン）への転換による資金繰り円滑化等を図る」とされています。

下段につきましては、後ほど、金融庁の尾崎参事官から、この後講演でお話しいただく事業成長担保権についても触れられています。

次が、新たな借換保証、いわゆるコロナ借換保証の資料です。来年度、ゼロゼロ融資の返済を開始する事業者が多いため、ゼロゼロ融資の借り換えや新たな資金ニーズにも対応するため、保証限度額を 4000 万円広げ、1 億円に拡大。金融機関には事業者の目利き、経営行動計画書の策定や継続的な伴走支援が必要となりますが、100％融資は 100％保証での借換が可能なことや、保証料率も低利率に抑えられているところであり、現時点ではまだ活用している事業者は多くはないですが、今後、活用する事業者が増えてくるのではないかと考えています。

Ⅳ　近畿財務局における事業者支援の取組状況

最後に、近畿財務局における事業者支援の取り組み状況をご説明させていただきます。全国の財務局では昨年から金融機関、支援機関等のネットワークが機能しているか、キーパーソンとの顔が見えるネットワークづくりも目指しながら、金融機関、支援機関の実態把握や、あるいは課題解決に向けた事業者支援体制構築プロジェクトを推進しているところです。ゼロゼロ融資の本格返済に備えまして、各府県で財務事務所も活用しながら、金融機関、支援機関等の事業者支援ネットワークが有効に機能しているか、実態把握と課題解決に向けた取り組みを推進することとし、事業者支援の課題解決について、できることは何でもやってみようという考えで創意工夫を重ねながら行ってきました。

その代表事例の一つが、財務局が毎年実施している企業支援の在り方・手法ゼミ、通称水野ゼミです。後ほど講演される、追手門学院大学の水野教授を招きまして、信用金庫、信用組合の実務担当者が集まり、支援能力向上やネットワークの強化を図るために行っています。信用金庫、信用組合が事業者を支援するために現場で悩んでいることや課題を、ある意味、ライバル同士が手の内を見せ合うことで、こういったケースではどんな支援ができるか、具体的な事例を基に解決を探るための議論をするという、非常に珍しい企画になっています。最近では保証協会の方にも参加していただきまして、金融機関も自前の支援だけではなく、こうした士業の方や保証協会などとネットワークを作っておけばいざというときに役に立つ、顔の見える関係づくりにメリットを感じてもらっているところで、現在、抽選漏れが出るほどの人気企画となっています。

最後に、先ほどご紹介した万博関係ですが、万博は大阪、関西の中小企業が世界市場相手の商談の場ともなりますので、経済官庁である財務局としても積極的に支援するために、金融機関向けのシンポジウムを近畿財務局主催で2月24日に実施したところです。万博の成功には金融機関の協力が不可欠なところ、金融機関からは事業者にどう協力していいか分からないといった声が多い中、経済界をはじめ自治体、企業家の方にもパネルディスカッションに登壇してもらい、金融機関が万博に向けて目指すべき方向性を示し、さらに地域単位で取り組んでいる金融機関の先行事例を展開することで、金融機関の気付きや横連携につなげたいという思いから開催しました。こちらは、登壇者で関西経済同友会の生駒代表幹事にも、ご登壇いただきましたが、もともと30年前に起業された方で、その際、池田泉州銀行のスタートアップ支援を受けたということで、非常に感謝されていました。それだけ、金融機関の潜在的な事業者支援の能力に対する期待が大きいものとして紹介されていましたので、ここでご紹介させていただきます。

実は、先ほどの水野ゼミや万博企画は、発案、運営が全て近畿財務局の若手職員の有志、通称「ちほめん」という、地方創生企画推進メンバーのみで運営していまして、若い職員の発想力を大いに生かしてもらうため、こういった企画を立ててもらっています。堅そうなイメージの財務局にはなりますが、時代にマッチする施策を実現していくため、財務局も日々、変化していく必要性を感じているところで、われわれもこういった若手職員から大いに刺激を受けているところであります。

以上、駆け足でのご説明になりましたが、ここまでご清聴いただきありがとうございました。私からは以上になります。ありがとうございました。

武蔵野大学　担保法制シンポジウム

出席者限り

中小企業金融の現下の課題

令和５年2月28日

近畿財務局 理財部　金融監督第２課長
島田　佳樹

１．近畿財務局のご紹介

２．最近の経済情勢

３．企業を取り巻く金融行政

４．当局の取組（事業者支援態勢構築プロジェクト）

1

財務局のネットワーク

○ 財務局は、財務省の総合出先機関としてブロック単位に設置されており、9財務局（北海道、東北、関東、北陸、東海、近畿、中国、四国、九州）及び1財務支局（福岡）がある。
○ また、財務局・財務支局の下に、40箇所の財務事務所、13箇所の出張所が設置されている。
○ 沖縄県は、内閣府沖縄総合事務局財務部が財務局の業務を実施している。

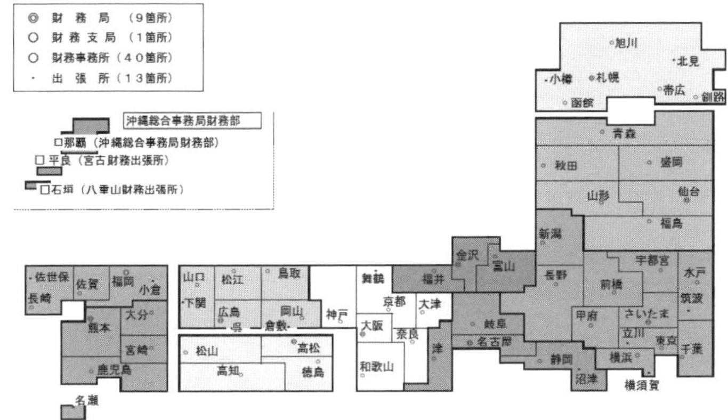

財務局の使命

国民生活の安定・向上　　**日本経済の発展**

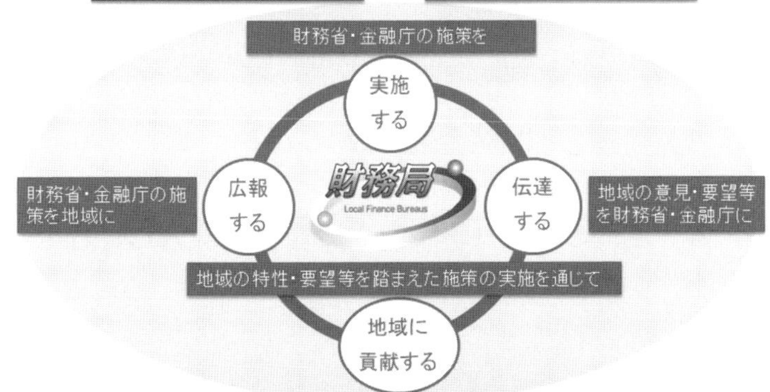

○ 財務省の総合出先機関として、また、金融庁の事務委任を受け、財務省及び金融庁の施策を地域に「広報」するとともに、地域の意見・要望や実情を的確かつ迅速に本省庁に「伝達」し、効果的な施策の形成に寄与する。また、地域の特性を踏まえた施策を「実施」し、「地域に貢献」する。
○ 以上により、金融機能の安定や通貨の信認を確保し、国民の資産を守るなど、国民生活の安定・向上と我が国経済の発展に貢献する。

財務局の業務

1. 財　政	(1) 適正かつ効率的な予算執行の確保 (2) 災害復旧事業の査定立会 (3) 地方公共団体への財政融資資金の貸付
2. 国有財産	(1) 行政財産の有効活用のための総合調整 (2) 普通財産の管理処分(税外収入の確保) (3) 国有財産を活用した地域貢献
3. 金　融	(1) 地域金融機関の検査・監督 (2) 地域の中小企業金融の円滑化に向けた取組 (3) 金融商品取引等の監視
4. 経済調査	(1) 地域経済情勢等の調査 (2) 地域の意見・要望を本省庁に伝達
5. 広報相談	(1) 財務省及び金融庁の重要施策等の広報活動 (2) 各種団体の会合・学校・研修会等への講師派遣 (3) 多重債務者相談

4

1．近畿財務局のご紹介

2．最近の経済情勢

3．企業を取り巻く金融行政

4．当局の取組（事業者支援態勢構築プロジェクト）

5

企業収益（令和4年7-9月期）

○ 2022年7-9月期の売上高は、前年同期比・前期比ともに増収。経常利益は、前年同期比は増益した一方、前期比では減益。

⇒ 【経常利益】前年同期比：+18.3%（7期連続の増益）、季調済前期比：▲5.3%（4期ぶりの減益）

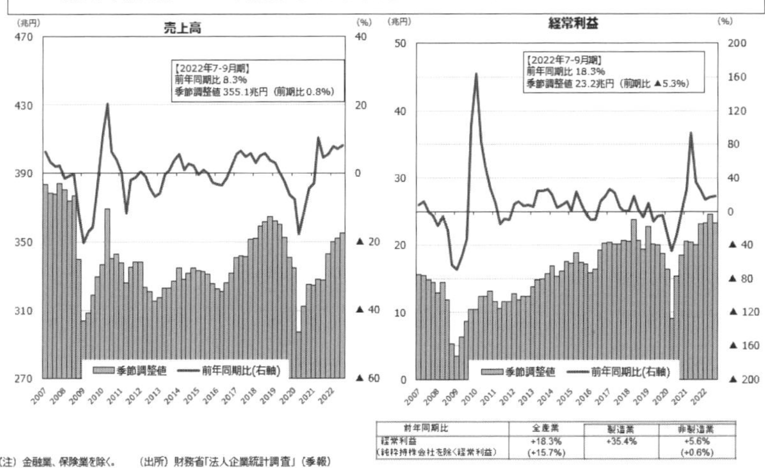

前年同期比	全産業	製造業	非製造業
経常利益 （純粋持株会社を除く経常利益）	+18.3% (+15.7%)	+35.4%	+5.6% (+0.6%)

（注）金融業、保険業を除く。　（出所）財務省「法人企業統計調査」（季報）

6

設備投資計画

全規模・全産業の設備投資計画・実額（ソフトウェア・研究開発を含み、土地投資額除く）

【２０２２年１２月時点計画は、同期調査と比較して過去最大】

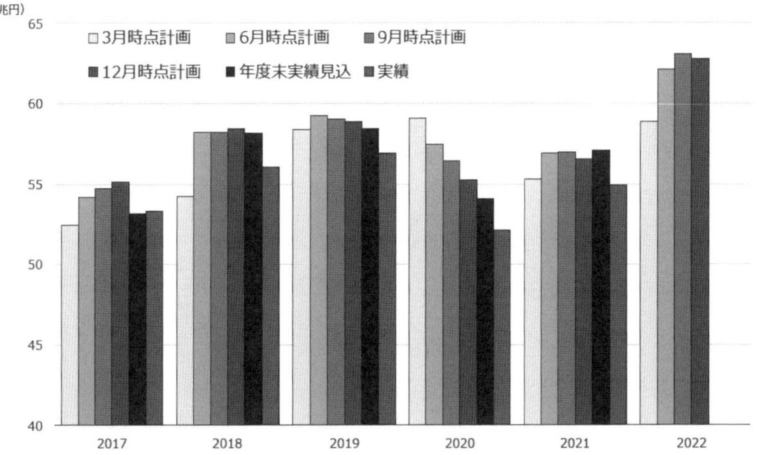

（出所）日本銀行「日銀短観」

7

雇用環境

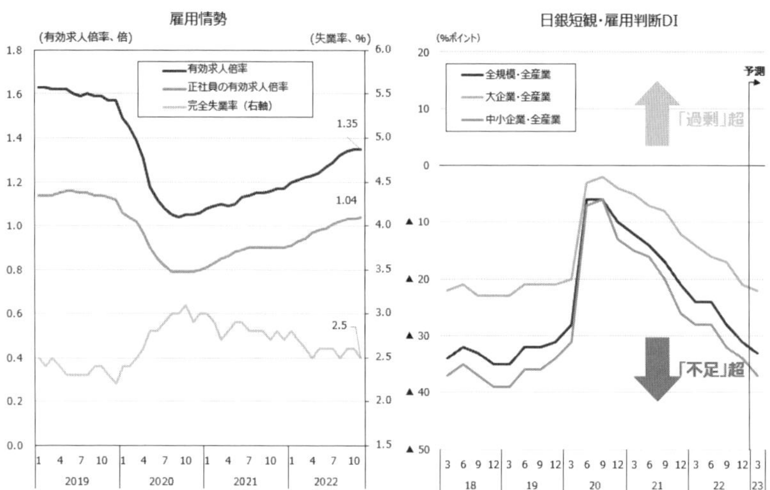

（出所）総務省「労働力調査」、厚生労働省「一般職業紹介状況」、日本銀行「日銀短観」

8

（参考）春闘賃上げ率と賞与の動向

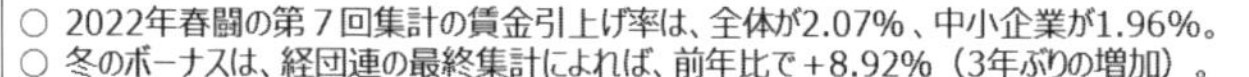

○ 2022年春闘の第７回集計の賃金引上げ率は、全体が2.07%、中小企業が1.96%。
○ 冬のボーナスは、経団連の最終集計によれば、前年比で＋8.92%（3年ぶりの増加）。

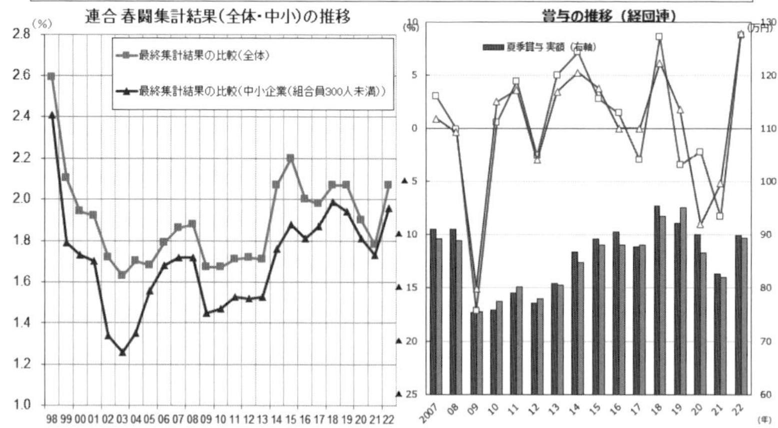

（注） 2022年の集計組合数は4,944組合、集計組合員数は271.0万人。
（出所）連合「春季生活闘争 回答集計結果」

（出所）一般社団法人日本経済団体連合会「春季労使交渉／賞与・一時金 妥結状況」

9

消費者物価

○ 2022年12月の全国コアCPIは、対前年比**+4.0%**。総合CPIは、**+4.0%**。

- 原材料高等により、「生鮮食品を除く食料」が**+1.74%**押上げ。
- 原油高等により、「エネルギー」が**+1.26%**押上げ。
- 全国旅行支援により、「宿泊料」が**▲0.18%**押下げ。

全国コアの寄与度分解

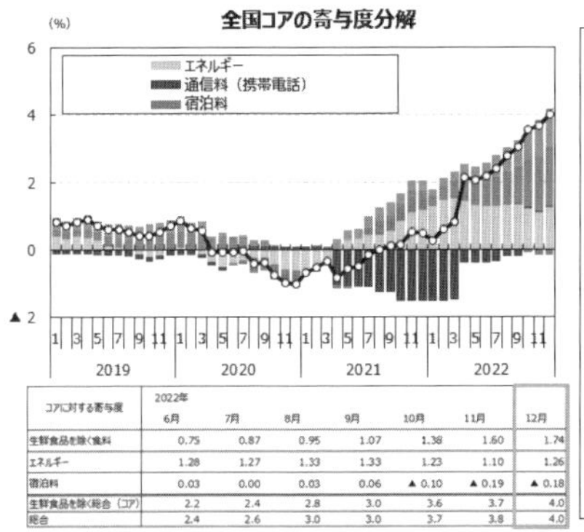

コアに対する寄与度	2022年 6月	7月	8月	9月	10月	11月	12月
生鮮食品を除く食料	0.75	0.87	0.95	1.07	1.38	1.60	1.74
エネルギー	1.28	1.27	1.33	1.33	1.23	1.10	1.26
宿泊料	0.03	0.00	0.03	0.06	▲0.10	▲0.19	▲0.18
生鮮食品を除く総合（コア）	2.2	2.4	2.8	3.0	3.6	3.7	4.0
総合	2.4	2.6	3.0	3.0	3.7	3.8	4.0

（出所）総務省「消費者物価指数」

市場関係者のコメント

SMBC日興証券　宮前氏・丸山氏（2022.1.20）

- **2022 年12 月の全国コアCPI（生鮮食品を除く総合）は前年比+4.0%と16 ヶ月連続で上昇。伸び率は11 月の+3.7%からやや大きく拡大**、市場予想（Bloomberg 集計）および当社予想に一致。消費税導入や増税の局面を超え、第二次石油危機後の1981 年12月に並ぶ高水準へ達した。**輸入コスト上昇の転嫁により、食料価格の伸びが加速し、コアCPI の伸びを押し上げた。**生鮮食品を除く食料価格の伸び率は前年比+7.4%と約46 年ぶりの高水準に達した。**円安進行や飼料価格高騰により、畜産物の価格上昇が続いている。また、調理食品や外食では、畜産物や魚介類を原材料とする品目で価格上昇が目立つ。**12 月のコアコアCPI（生鮮食品及びエネルギーを除く総合）は前年比+3.0%と9 ヶ月連続で上昇、伸び率は11 月の+2.8%から拡大した。物価の基調は依然として上向きだ。
- 2014 年度の消費増税局面と比べ、物価高騰は長引きそうだ。まず、**輸入物価上昇率が大きいため、品目によっては価格転嫁の動きが一気に生じず複数回に及んでいる。また、物価高騰にも関わらず、経済活動の正常化により個人消費が堅調なため、価格転嫁が長引いている影響もある。**基調を示すコアコアCPI の伸び率は、ベース効果を主因にしばらく低下傾向を辿るものの、2023 年夏から秋頃までは+2%台を維持しよう。

10

2022年の円安は、経営にとってプラスかマイナスか

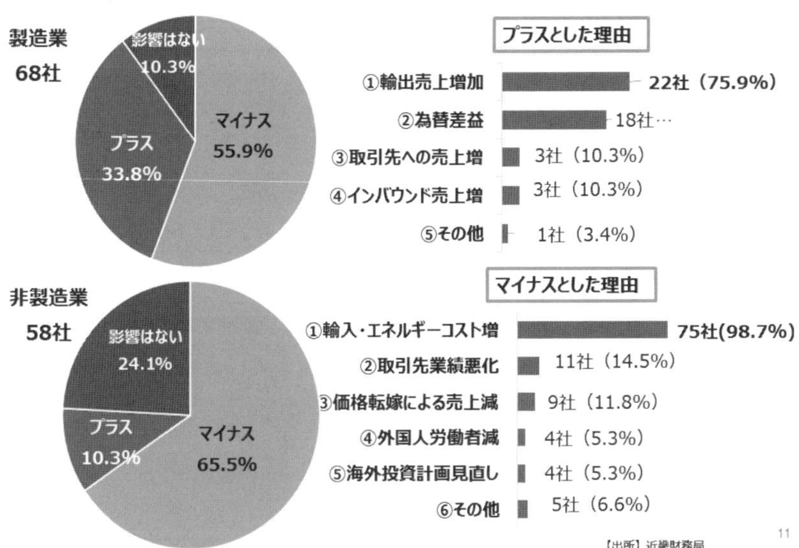

原油・原材料価格がどの程度上昇したか

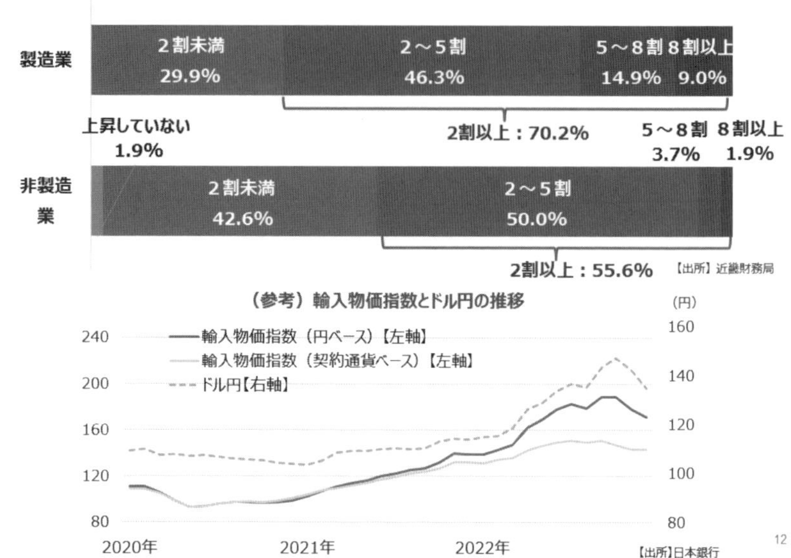
製造業
2割未満
29.9%
2～5割
46.3%
5～8割
14.9%
8割以上
9.0%
2割以上：70.2%
上昇していない
1.9%
5～8割
3.7%
8割以上
1.9%
非製造業
2割未満
42.6%
2～5割
50.0%
2割以上：55.6%
【出所】近畿財務局
（参考）輸入物価指数とドル円の推移
(円)
輸入物価指数（円ベース）【左軸】
輸入物価指数（契約通貨ベース）【左軸】
ドル円【右軸】
240
200
160
120
80
160
140
120
100
80
2020年
2021年
2022年
【出所】日本銀行

コスト増加分のうち何割程度を価格転嫁できているか

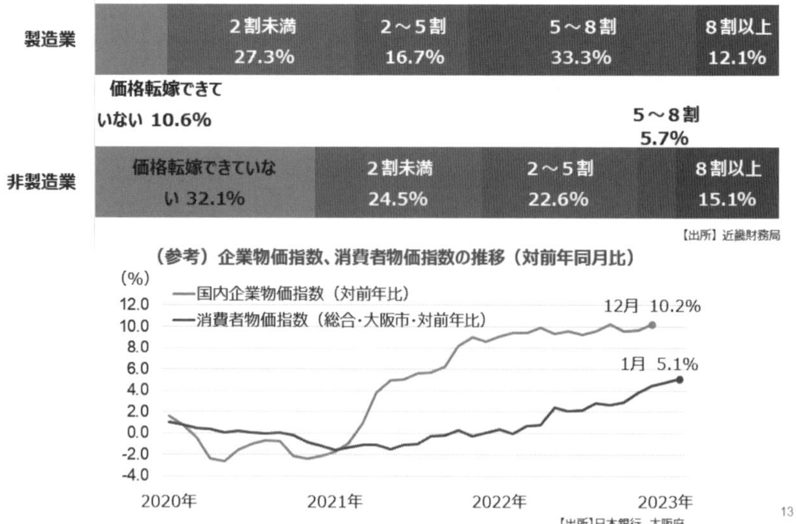
製造業
2割未満
27.3%
2～5割
16.7%
5～8割
33.3%
8割以上
12.1%
価格転嫁できて
いない 10.6%
5～8割
5.7%
非製造業
価格転嫁できていな
い 32.1%
2割未満
24.5%
2～5割
22.6%
8割以上
15.1%
【出所】近畿財務局
（参考）企業物価指数、消費者物価指数の推移（対前年同月比）
(%)
国内企業物価指数（対前年比）
消費者物価指数（総合・大阪市・対前年比）
12月 10.2%
1月 5.1%
12.0
10.0
8.0
6.0
4.0
2.0
0.0
-2.0
-4.0
2020年
2021年
2022年
2023年
【出所】日本銀行、大阪府

（トピックス）　２０２５年大阪・関西万博

〔出所〕内閣官房 国際博覧会推進本部事務局「2025年大阪・関西万博アクションプランver.２」

14

ＩＲ（統合型リゾート）の現況

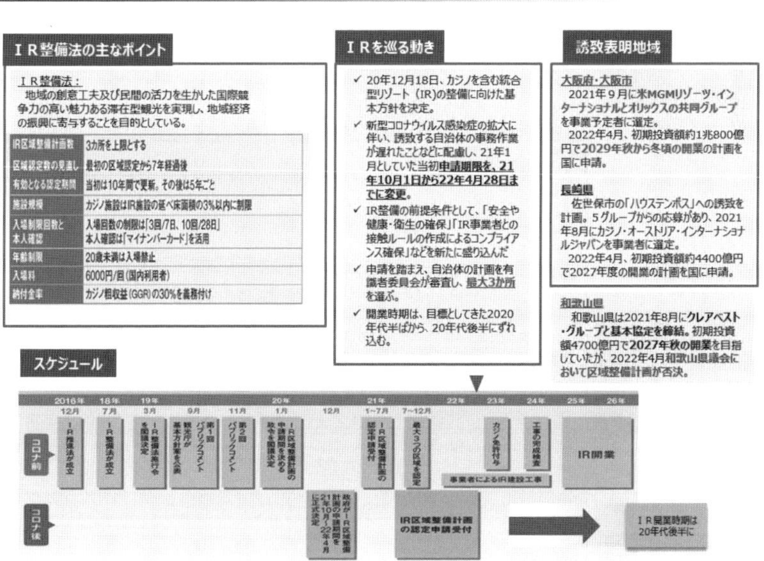

15

1．近畿財務局のご紹介

2．最近の経済情勢

3．企業を取り巻く金融行政

4．当局の取組（事業者支援態勢構築プロジェクト）

16

1．金融行政の経緯

ルールの明確化・透明かつ公正な金融行政

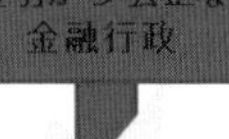

金融危機
不良債権問題への対応

「金融処分庁」から「金融育成庁」へ

『金融処分庁』時代

○2000年　金融庁が発足
・資産査定（金融検査マニュアル1999年～）
・主要行の不良債権比率半減目標（8%台⇒4%台へ 2002年～）
・リレーションシップバンキングの機能強化（2003年～）
○2005年　不良債権比率半減目標達成（2.9%）
○2007年　地域密着型金融の推進に関する監督指針（リレバンの恒久化）

『金融育成庁』へ

○2008年　リーマンショック
・中小企業金融円滑化法（2009年12月～2013年3月）
・金融機関のコンサル機能強化（2009年12月～）
○2012年　アベノミクス
※インバウンド需要の拡大（2014、2015年頃～）
・資産査定は原則金融機関の判断を優先（2014年7月～）
・持続可能なビジネスモデルの構築（2016年7月～「顧客との共通価値の創造」）
○2018年　検査局廃止
・検査・監督基本方針（2018年6月）「形式・過去・部分」⇒「実質・未来・全体」への転換
・検査マニュアル廃止（2019年12月）
○2020年　新型コロナウイルス感染拡大
・実質無利子・無担保融資制度の取扱開始（民間は2021年5月で終了、政府系は2022年9月末まで）

特に**金融機関にとっては、事業性評価や伴走型支援といった平時からの取組みや金融仲介機能の真価が問われる局面**となった。事業者の幅広いニーズ－従来からの「資金の仲介」だけでなく、事業者の販路拡大や人材紹介等の「ヒト・モノ・情報の仲介」まで－を捉えた支援が求められた。（中略）
こうした取組みを通じて、金融機関が、危機時において事業者のためにリスクを取り、事業者のニーズを捉えた支援を迅速に実施するためには、**平時から事業者と緊密な関係を築き、事業内容を的確に理解している必要がある**ことが改めて認識された。このことは、将来の危機への耐性を高めるうえでも、価値ある事業の継続や発展をしていくうえでも、重要と考えられる。　「金融仲介機能の発揮に向けたプログレスレポート（令和3年7月）より」

17

（参考）全国の状況

■ コロナや原油価格等の上昇により厳しい状況にある事業者を支援する。
■ ポストコロナを見据え、金融機関による経済再生のための取組みを促していく。

✓ **事業者ニーズに応じた資金繰り支援**

- 既往債務の条件変更、プロパー融資
- 信用保証協会保証を活用した融資
- 政府系金融機関による実質無利子・無担保融資

✓ **経営改善・事業再生・事業転換支援等（地域の関係者と連携・協働した事業者支援）**

- 政府系金融機関による資本性劣後ローンの活用
- REVICが組成したファンドの活用
- 中小企業再生支援協議会を通じた既往債務の条件変更や事業計画策定
- 中小企業の事業再生等に関するガイドラインの策定

✓ **地域経済の活性化**

- 地域企業のための経営人材マッチングの促進
- 不動産担保・経営者保証によらない無形資産も含む事業全体への担保権（事業成長担保権）の早期制度化

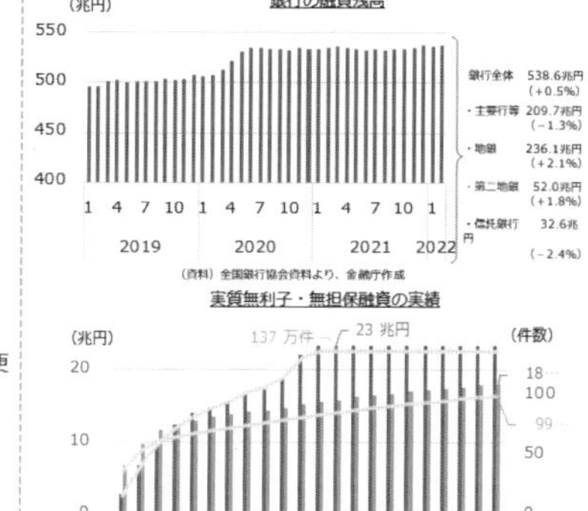

（注1）政府系金融機関は、日本公庫（国民・中小）、沖縄公庫、商工中金
（注2）民間金融機関による融資は民間実質無利子・無担保融資、
政府系金融機関による融資は新型コロナウイルス感染症特別貸付等による融資の実績
（資料）中企庁、財務省データより、金融庁作成

18

2022事務年度　金融行政方針　～直面する課題を克服し、持続的な成長を支える金融システムの構築へ～　2022年8月公表

Ⅰ. 経済や国民生活の安定を支え、その後の成長へと繋ぐ

新型コロナウイルス感染症にくわえ、ロシアのウクライナ侵略の影響により先行きが不透明となる中、金融面から経済や国民生活の安定を支え、その後の成長へと繋げていく。金融機関による事業者支援の取組みを後押しするとともに、金融機関に対して経営基盤の強化を促していく。

- 資金繰りや経営改善・事業転換・事業再生等の事業者に寄り添った支援を、金融機関に対して促す。このため、地域ごとに関係者が課題や対応策を共有する「事業者支援態勢構築プロジェクト」を発展させるほか、「中小企業の事業再生等に関するガイドライン」やREVIC等のファンドの活用を促す。
- 事業者支援能力の向上に向け、地域金融機関がノウハウを共有する取組みの後押しや業種別の着眼点の取りまとめ、経営人材のマッチングの促進などを行う。
- 経営者保証に依存しない融資慣行の確立や、事業全体に対する担保権の早期制度化に取り組む。
- 金融機関の経営基盤の強化と健全性の確保に向け、ガバナンスの強化や、与信・有価証券運用・外貨流動性に関するリスク管理態勢の強化を促す。
- 利用者目線に立った金融サービスの普及に向け、複雑な金融商品の取扱いを含め、金融商品の組成・販売・管理等に関する態勢整備を促す。
- マネロン対策等やサイバーセキュリティ、システムリスク管理態勢の強化に向け、世界情勢等を踏まえた対応を促す。

Ⅱ. 社会課題解決による新たな成長が国民に還元される金融システムを構築する

気候変動問題への対応、デジタル社会の実現、スタートアップ支援等の社会課題解決を新たな成長へと繋げるために金融面での環境整備を行うとともに、「貯蓄から投資」へのシフトを進め、成長の果実が国民に広く還元される好循環を実現する。

- 国民の安定的な資産形成のため、「資産所得倍増プラン」を策定することも踏まえ、NISAの抜本的拡充や国民の金融リテラシーの向上に取り組むとともに、金融事業者による顧客本位の業務運営の確保に向けた取組みを促す。
- スタートアップなど成長企業に対する円滑な資金供給を促すため、上場プロセスの見直し、私設取引システム（PTS）を活用した非上場株式の流通の円滑化、投資信託への非上場株式の組み入れに関する枠組みの整備等に取り組む。
- 企業情報の開示について、中長期的な企業価値の向上に向け、人的資本を含む非財務情報の充実や四半期開示の見直しに取り組む。
- サステナブルファイナンスを推進するため、企業と金融機関が対話をするためのガイダンスの策定、多様な投資家によるインパクト投資の促進、アセットオーナーにおける運用上の課題の把握等を行う。特に気候変動については、トランジションファイナンス推進のための環境整備を進める。
- デジタル社会の実現に向け、Web3.0やメタバース等の発展に向けた動きを金融面から推進すべく、デジタルマネーや暗号資産等に関する環境整備を進める。
- 国際金融センターの発展に向け、海外資産運用業者等の参入促進に向けた環境整備に引き続き取り組むほか、ニーズ・課題を幅広く把握し、きめ細かな情報発信を行う。

Ⅲ. 金融行政をさらに進化させる

内外の環境が大きく変化する中、職員の能力・資質の向上を図り、データ等に基づく分析力を高めるとともに、国内外に対する政策発信力を強化する。

- 金融行政の組織力向上のため、職員の専門性の向上を図るとともに、職員の主体性・自主性を重視し、誰もがいきいきと働ける環境を整備するほか、財務局とのさらなる連携・協働を推進する。また、データ活用の高度化による多面的な実態把握を推進する。
- 国内外への政策発信力の強化のため、国際的ネットワークの強化を図るとともに、タイムリーで効果的・効率的な情報発信に戦略的に取り組む。

19

「中小企業活性化パッケージ」について

中小企業活性化パッケージ
～コロナ資金繰り支援の継続と収益力改善・事業再生・再チャレンジの促進～

2022年3月4日
経済産業省
金融庁
財務省

Ⅱ．中小企業の収益力改善・事業再生・再チャレンジの総合的支援

収益力改善フェーズ

①認定支援機関による伴走支援の強化

→ 収益力改善に向けた計画策定に加え、認定支援機関による**計画実行状況のフォローアップや助言等を強化**【22年4月～】

②協議会による収益力改善支援の強化

→ ポストコロナを見据え、中小企業再生支援協議会において、コロナ禍で緊急的に実施している特例リスケ支援を**収益力改善支援にシフト**【22年4月～】

事業再生フェーズ

①中小機構が最大8割出資する再生ファンドの拡充

→ **コロナの影響が大きい業種（宿泊、飲食等）を重点支援**するファンドの組成、ファンド空白地域の解消を促進【順次】

②事業再構築補助金に「回復・再生応援枠」を創設

→ 再生事業者が優先採択される枠を創設し、収益力の向上を促進【22年春頃～】
・補助率：3/4（中堅2/3）
・補助上限額：従業員規模により500万～1500万円

③中小企業の事業再生等のガイドラインの策定
（経営者退任原則、債務超過解消年数要件等を緩和）

→ 数百人規模の民間専門家（弁護士等）を活用し支援
→ ガイドラインに基づく**計画策定費用の支援制度を創設**【22年4月～】

再チャレンジフェーズ

①経営者の個人破産回避のルール明確化

→ **個人破産回避に向け**、「経営者保証ガイドライン」に基づく保証債務整理の申出を受けた場合には、**金融機関が誠実に対応する、との考え方を明確化**【21年度中】

②再チャレンジに向けた支援の強化

→ 経営者の再チャレンジに向け、中小機構の人材支援事業を**廃業後の経営者まで拡大**【22年4月～】
→ 中小機構において、**廃業後の再チャレンジに向けた専門家支援を展開**【順次】
→ 公庫の再チャレンジ支援融資を拡充【22年2月～】

収益力改善・事業再生・再チャレンジを一元的に支援する体制の構築

→ 全国47都道府県にある中小企業再生支援協議会を関連機関と統合し、**収益力改善・事業再生・再チャレンジを一元的に支援する「中小企業活性化協議会」を設置。**
→ 中小企業活性化協議会がハブとなって金融機関、民間専門家、各種支援機関とも連携し、苦しむ中小企業の収益力改善・事業再生・再チャレンジを地域全体で推進。

20

20

「中小企業活性化パッケージNEXT」について

中小企業活性化パッケージNEXT
～経済環境の変化を踏まえた資金繰り支援の拡充と収益力改善・事業再生・再チャレンジの更なる加速～

2022年9月8日
経済産業省、金融庁、財務省

- 増大する債務に苦しむ中小企業の収益力改善・事業再生・再チャレンジを促す総合的な支援策等を展開するため、本年３月、**「中小企業活性化パッケージ」（資金繰り支援、収益力改善・事業再生・再チャレンジ支援）を公表。**
- その後、「原油価格・物価高騰等総合緊急対策（本年4月26日）」により、**日本公庫等の実質無利子・無担保融資等の期限を本年９月まで延長。**
- 事業再構築などの前向きな取組に対する資金需要に応えるとともに、コロナ貸付の申請件数等を踏まえ、**ポストコロナへの段階的移行を図りつつ（伴走支援型特別保証の上限引上げ、スーパー低利・無担保融資の継続・貸付上限の引上げ、無利子・危機対応融資の終了等）**、コロナ融資の返済負担軽減策の検討など**コロナ資金繰り支援の継続・拡充**を図る。
- また、**物価高騰対策**として、価格転嫁の促進と併せて、**セーフティネット貸付の金利引下げ措置の期限を延長**する。
- 更に、中小企業活性化協議会等による**収益力改善・事業再生・再チャレンジの総合的支援を更に加速させるための措置**を講じる。

Ⅰ．経済環境の変化を踏まえた資金繰り支援の拡充

ポストコロナに向けた段階的移行

①伴走支援型特別保証の拡充

→ 金融機関による伴走支援を条件に、保証料を引き下げる（0.85%→0.2%等）特別保証（100%保証等、年度末まで）について、前向き投資を促すために保証限度額を引き上げ【6,000万円→**１億円**】

※前向き投資には事業再構築補助金や生産性革命推進事業等が活用可能(参考参照)

②日本公庫等のスーパー低利・無担保融資の継続【来年3月末まで】・拡充＋無利子・危機対応融資（商工中金・政投銀）の終了（9月末申込分まで）

→ 低利融資の対象となる貸付限度額を引き上げ【3億円→**4億円（中小事業）**】
→ スーパー低利・無担保融資（コロナ特貸）の期限を延長【9月末→**年度末まで**】
※貸付期間5年　中小事業：0.16%、国民事業：0.31%

コロナ資金繰り支援等の継続・拡充

①セーフティネット保証４号（別枠（上限2.8億円）、100%保証）**の期限延長**【9月末→**12月末まで**】

②セーフティネット貸付（物価高騰対策）の金利引下げ（▲0.4%）期限延長【9月末→**12月末まで**】
※貸付期間5年　中小事業：0.66%、国民事業：1.41%

③借換保証など、中小企業の返済負担軽減策の検討

④事業者の資金繰り支援等のための金融機関等への要請

21

「中小企業活性化パッケージNEXT」について

Ⅱ．中小企業の収益力改善・事業再生・再チャレンジの総合的支援

収益力改善フェーズ	事業再生フェーズ	再チャレンジフェーズ
①認定支援機関による伴走支援の強化 ②中小企業活性化協議会による収益力改善支援の強化	①中小機構が最大8割出資する再生ファンドの拡充 ②事業再構築補助金に「回復・再生応援枠」を創設 ③中小企業の事業再生等のガイドラインの策定 （経営者退任原則、債務超過解消年数要件等を緩和）	①経営者の個人破産回避のルール明確化 ②再チャレンジに向けた支援の強化

収益力改善・事業再生・再チャレンジを一元的に支援する体制の構築

→ 全国47都道府県にある中小企業再生支援協議会を関連機関と統合し、**収益力改善・事業再生・再チャレンジを一元的に支援する「中小企業活性化協議会」を設置。**
→ 中小企業活性化協議会がハブとなって金融機関、民間専門家、各種支援機関とも連携し、苦しむ中小企業の収益力改善・事業再生・再チャレンジを地域全体で推進。

更に加速するための追加措置

○収益力改善支援実務指針の策定 → 支援機関向けに、収益力改善支援の**実務指針を策定。**経営改善計画策定支援事業と連携し、実効性を確保。	①再生ファンドの組成を促す優先分配スキームの創設 → 中小機構が出資する再生ファンドについて、**民間出資者に優先分配する仕組みの創設。** ②再生系サービサーを活用した支援スキームの創設 → **中小企業活性化協議会との連携による、再生系サービサーを活用した支援スキームの創設。** ③金融機関との連携によるREVIC等のファンドの活用促進	○経営者の個人破産回避に向けた取組の促進 → **再チャレンジのネックとなる個人保証について、個人保証に依存しない融資慣行の確立に向けた施策を本年中にとりまとめ。** → **融資先の廃業時等に「経営者保証に関するガイドライン」に基づく保証債務整理を行った割合を把握**するなど、金融機関に対して、よりきめ細かいフォローアップを行う。

中小企業活性化協議会の機能強化

→ **飲食業・宿泊業支援専門窓口の設置**
→ **信用保証協会・中小企業活性化協議会・地方経済産業局の間で連携協定を締結。**民間無利子融資先を中心に、収益力改善等を連携して支援。
→ 中小企業活性化協議会（416人体制で稼働中）について、**サテライトでの相談対応**（17協議会）を行うことで**体制を強化。**
→ 地域金融機関職員を再生支援のノウハウ習得のため中小企業活性化協議会に派遣する**トレーニー制度の拡充。**

22

経営者保証に関する検討の背景

新しい資本主義のグランドデザイン及び実行計画（令和４年６月７日閣議決定）

（1）スタートアップ育成５か年計画の策定

⑥創業時に信用保証を受ける場合に経営者の個人保証を不要にするなどの制度の見直し

起業に関心がある層が考える失敗時のリスクとして、８割の方が個人保証を挙げている。創業時に信用保証を受ける場合には、経営者による個人保証を不要にする等、個人保証の在り方について見直す。

すなわち、**経営者による個人保証を徴求しない創業時の新しい信用保証制度を創設するなど、金融機関が個人保証を徴求しない創業融資の促進措置**を講じる。さらに、今後の中小企業金融の方向性について検討を行い、**経営者保証に依存しない融資慣行の確立に向けた施策を年度内にとりまとめる。**

金融行政方針（令和４年８月３１日公表）

（3）経営者保証に依存しない融資慣行の確立

「新しい資本主義のグランドデザイン及び実行計画」（２０２２年６月７日閣議決定）において、「スタートアップの育成は、日本経済のダイナミズムと成長を促し、社会的課題を解決する鍵」とされた。こうした観点から、関係省庁と連携して、**金融機関が個人保証を徴求しない創業融資を促進し、我が国におけるスタートアップの資金調達を支援していく。**

加えて、創業融資のみならず、**融資一般について、**これまで金融庁としては、「経営者保証に関するガイドライン」の活用実績や、「新規融資に占める経営者保証に依存しない融資の割合」及び「事業承継時における保証徴求割合」を公表するなど、金融機関による個人保証に依存しない融資の促進に取り組んできた。経営者保証に依存しない融資慣行の確立は重要な課題であり、**金融庁として、あらゆる方策を講じていく。例えば、経営者保証を徴求する場合には、保証契約の必要性に係る個別・具体の内容及び保証契約の変更・解除の可能性に関し、事業者に対して、詳細に説明するよう、金融機関に求めていく**とともに、**金融庁として、金融機関の取組状況について、フォローアップを行う。**

23

経営者保証に関する現状（無保証融資割合）

● ガイドラインが運用開始されて9年が経過し、新規融資に占める経営者保証に依存しない融資の割合は着実に増加しており、その内容が徐々に浸透・定着していることが把握できる。

民間金融機関における新規融資に占める経営者保証に依存しない融資の割合

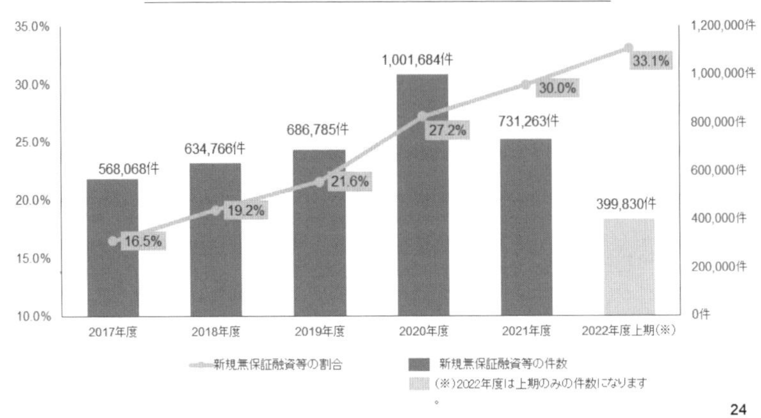

24

経営者保証改革プログラム策定の背景－1

● 新規融資において経営者保証を徴求する際に、7割超の金融機関が事業者等に対して常にガイドラインについて説明を行う方針としている一方で、金融機関からガイドラインの説明を受けたと回答している事業者は3割程度であり、乖離が生じている。

【金融機関側】 ガイドラインの説明状況

● 新規融資において保証を徴求する際には、7割超の金融機関が、保証人に対し、「常にガイドラインについて説明を行う方針」としている。

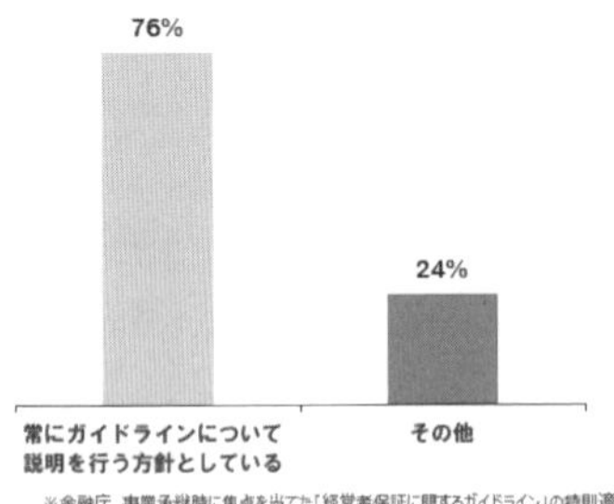

※金融庁 事業承継時に焦点を当てた「経営者保証に関するガイドライン」の特則適用開等を受けた取組状況に関するアンケート調査の結果について（令和３年６月）より

【事業者側】 金融機関からのガイドラインの説明状況

● 金融機関からガイドラインの説明を受けたと回答した事業者は3割程度。

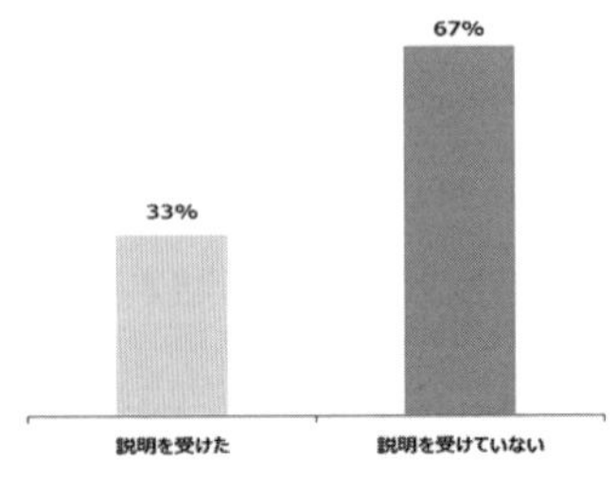

※中企庁 第3回金融小委員会事務局資料より
（出所）「「経営者保証に関するガイドライン」周知・普及事業（中小企業・小規模事業者ワンストップ総合支援事業）事業報告書」（2020年度）

25

経営者保証改革プログラム策定の背景－2

- 経営者保証の徴求判断については、事業者と交渉している営業店の判断だけではなく、経営トップの考え方、経営方針等が及ぼす影響は大きく、それに依拠する形で**実績が改善している金融機関も見受けられる**。

	無保証割合 2015年9月	無保証割合 2022年3月	金融機関ヒアリング等
A銀行	20%	85%	● 保証人からの債権回収額は僅かであり、経営者保証が無くても銀行経営への影響はないことを踏まえ、保証徴求の判断や回収に要する時間を、顧客とのリレーション構築に使いたいとの**経営トップの考えの下、原則、経営者保証を徴求しない取組みを実施。** ● 上記の取組みには、日頃のリレーション構築が重要であり、たとえ経営者に課題があっても、共に課題を解決していこうとする姿勢があれば、基本的には保証を徴求していない。 ● **経営者保証を徴求することが当たり前であった常識を覆すには、経営トップの意識が重要**になってくる。
B銀行	15%	40%	● 無保証割合が改善した要因は様々あるが、一番の要因は、**経営トップ**が支店長会議や経営会議、本部の部長ミーティング等、折々の場において、**「原則、新規融資時には経営者保証をとらない」**という方針を繰り返し発信してきたことにある。
C信用金庫	2%	30%	● ひと昔前に主流だった経営者保証の機能としての「経営の規律付け」という考え方はもはや無くなっており、**経営者保証は時代にそぐわないとの経営陣の問題意識のもと、方針を大幅に変更。** ● ガイドラインの要件が満たされていない場合でも無保証とできるようにチェック項目を変更し、会議を通じて経営陣の考え方について営業店に周知し、徹底するよう要請した。

26

経営者保証改革プログラムの概要－1

(1) 金融機関が個人保証を徴求する手続きに対する監督強化

- 個人保証を徴求する際の手続きを厳格化することで、**安易な個人保証に依存した融資を抑制**するとともに、**事業者・保証人の納得感を向上させる**。

主な施策

① 金融機関が経営者等と個人保証契約を締結する場合には、保証契約の必要性等に関し、**事業者・保証人に対して個別具体的に以下の説明をすることを求める**とともに、その**結果等を記録することを求める。**
【23年4月適用開始】

（保証契約締結時に詳細な説明が必要となる事項）

1. どの部分が十分ではないために保証契約が必要となるのか
　∟ 可能な限り、資産・収益力については定量的、その他要素については客観的・具体的な目線を示すこと。

2. どのような改善を図れば保証契約の変更・解除の可能性が高まるか
　∟ 経営者保証の解除に必要な収益力の改善や、ガバナンス体制の整備等について、認定経営革新等支援機関が伴走支援を行う際の着眼点等を示した「収益力改善支援に関する実務指針」が中企庁より公表されています。

② ①の結果等を記録した**件数を金融庁に報告することを求める。**
（※）「無保証融資件数」+「有保証融資で、適切な説明を行い、記録した件数」=**100%を目指す**。

③ 金融庁に**経営者保証専用相談窓口を設置**（電話もしくはメールでの受付を予定）し、事業者等から「金融機関から経営者保証に関する適切な説明がない」などの相談を受け付ける。【23年4月運用開始予定】

④ 状況に応じて、**金融機関に対して特別ヒアリングを実施する。**

27

経営者保証改革プログラムの概要－2

（2）経営者保証に依存しない新たな融資慣行の確立に向けた意識改革

- また、**「経営者保証ガイドラインの浸透・定着に向けた取組方針」の作成、公表**の要請等を通じ、経営者保証に依存しない新たな融資慣行の確立に向けた意識改革を進める。

主な施策

① 金融機関に対し、「経営者保証に関するガイドラインを浸透・定着させるための**取組方針**」を**経営トップを交え検討・作成し、公表するよう金融担当大臣より要請**。

② 地域金融機関の営業現場の担当者も含め、監督指針改正に伴う新しい運用や経営者保証に依存しない融資慣行の確立の重要性等を十分に理解してもらうべく、**金融機関・事業者向けの説明会を全国で実施**。

③ 金融機関の有効な取組みを取りまとめた「組織的事例集」の更なる拡充及び横展開を実施。

要請内容（抜粋）

民間金融機関においては、「経営者保証に関するガイドラインを融資慣行として浸透・定着させるための取組方針等」について、**経営陣を交えて議論し、対外公表すること**。当該取組方針等は、『「経営者保証に関するガイドライン」の活用に係る組織的な取組み事例集』の内容も適宜参照のうえ、事業者とよりよい信頼関係を築くためのコミュニケーションツールとして利用できる内容となるよう、**具体的かつわかりやすい記載で「見える化」**するとともに、取組方針等に沿った運用が行われるよう**職員への周知徹底等により現場まで浸透させること**。

【参考】金融庁『「経営者保証に関するガイドライン」の活用に係る組織的な取組み事例集』（令和3年10月5日）より抜粋

- ✓ 保証徴求の判断に要する時間を、顧客とのリレーション構築に使いたいとの経営トップの考えの下、原則、個人保証を徴求しない取組み。
- ✓ 例外を除き、原則個人保証を求めない。例外に該当し、個人保証を徴求する場合は全て本部決裁とし、妥当性を検証のうえ、不要な個人保証を防止する取組み。
- ✓ 「法人のみの資産・収益力で借入返済が可能」と判断できれば、他の要件が未充足であっても、原則個人保証を徴求しない取組み。
- ✓ 営業店のガイドラインの取組状況を確認するためモニタリングを実施し、その結果（好事例・不芳事例）を営業店に還元するとともに、当該モニタリング結果を踏まえ、行員向研修において「経営者保証に関するガイドライン」の趣旨等を再徹底。

28

事業成長担保権の立案内容の紹介

尾﨑 有

金融庁の尾﨑と申します。企画市場局という部署で、事業成長担保権の創設に向けた取り組みを担当しております。企画市場局は、銀行法、保険業法、資金決済法、貸金業法などを担当する部局ですが、今回、民事法制である資金事業成長担保権の創設に向けて取り組んでおります。本日は、この事業成長担保権について説明する機会をいただきまして、ありがとうございます。

I 事業成長担保権創設に向けた提案の背景

金融庁では、3 年半位前から、事業全体に対する担保権の創設に取り組んでまいりました。ただ、事業成長担保権の考え方は、その頃、突然出てきたというわけではありません。金融庁ではここ 10 年位、金融機関に対して担保・保証に依存せず、借り手企業の事業内容や成長可能性を評価して融資を行うということを促してまいりました。さらに言えば、その 10 年位前から、特に地域金融機関に対して、リレーションシップバンキングと称して、借り手との間で緊密な関係を維持することにより蓄積された情報、この中には借り手の経営能力や事業の成長性なども入るわけですが、こうした情報を基に融資を行うことを促してまいりました。

今回の事業成長担保権創設の提案も、こうした取り組みの延長線上に位置付けられるものであり、金融機関の融資慣行の高度化、すなわち担保・保証に依存せず、借り手の事業が将来生み出すキャッシュフローに着目した融資を促進することを目指すものです。これにより、後に述べますように、資金調達が困難な創業間もない企業や事業拡大を目指す企業が、成長のための資金を得られ、事業者が経営困難に陥っても、日ごろから事業をよく見ている金融機関から迅速な支援が得られる可能性が高まり、事業価値の維持、向上につながると期待されます。

以上のような背景を踏まえ、本日の講演におきましては、まず、なぜ、事業成長担保権の創設が、事業が生み出すキャッシュフローに着目した融資を促すことにつながるのかについて説明し、その後、制度の中身について触れていきたいと思っております。

II　なぜ事業性に着目した融資が重要なのか

資料の３ページをご覧ください。前提として、なぜ、事業が生み出すキャッシュフローに着目した融資が重要なのかについて、簡単にお話ししたいと思います。このグラフは、日米の時価総額に占める無形資産の割合を示したものです。米国では時価総額に占める無形資産の割合が極めて大きくなっています。事業価値の大部分は、将来の収益、すなわちキャッシュフローに対する期待を含む無形資産です。これに対して、日本では無形資産の割合が非常に低くなっています。いろいろな原因があるかと思いますが、今後、事業価値の向上を実現するためには、無形資産の価値を高めていくことが重要であると言えるのではないかと思います。

金融機関の融資や事業者の資金調達について考える場合にも、金融機関として、無形資産、特に将来、事業が生み出すキャッシュフローの価値を評価し、これを活用し高めていくような融資の在り方を探る必要があるのではないか、事業者としても、将来、事業が生み出すキャッシュフローを担保に融資を受けられるようになることが重要なのではないかと思われます。事業者と金融機関の双方にとって、事業性に着目した融資が重要になるのではないかということです。

なぜ、事業性に着目した融資が重要なのかという点について、もう少し敷衍したいと思います。

第一に、事業性に着目した融資によりリスクマネーの供給拡大が期待できるということです。金融機関において事業性に着目した融資に向けた取組みが進められている一方で、スタートアップ企業に限らず、将来性はあるけれども有形資産を持たないという企業が決して少なくない中では、必ずしも融資が行き届いていないようなケースもあると思います。また、経営者保証の負担によって資金調達を断念せざるを得ないケースも引き続き聞かれます。事業性に着目すれば、こうしたケースでリスクマネーが供給されることが期待できるのではないかと思います。

第二に、事業性に着目した融資により、金融機関による事業者支援の強化が期待できることです。平時に金融機関による事業のモニタリングが密に行われるため、経営悪化時に迅速な支援が行われ、事業価値が早期に回復する可能性が高まります。日ごろからしっかりとしたモニタリングをしていないと、事業の実態が分からないので、いざというときに有効な支援を行うことができません。万一、経営破たんした場合にも、利害の異なる債権者による調整が不要になるほか、金融機関が支援先の事業内容に精通しているために迅速な事業再生が期待できます。

このように、事業性に着目した融資は、リスクマネーの量的な拡大と、事業者支援の質的な強化を通じて事業価値の向上につながると期待されます。

資料の４ページにある事業者に対するアンケートの結果を見ても、特に中小企業は、現状は担保や保証を利用しているものの、事業性を評価した担保・保証によらない融資を希望する意見が多くなっていることが見て取れます。

以上が、事業性に着目した融資がなぜ重要なのかについてです。

Ⅲ　なぜ事業成長担保権の創設が事業性に着目した融資につながるのか

では、次に、なぜ、事業成長担保権の創設が、事業性に着目した融資の促進につながるのかについて説明したいと思います。冒頭にも申し上げましたように、金融機関は少なくとも、ここ10年以上、事業性に着目した融資に取り組んできました。成果は出ていると考えられますが、スタートアップや事業拡大、事業転換、事業承継や事業再生といった場面でのリスクの比較的高い融資については、依然として課題が見られるとの指摘も聞かれます。

その背景には、資料の5ページの左下の枠にあるように、融資時においては事業者のビジネスモデルの多様化や、金融機関のノウハウ不足によって、金融機関が融資先の実態や将来性を理解することに苦労しているということがあります。期中においては、事業者に関する正確な情報を把握するということが容易ではないこと、そして、事業再生時には、債権者調整が困難であるといった課題があります。右下の枠にあるような目指すべき姿が必ずしも実現されていないということではないかと思います。

事業性に着目した融資の促進に課題がある理由は、複数あると思われますが、現行の担保制度も、その一つではないかと考えられます。資料の6ページの左下の枠にあるように、現行の担保法制では、担保の対象が主に有形資産であり、ノウハウや顧客基盤といった事業価値に貢献する無形資産が含まれておりません。このため、金融機関は個々の有形資産が持つ価値に着目しがちとなり、事業の持つ価値を高めるという視点を持ちにくくなります。また、弁済の優先順位についても、事業価値への貢献を問わず、担保権者が最優先となるために、担保としてよく使われる不動産の清算価値に目が行きがちで、商取引債権や労働債権を優先させて事業を継続させ、事業価値を高めるという動機が弱くなります。

特に不動産担保の場合、その担保価値と事業価値との関連性が比較的薄いため、借り手の事業がうまくいかなくても一定の回収は見込め、リスク低減という観点からは望ましい面がある一方で、事業者支援に対するインセンティブは弱く、事業のモニタリングにコストをかけるという動機付けが小さくなってしまいます。これらにより、先ほど述べましたように、事業者の経営状況等に関する正確な情報を把握することができにくくなり、融資先の実態や将来性を理解できず、また、担保保全の状況が異なる債権者間の調整に手間取り迅速な支援ができないといった事態に陥りがちになってしまいます。

これに対し、事業全体に対する担保権の場合、担保権の対象は無形資産を含む事業全体となるため、スタートアップ企業など、有形資産を持たない事業者が将来生み出すキャッシュフローの見込みを担保に資金調達することがしやすくなります。弁済の優先順位についても、事業価値に貢献する商取引先や労働者を優先するということができるために、事業を生かして再生させるということがやりやすくなります。また、担保価値と事業価値が一致するため、事業をモニタリングする動機付けが強くなり、モニタリングにより早期経営改善が可能となるために信用コストが抑えられ、モニタリングにコストをかけることが合理的になります。このように事業成長担保権が創設されますと、事業性に着目した融資が促進されると期待されます。

以上が、なぜ事業性に着目した融資が事業価値の成長につながるのか、そして、なぜ事業成長担保権が事業性に着目した融資につながるのかという2点についての説明になります。

Ⅳ　事業成長担保権をめぐる検討の経緯

続きまして、事業成長担保権をめぐる検討の経緯について簡単に触れておきたいと思います。資料の8ページをご覧ください。担保法制については、法制審議会の担保法制部会の議論に先立って、2019年の3月から商事法務研究会を事務局として、「動産・債権を中心とした担保法制に関する研究会」

が開催されました。金融庁は、その研究会で２回プレゼンテーションをさせていただき、事業成長担保権の創設を提言いたしました。並行して、中小企業庁において取引法制研究会が開催され、2021 年４月には「中小企業が使いやすい譲渡担保制度の実現に向けた提案」が公表され、この中で事業担保権の創設が提案されております。また、金融庁は 2020 年の 11 月に、「事業者を支える融資・再生実務のあり方に関する研究会」を設置し、価値ある事業を支えられるような望ましい融資・再生実務のあり方について、事業成長担保権の創設の可能性を含め議論を進めてまいりました。同研究会では、2020 年 12 月と 2021 年の 11 月に論点整理を公表しております。

2021 年４月からは法制審議会担保法制部会が始まり、事業のために用いられる財産の全体を目的にする担保制度についても議論され、先日、公表された中間試案にも盛り込まれております。こうした中、「新しい資本主義のグランドデザイン及び実行計画」や、「スタートアップ育成５カ年計画」といった政府全体の施策においても、事業成長担保権について関連法案の早期国会提出がうたわれています。これらを踏まえ、昨年 11 月から金融審議会において「事業性に着目した融資実務を支える制度のあり方等に関するワーキンググループ」を設置し、事業性融資を後押しする観点から、事業成長担保権の早期導入を見据えた議論を行い、この２月に報告書が公表されたところです。このワーキンググループの名前は、少し長いのですが、担保権という言葉を入れず、あえて、このような目的を重視した名称としたところに、金融庁の思いが込められています。現在、金融庁においては、この報告書を踏まえ、法制化を目指した作業を法務省とも連携しつつ行っているところです。

Ⅴ　事業成長担保権を活用した実務のイメージ

次に、具体的な制度の中身に入る前に、資料の 13 ページの図に基づき、事業成長担保権を使った実務のイメージについてお話ししたいと思います。

そのほうが制度の中身を理解する上でも役に立つのではないかと思います。まず、事業成長担保権の設定時には、事業者が事業計画を明確にして、金融機関はそれに基づき事業の将来性を理解した上で融資判断を行うことを想定しております。その後も事業者は定期的に事業の状況を報告し、金融機関はこれをフォローアップするということになります。事業者の事業を丸ごと支援するということになるので、ロットは比較的大きく、これによりモニタリングのコストを賄うことができるようになることも期待されます。多くの場合は、こうした形で事業が継続・成長していくということになります。

仮に、経営状況が悪化した場合には、金融機関と事業者の間で事業計画の見直し等の経営改善に向けた対応策について協議を行い、必要に応じて条件変更等で合意することになります。金融機関は日ごろからモニタリングをしており、事業のことをよく分かっているということが前提となりますので、早い段階で経営者と協議を行い、改善対応を取るということができ、事業成長担保権がない場合と比べて回復する可能性が高くなるということが期待されます。

このように事業成長担保権の活用によって、好不調の波はあっても、事業を継続・成長させていくということがやりやすくなると期待しています。事業再生が必要な状態に陥ってしまうのは、ごく少数のケースと考えられます。そのため、資料では点線で示しておりますが、この場合も金融機関は事業をよく理解していて、また、債権者は事業再生について利害が一致しておりますので、債権者調整に時間をかけることなく迅速に対応ができると考えております。

事業成長担保権については、担保を実行するときには事業価値が下がっているため、担保の意味がないのではないかという意見を聞くことがあります。事業成長担保権は、経営が悪化しないように金融機関がしっかりとモニタリングをし、仮に経営が悪化したときには迅速に支援を行ってデフォルトを回避することに加え、ごくわずかのケースで自力再生ができなくなった場合でも、円滑に事業再生を行うといったプラクティスを実現するための、制度的な裏付けとなるものです。いわば、担保を実行しなくてよいようにする担保であると言えます。もちろん、迅速な対応を行えば、事業譲渡を行った際の回収率も高くなりますけれども、そういった事態が必要になる状況に陥らないようにするための強力な武器となるものであることを強調しておきたいと思っております。

Ⅵ　事業成長担保権の具体的な制度の内容

それでは、資料の 15 ページの表に沿って、具体的な制度の中身を説明します。まず、表全体についてですが、現行制度でも抵当権・質権・譲渡担保権を組み合わせて、ほぼ全資産に担保を設定するということがありますが、このような形でなるべく多くの資産に担保を設定する場合の課題と、それを事業成長担保権でどのように解決するのかといった視点で整理しております。このように示すことで、事業成長担保権の特徴をより理解していただけると思います。

ただ、本日の説明では、一番右の欄の事業成長担保権の中身に焦点を当てたいと思います。

1　担保目的財産

まず①の担保目的財産については、事業全体ですが、範囲を明確にするために会社の総財産としております。ただし、のれんを含めるために、総財産には将来取得する財産も含まれるとしています。実質的に、事業価値に相当するものであると考えられます。ちなみに、全資産担保や包括担保ではなく、事業成長担保権という名称を使っている理由ですが、後ほど説明する弁済の優先順位に典型的に表れているように、この制度は常に事業を継続・成長させることを念頭に置いて設計されている点で、単に個別の担保を積み上げたものとは異なっているからです。名称については、今後、政府内の調整で変わる可能性がありますが、現在使っている事業成長担保権という名称には、我々金融庁の、どういう制度にしたいかという思いが表れているわけです。

2　担保権設定者

次に②の担保権の設定者については、総財産を担保にするという性質上、個人は除かれます。更に、公示のしやすさや足元のニーズを踏まえ、基本的には株式会社などの営利を目的とする法人に限定することを考えております。

3　担保権者

③の担保権者は、通常、与信者になるわけですが、今回の提案においては、特別のスキームを設けることとしております。この点は、他の項目の後に説明します。

なお、極度額については、事業成長担保権の場合、担保の目的である事業の価値が絶えず変動する上に、事業の成長の過程で必要となる資金調達額も変動するため、あらかじめ設定する意味に乏しいのではないかと考えております。ただし、リスク選好の異なる複数の貸し手に対し優先劣後関係を設けることによって、有利な資金調達を図れる場合もあり得ると考えられるので、借り手の求めがあった場合には極度額を設定できることとしています。

4　対抗要件

次に、④の対抗要件については、商業登記簿への登記によって具備できることとしております。これは、事業を構成する個別資産の譲渡や担保設定についても同じであり、例えば不動産のように、登記・登録制度が存在する場合であっても、事業成長担保権の商業登記で対抗要件が具備されることになります。この場合、個別資産の譲渡や担保権設定を受けた第三者の保護の問題が生じます。この点については、後ほど⑥の設定者の権限のところで触れるように、事業を構成する個別資産の譲渡を行う場合、通常の事業の範囲であれば、譲受人は担保権の負担のない所有権を取得するという取扱いとしておりますし、個別財産の担保権設定を受けるのは、与信を行う等の場合なので、商業登記簿の提出を求めることができると考えられます。したがって、第三者に不測な損害が発生する可能性は低いと言えます。なお、既に対抗要件を具備した個別担保権の付いた資産が事業の中に入ってくる場合には、当該個別担保権が優先するということになると考えています。

5　経営者保証等の権利行使制限

次に、⑤ですが、事業成長担保権の設定を受ける場合、経営者等の個人保証や自宅への抵当権は、経営者等に背信行為等があった場合を除いて、権利行使できないようにすべきと考えられます。担保・保証に依存しない融資を促進するという制度趣旨に加え、貸し手がしっかりモニタリングをしていれば経営者に対する規律付けも十分に働くことが見込まれるからです。

6　設定者の処分権限

次に、⑥については、繰り返しになりますが、設定者は、通常の事業の範囲内であれば、事業を構成する個別の資産の処分権限を持つことになります。事業成長担保権は事業の成長を支援する担保なので、当然のことと考えております。権限外の処分であっても、善意無重過失の相手については保護することを考えております。事業を継続するためには取引相手を保護するという必要があるからです。

7　他の債権者の強制執行・劣後担保権者の担保実行等

次に⑦で、これは、事業成長担保権が実行される前に、他の債権者が事業を構成する資産に対して強制執行を行ったり、劣後する担保権を有する担保権者が担保を実行したりするということができるかという点です。仮に、優先する事業成長担保権者に配当参加や第三者異議の訴えを認めると、債務者は事業成長担保権者には弁済を行いつつ、他の債権者に対しては弁済をしないとしても、他の債権者には対抗手段がないということになってしまいます。

他方、これらを認めない場合には、強制執行等によって事業の成長に支障を来すという可能性があります。そこで、両者のバランスを考えて、事業成長担保権者は配当に参加することはできないとしつつ、事業の継続に支障をきたすような強制執行等に対しては第三者異議の訴えを認めるという形で調整してはどうかと考えています。

8　実行手続

⑧は実行手続です。実行手続は、実行手続開始の申し立てに基づき裁判所が開始決定することにより開始され、その旨が公告されます。開始決定により、原則として弁済が停止され、強制執行や担保権の実行も停止されます。ただし、事業成長担保権に優先する担保権の実行手続は停止されません。

実行手続は裁判所によって選任される管財人が主導することになります。管財人は、事業の経営権および財産の管理処分権を持ち、利害関係人に対して善管注意義務を負います。

事業成長担保権は、原則として、事業の継続を前提に、スポンサーに事業を譲渡するという形で実行されます。個別財産の換価は、事業の譲渡が困難であるという場合の対応ということになります。事業の譲渡や個別財産の換価には裁判所の許可が必要になりますが、事業を継続しながら譲渡する必要があるので、棚卸資産の売却等については、裁判所の許可がなくても管財人の判断で可能にすべきと考えております。

9　実行手続における弁済の優先順位

⑨の実行手続における弁済の優先順位については、原則、実体法上の順位によるということになりますが、２点、例外があります。１点目は、共益の債権です。可能な限り高い事業価値を維持しつつ換価するという制度目的を踏まえ、事業の継続に必要な費用については、随時弁済できる仕組みが必要であると考えております。共益の債権には、実行手続開始後の原因により生じた債権に加え、実行手続開始前の原因により生じた債権のうち、類型的に共益の費用であると位置付けられるものと、類型的に共益の費用であるとは

認められないものの、個別に判断して事業価値の維持向上に資するために共益性が認められものが考えられます。

前者、すなわち類型的に共益の費用と位置付けられるものについては、例えば源泉徴収所得税や使用人の給料等が含まれますが、これらは裁判所の許可なく随時弁済することが認められるべきであると考えております。

後者、すなわち類型的に共益の費用であるとは認められないものの、個別に判断して事業価値の維持向上に資するために共益性が認められるものについては、例えば商取引債権などが含まれますが、これらは、裁判所の許可を得て随時弁済を認めることが考えられます。

なお、会社更生法においては、少額の債権等を早期に弁済しなければ更生会社の事業の継続に著しい支障をきたすときに、裁判所の許可によって随時弁済が認められることになっていますが、今回の事業成長担保権制度におきましては、事業価値を維持しつつ換価するということを目指すという制度趣旨を踏まえ、要件のうちの「少額の」債権であるとか、「著しい」支障といったような共益債権を限定するような要件については不要としてはどうかと考えております。

２点目は、一般債権について一定の範囲で分配を認める仕組みを設けてはどうかという点です。一般債権者等の利益の保護の観点から、政策的に実行手続における換価代金の一定割合を一般債権に分配してはどうかというものです。これは、破産手続の実務において、別除権の目的財産が任意売却された場合に、担保権者と管財人の交渉に基づいて一定額が破産財団に組み込まれ、一般債権者への配当の原資とされるという例が多いということを踏まえたものです。ただし、必ずしも事業成長担保権の実行手続の場合と状況が同じではない上に、事業成長担保権の場合、共益の債権の範囲を広く取っているため、一般債権のうち、相当の部分は既に共益債権として弁済されていると考えられることから、ここで一般債権に分配する割合については限定的であるべきだと考えております。具体的な割合につきましては今後、議論した上で法定されると考えております。

以上が実行手続の概要ですが、幅広い共益債権について随時弁済するとはいっても、原則として、弁済を停止することになりますので、事業価値の毀損は避けられないと考えられます。そこで、仮に、主要な金融債権者間で実行手続中の弁済猶予が合意されて、事業の譲渡までの間の資金繰りが確保される見込みがある場合には、弁済の停止、個別財産への強制執行や担保権の実行等の停止を行わない形での簡易な実行手続を設けることについても検討すべきではないかと考えております。

10　倒産手続との関係

最後に、⑩の倒産手続との関係ですが、事業成長担保権は、破産、民事再生手続においては別除権、会社更生手続においては更生担保権になります。

なお、倒産手続においては、DIP ファイナンスの供与が重要になるケースがございます。現行法上、DIP ファイナンスにかかる貸付債権は、民事再生法や会社更生法といった再建型の倒産手続におきましては、共益債権になりますが、その後、牽連破産した場合には、財団債権として取り扱われ、別除権となる担保権に優先して弁済を受けることはできないので、米国等の制度に比べリスクが高いと言われております。

そこで、米国の制度も参考にしつつ、会社更生手続から牽連破産に至る場合については、別除権として行使される事業成長担保権の実行手続においても、DIP ファイナンスにかかる貸付債権を共益債権として扱って、随時弁済の対象にすることで DIP ファイナンスを保護することが考えられます。

Ⅶ　信託スキームの利用について

以上で説明した事業成長担保権の制度概要のうち、実行手続における弁済の優先順位の中で、一般債権に対する分配について触れました。これは、既存の民法や倒産法のルールとは異なるものです。このような基本的なルールの変更を行うのであれば、担保法制や倒産法制全体の議論を行う中で検討すべきではないかとの指摘も考えられます。

今回、金融庁を中心として事業成長担保権の制度設計を行うに当たっては、実体法上の弁済順位の基本ルールには変更を加えず、信託という特別なスキームを用いることで、一般債権に対する優先弁済を実現することとしております。先ほど担保権者のところで、特別のスキームを用いるので、後ほど説明すると言ったのがこの点です。

具体的には、資料の 16 ページの図にあるように、事業成長担保権の設定を信託契約によることとして、借り手である事業者を委託者としつつ、担保権者を受託者として信託会社がこれを担うこととし、与信者と一般債権者を受益者とすることによって、一般債権者を一定の範囲で優先させるという施策目的を実現することとしております。

このような信託の利用については、総資産を担保にすることによって生じる濫用の懸念に対応するために担保権者を限定すべきという要請と、リスクマネーを供給する担い手は幅広く想定すべきであるという要請という、お互いに矛盾した要請に対応するものでもあります。担保権者を信託会社に限定しつつ、与信者は限定しないという仕組みを、信託スキームを通じて実現するということです。

なお、中小企業融資など与信規模が小さい場合等には信託手数料を捻出することは難しいと考えられ、両者の分離を強制すれば、そもそも制度が使われなくなることが予想されます。したがって、与信者と信託会社が同一者であっても構わない制度設計にしてはどうかと考えております。

ただ、与信者と信託会社が同一者であることを認めたとしても、信託スキームを用いることによる追加的なコストの問題から事業成長担保権制度が使われないということがないように、今後の詳細の制度設計に当たっては注意していきたいと考えております。例えば、信託会社は免許制ですが、この場合は基本的に担保権のみの信託を引き受けるということになりますし、信託事務につきましても、担保権の実行等に限定されるということになるので、免許要件が過度な負担にならないような制度設計としたいと考えております。この点、資料の17ページにあるように、同じく担保権に関する信託を専業とする場合の免許を定めている担保付社債信託法が参考になるのではないかと考えております。

また、信託事務については、平時においては受益者である与信者の意志を確認しつつ、定型的に行動すれば足りるということが多いほか、実行時においても、一般債権者等の取り分を確保して給付をするという定型的なものであることが多いと考えられることから、今後、モデル契約等の策定を通じて、受託者が行う事務の内容を明確化することによって、受託者の負担を軽減するということが可能ではないかと考えております。

Ⅷ　随時弁済と一般債権への分配の流れ

以上を踏まえ、実行手続のうち、やや複雑な随時弁済と一般債権への分配の流れに焦点を当てて整理したものが資料の19ページの図です。

図の左端にあるように、実行手続が開始されると原則、弁済は停止されますが、共益債権については随時弁済が可能となります。繰り返しになりますが、Aの枠にあるように、共益債権には実行開始後の手続費用のみならず、実行開始前の費用についても、類型的に共益費用とするものと、裁判所の許可により共益の費用とするものが含まれます。

管財人によって事業譲渡が行われますと、譲受人が事業継続に必要な商取引債権等を引き受けることになるために、これらの債権は事業の譲受人により支払われることになります。これがBです。

次はCの枠ですが、これは、事業譲渡が行われ、換価代金が配当される場面です。換価代金の一定割合が一般債権者の取り分とされますが、これと与信者の取り分を合わせて、受託者である事業成長担保権者（与信者と受託者が一致する場合には同時に与信者）が一括受領します。このうち、与信者の取り分については、そのまま与信者に対して支払われますが、一般債権者の取り分については受託者が管理し、破産手続等により配当が行われます。

事業成長担保権者と、事業成長担保権者に劣後する担保権者については、事業成長担保権の実行手続の中で債権調査、確定手続が行われ、換価・配当がされることで消除されることになります。なお、当然のことながら、事業成長担保権に優先する債権は事業成長担保権の実行手続の外で実行することが可能になります。

事業成長担保権に劣後する担保権の被担保債権等については、事業成長担保権の与信者の被担保債権に対する配当が行われた後に配当されるということになります。さらに、配当後にさらに残余部分があれば設定者に対して返還されることになります。

Ⅸ　活用しやすい制度の創設に向けて

事業成長担保権は新しい制度であるということに加え、信託スキームを用いた担保権設定や、実行時の一般債権者等への配当など、分かりにくいという声も聞かれます。そもそも、事業キャッシュフローに着目した融資実務自体が、全ての金融機関にとって十分になじみのあるものではないかもしれません。金融庁においては、金融審議会の事業性に着目した融資実務を支える制度のあり方等に関するワーキンググループの報告を受け、関係省庁とも連携しながら法制化に向けた作業を行っているところです。法制化に当たっては、関係者の使い勝手に十分に配慮して、手続負担が重くならないような工夫をしていきたいと思っております。

その観点から、信託スキームにおける信託契約や受託会社としての態勢整備の標準的なあり方についても、可能な限り明確にしていくことが重要であると考えています。同時に、制度の周知や広報にも力を入れていきたいと考えております。事業成長担保権は、新たなチャレンジに対する意欲を持ち、金融機関の支援も受けながら、それを事業計画という形にして実現していこうと考えている事業者にこそふさわしい制度です。スタートアップはもちろんのこと、事業承継の際の承継資金や、事業再生の際の第二会社方式での新会社へのファイナンス、また、既に相当の業歴のある企業でも、さらなる成長に向けて事業をよく理解する金融機関とともに新たな取り組みにチャレンジする際にもぴったりの制度ではないかと考えています。

X　事業成長担保権の活用の具体例

最後に、事業成長担保権活用の具体例について、金融機関や事業者の皆さんに考えていただいたものを資料の中でまとめておりますので、簡単に紹介いたします。

始めに、38ページの成長局面①の（1）SaaS企業と書かれている所をご覧ください。足元は赤字ですが、サブスクリプションのビジネスで顧客基盤が順調に拡大しつつある企業への事業拡大のための融資です。赤字なので従来は敬遠されがちなケースですが、事業そのものの価値に着目すると、十分に融資ができるのではないかという例です。ただ、リスクは高いので、これを一定程度抑制するというために事業成長担保権を設定してはどうかということになります。リスクの大きさ等に応じて、例えばワラントを設定するといったようなことも検討されるのかもしれません。経営者や、ベンチャーキャピタルから見れば、持ち分の希薄化を抑えつつ資金調達できます。

次に、40ページの成長局面③の（5）の飲食チェーンと書かれている所です。こちらはスタートアップというよりは、既に実績のある事業者のケースです。業務の効率化と事業の拡大のための投資を計画していますが、既存の金融機関が理解を示してくれず、慎重になっている場合です。目ぼしい有形資産を持っているわけでもなく、経営者保証が付いています。ここでは新たな事業計画に理解を示す金融機関が借り換えに応じて、経営者保証を外す一方で事業全体に担保設定するということを想定しています。借り換えに応じる金融機関が1行の場合であれば迅速な融資判断と、その後の強いコミットメントが期待できますし、複数行がシンジケートを組んで融資するということも考えられるケースではないかと思います。

続いて、42 ページの承継局面のイメージのうち（1）卸売りと書いてある所です。これは現経営者が高齢のために、従業員による事業承継を機に IT 化を進めるための承継資金を調達したいというケースです。既存の金融機関の数が多くて、事業計画を承認するかについて調整に時間がかかってしまうほか、経営者保証も付いています。ここでは計画に理解を示す少数のシンジケート団参加行が、事業成長担保権を設定することで、新経営者が個人保証を負わずに承継資金を調達できるようになることを想定しています。

最後が、43 ページの再生局面①の（1）の第二会社方式における新会社へのファイナンスのうち（1）の食料品製造と書かれている所ですが、これはまさに第二会社方式による事業再生のケースです。既存の金融機関が債権の一部を放棄する一方で、残債務の借換資金と、その後の運転資金を金融機関 1 行が事業成長担保権を活用しつつ、コミットメントラインを設定し融資することで、再生計画を描いている事業者の再成長を支援することが可能になるというケースでございます。

これらの例から分かるように、既存の担保権と併存するような形で事業成長担保権を設定すると法律関係が複雑になりますので、新たなファイナンスかリファイナンスで使われることが多いと思われます。リファイナンスの場合とは、例えば、新たな投資計画に対して金融機関が必ずしも理解を十分に示さず、慎重姿勢を取っている場合に、計画をよく理解してくれる金融機関が借り換えるといったケースが考えられます。

他方、既存の担保制度で既に円滑な資金調達ができている企業は、引き続き、現在のファイナンスを続けていただくことで構いませんし、金融機関についても、無理にこの制度を使わなければならないわけではありません。事業成長担保権は、事業者にとっては資金調達の幅を、金融機関にとっては支援の幅を広げるための新たなオプションであると考えております。今後の制度の詳細設計に当たっては、引き続き関係者の皆さまがたとよく議論をしていきたいと考えております。私からは以上です。どうもありがとうございました。

事業成長担保権について

2023年２月28日

目次

時価総額に占める無形資産の割合

○ 米国市場においては、無形資産（人的資本や知的財産資本の量や質、ビジネスモデル、将来の競争力に対する期待等）に対する評価が大宗を占めるようになってきている。

○ 日本市場では、依然として有形資産に対する評価の比率が高く、無形資産によるプレミアムが少ない。

時価総額に占める無形資産の割合

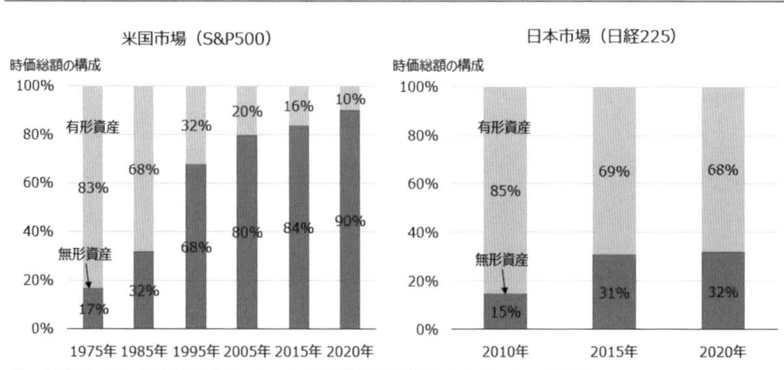

（注）　時価総額（market cap）から純有形資産（net tangible asset value）を引いたものを純無形資産（net intangible asset value）としている。
その純無形資産を時価総額で割ることでそのインデックスに占める無形資産を割り出している。
（出所）OCEAN TOMO「INTANGIBLE ASSET MARKET VALUE STUDY」（2020年）を基に作成。

（出所）内閣官房 新しい資本主義実現会議 非財務情報可視化研究会 第１回　資料３　基礎資料 p.5 (2022年2月)

3

融資実務の目指すべき姿

○　現状は保証や担保による融資を利用している中小企業でも、**事業性を評価した、担保や保証によらない融資を希望する意見が多い。**

企業が現在利用している融資手法と今後借入を希望する融資手法

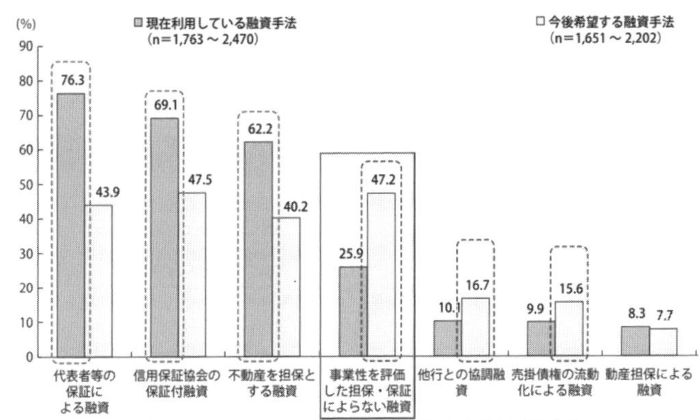

資料：中小企業庁委託「中小企業の資金調達に関する調査」（2015年12月、みずほ総合研究所（株））
（注）1. 金融機関から借入れのある企業のみを集計している。
2. 複数回答のため、合計は必ずしも100%にはならない。

（出所）中小企業庁「2016年版中小企業白書」第2部第5章 p.323（2016年7月）

4

現行の融資実務の課題

○　金融機関は、事業の価値創造を支え、企業・経済の持続的成長に貢献することが求められている。

○　資金余剰により、貸倒れリスクが低い事業者の資金調達環境は一定の改善が見られたが、スタートアップや事業承継、再生などの局面にある事業者が行う**ミドルリスクの資金調達は、依然として課題がみられる。**

○　事業者が、こうした局面にあっても、最適な方法で資金を調達するためには、その**事業性に基づく借入れを含め、幅広い選択肢が存在することが重要**である。

○　あわせて、**金融機関が、不動産担保や経営者保証に過度に依存せず、企業の事業性に着目した融資に取り組みやすくする**よう、環境を整備することが重要である。

	現行の融資実務の課題	目指すべき姿
融資時	・ビジネスモデルの多様化により、金融機関が融資先の足元の実態や将来性を理解することは容易ではない。 ・現在の金融機関には多様化する事業を理解しリスクを見極めて融資を実行するだけのノウハウが必ずしも蓄積されていない。	・事業者の足元の実態や将来性（事業計画）を理解する。 ・一つ一つの事業について、キャッシュフローの見通しやその不確実性といった個々の実情を理解した上で、資金使途に見合った適切な形で資金を供給する。
期中	・事業者側に経営の見える化を進める動機がない場合等は、事業の実態を把握することは容易ではない。 ・特に、我が国の中小事業者の場合、会計情報の外部監査がなく、商取引の決済口座が複数の金融機関に分散していること等もあり、外部から正確な情報を把握しやすい構造にはなっていない。	・資金が適切に活用されてキャッシュフローを生み出しているかなど、当初計画からの乖離を含め、継続的に実態を把握する。 ・必要に応じて、当初計画の見直しを含む支援策を事業者と話し合う。
再生局面	・債権者間の利害調整が容易ではない。 ・特に、我が国では、一つの事業者に対して複数の金融機関がそれぞれ異なる条件で融資契約を結ぶために、利害関係が複雑な場合も多く、事業継続のための調整が難しい。	・価値ある事業を支えるため、事業や財務の再構築が必要になった場合でも、必要に応じて、リスケジュールや債権カットを含め、事業継続に向けた行動をとる。

5

現行の担保法制の課題と新たな目指すべき姿

○　事業性に基づいて資金を調達するためには、業況が安定している大企業や不動産担保設定がされているなど信用リスクが低い場合を除き、金融機関と債務者との間で事業状況の相互理解（モニタリング）が必要となる。

○　事業全体に対する担保権は、これまでの学術的な研究において、金融機関がモニタリングを行う費用を負担することを合理的なものとするために必要な制度として、説明されている。

○　事業成長担保権の導入を含め、金融機関が、不動産担保や経営者保証に過度に依存せず、事業性に基づく融資に取り組みやすくすることで、**事業者が、金融機関から成長資金等を調達できる環境の整備を目指す。**

現行の担保法制	目指すべき姿
個別資産に対する担保権	事業全体に対する担保権（新設）
・担保権の対象は土地や工場等の有形資産が中心 （ノウハウ、顧客基盤等の無形資産が含まれず、事業価値と乖離） ⇒スタートアップ等の有形資産に乏しい企業の資金調達に支障 ・事業価値への貢献を問わず担保権者が最優先 （不動産担保や個人保証による価値に目が向きがち） ⇒貸出先の事業改善・再生の着手が遅れるおそれ	・担保権の対象は無形資産を含む事業全体 （ノウハウ、顧客基盤等の無形資産も含まれ、事業価値と一致） ⇒無形資産を含む事業の将来性に着目した融資が促進され、創業・第二創業を容易に ・事業価値の維持・向上に資する者を最優先 （商取引先や労働者、再生局面の貸し手等を十分に保護） ⇒早期支援は担保価値の維持・向上にもつながるため、融資先の経営改善支援が促進される ⇒経営者保証等に依存せず、事業のモニタリングに基づく経営悪化時の早期支援を実現

6

（参考）現行制度・実務の課題と事業成長担保権に期待する声

	現行制度・実務では不十分な点	事業成長担保権に期待する声
創業期	・事業立上げ時には、資本部分はＶＣから調達するものの、ＶＣにも１案件当たりの投資上限があり、成長資金（研究開発費、人件費、広告宣伝費等）のすべてをエクイティで調達することは困難。 （※仮に調達できたとしても、経営者の持分の希薄化が生じる。）	・表面的な数字でなく事業の内容・将来性の相互理解を深め、長期的な取引関係を構築する契機としたい。 事業成長担保権では、 ・事業全体を担保対象とすることにより、金融機関に対して事業（担保価値）の理解を動機づけることができ、企業と金融機関との間での目線の共有が進む。
成長期	・拡大する売上・顧客基盤に対応するための資金が必要であるが、短期的には赤字が続く上、担保設定できる有形資産が存在しないため、資金調達が困難。	・成長途上にある企業の資金調達を容易にしたい。 事業成長担保権では、 ・将来性はあるが有形資産のない企業であっても、事業計画や資金計画の共有を前提とすることにより、金融機関側による事業の理解が進む環境を整備することで、新たな借入れの選択肢を与える。
承継期	・経営者が高齢のため、従業員による事業承継を企図したが、金融機関から当該従業員による個人保証を求められ、断念した。	・事業承継時に後継者への個人保証を外したい。 事業成長担保権では、 ・事業性に着目することで個人保証の必要性を低減する。 ・リスクテイクに見合った担保設定を可能にする一方、個人保証は経営者による粉飾等の背信行為があった場合を除き制限する。
再生期	・リスクをとる金融機関が不在である（メインバンクが不在である）ため、必要な支援を受けるまでの意思決定にかなりの時間を要した。	・個人保証に依存しない形で再生資金を迅速に調達したい。 事業成長担保権では、 ・再生計画の実現可能性を理解しリスクテイクしようとするメインバンクからの迅速な借入れが期待される。 ・メインバンクを明確にすることにより、取引金融機関における意思決定の迅速化が期待される。

※　その他、個人保証や不動産等の担保がなくても、融資につながる制度を求める声が多数あった。

7

事業成長担保権（仮称）の検討の経過

2019年3月 ～2021年4月	**動産・債権を中心とした担保法制に関する研究会**（商事法務研究会） □ 動産・債権等の担保法制に関する検討の成果を「報告書」として取りまとめ。（2021年４月公表） □ 金融庁や中小企業庁の提案を踏まえ、設定者の事業のために用いられる財産全体を一括して担保の目的とする制度（包括的な担保制度）についても、論点の１つとして検討。
2019年12月 ～2020年3月	**取引法制研究会**（中小企業庁） □ 動産・債権等の担保法制度のほか、事業価値を一体として担保化し、事業譲渡を含めた換価方法を選択できる制度の検討の成果として「中小企業が使いやすい譲渡担保制度の実現に向けた提案」を公表。（2021年４月）
2020年11月 ～2021年11月	**事業者を支える融資・再生実務のあり方に関する研究会**（金融庁） □ 事業全体に対する担保制度（「事業成長担保権(仮称)」）の法制化に向けた議論を「論点整理」として取りまとめ。（2020年12月公表、2021年11月改訂）
2021年４月 ～現在	**法制審議会　担保法制部会**（法務省）※金融庁も幹事として参加 □ 動産・債権等を目的とする担保法制の見直しについて議論し、「担保法制の見直しに関する中間試案」を取りまとめ（2022年12月公表）。 □ 事業のために一体として活用される財産を包括的に目的財産とする制度（事業担保制度）の導入も、論点の１つ。
（2022年６月）	**「新しい資本主義のグランドデザイン及び実行計画（令和４年６月７日閣議決定）」** Ⅵ．個別分野の取組 ４．金融市場の整備 （５）事業性融資への本格的かつ大胆な転換 ＤＸやＧＸ等に伴う産業構造の変化が生じている中、工場等の有形資産を持たないスタートアップ等にとっては、不動産担保や個人保証なしに融資を受けることは難しく、また、出資による資金調達だけでは経営者の持分が希薄化するため、成長資金を経営者の意向に応じて最適な方法で調達できるよう環境整備することが必要である。 こうした観点から、金融機関には、**不動産担保等によらず、事業価値やその将来性といった事業そのものを評価し、融資することが求められる。スタートアップ等が事業全体を担保に金融機関から成長資金を調達できる制度を創設するため、関連法案を早期に国会に提出することを目指す。**
（2022年11月）	**「スタートアップ育成５か年計画（令和４年１１月２８日新しい資本主義実現会議決定）」** （２０）事業成長担保権の創設 ○ 有形資産を多く持たないスタートアップ等が最適な方法で成長資金を調達できる環境を整備するため、金融機関が、不動産担保等によらず、事業価値やその将来性といった事業そのものを評価し、融資することが有効である。 ○ そのため、**スタートアップ等が、事業全体を担保に金融機関から成長資金を調達できる制度を創設するため、関連法案を早期に国会に提出することを目指す。**
2022年11月 ～2023年２月	**金融審議会　事業性に着目した融資実務を支える制度のあり方等に関するWG**（金融庁） □ 「事業成長担保権(仮称)」の法制化に向けた検討を進め、「報告書」を取りまとめ。（2023年2月公表）

8

関連する閣議決定等

<スタートアップ育成５か年計画（令和４年１１月２８日新しい資本主義実現会議決定）（抜粋）>

（２０）事業成長担保権の創設
○ 有形資産を多く持たないスタートアップ等が最適な方法で成長資金を調達できる環境を整備するため、金融機関が、不動産担保等によらず、事業価値やその将来性といった事業そのものを評価し、融資することが有効である。
○ そのため、**スタートアップ等が、事業全体を担保に金融機関から成長資金を調達できる制度を創設するため、関連法案を早期に国会に提出することを目指す。**

<新しい資本主義のグランドデザイン及び実行計画（令和４年６月７日閣議決定）（抜粋）>

Ⅵ．個別分野の取組
４．金融市場の整備
（５）事業性融資への本格的かつ大胆な転換
ＤＸやＧＸ等に伴う産業構造の変化が生じている中、工場等の有形資産を持たないスタートアップ等にとっては、不動産担保や個人保証なしに融資を受けることは難しく、また、出資による資金調達だけでは経営者の持分が希薄化するため、成長資金を経営者の意向に応じて最適な方法で調達できるよう環境整備することが必要である。
こうした観点から、金融機関には、**不動産担保等によらず、事業価値やその将来性といった事業そのものを評価し、融資することが求められる。スタートアップ等が事業全体を担保に金融機関から成長資金を調達できる制度を創設するため、関連法案を早期に国会に提出することを目指す。**

<骨太方針2022（令和４年６月７日閣議決定）（抜粋）>

１．新しい資本主義に向けた重点投資分野
（３）スタートアップ（新規創業）への投資（抜粋）
加えて、**保証や不動産担保に依存しない形の融資への見直しや事業全体を担保とした成長資金の調達を可能とする仕組みづくり等を通じて、成長資金の調達環境を整備する。**

<規制改革実施計画（令和４年６月７日閣議決定）（抜粋）>

５．個別分野の取組
<スタートアップ・イノベーション>
事業成長担保権の創設・整備について
金融庁及び法務省は、資金提供・調達の充実がスタートアップや事業の成長・促進における喫緊の課題であることを認識・把握し、融資における新たな選択肢として**不動産担保によらない成長資金の提供への利活用が期待される、「事業成長担保権」を始めとした事業全体を担保とする制度について、相互に積極的に連携して検討を進め、早期に一定の結論を得る。**
なお、事業全体を担保とする制度の整備に係る検討の結論を得次第、金融庁は、 金融機関と融資先である事業者が事業価値の維持や向上に向けて緊密な関係を構築できるよう、制度の適切な活用・運用による成長資金の提供促進に必要な環境の整備を行う。

9

事業性に着目した融資実務を支える制度のあり方等に関するWG　メンバー

座　長	神田　秀樹	学習院大学大学院法務研究科教授
委　員	伊藤　麻美	日本電鍍工業㈱代表取締役
	井上　　聡	弁護士（長島・大野・常松法律事務所）
	大澤加奈子	弁護士（梶谷綜合法律事務所）
	大西正一郎	フロンティア・マネジメント㈱代表取締役
	沖野　眞已	東京大学大学院法学政治学研究科教授
	倉林　　陽	DNX Ventures日本代表
	志甫　治宣	弁護士（三宅・今井・池田法律事務所）
	菅野　百合	弁護士（西村あさひ法律事務所）
	星　　岳雄	東京大学大学院経済学研究科教授
	堀内　秀晃	㈱ゴードン・ブラザーズ・ジャパン代表取締役社長
	水町勇一郎	東京大学社会科学研究所教授
	村上　陽子	日本労働組合総連合会副事務局長
	安井　暢高	㈱メルカリ　政策企画マネージャー（日本経済団体連合会　スタートアップ委員会スタートアップ政策タスクフォース委員）
	山内　清行	日本商工会議所産業政策第一部長
	山本　和彦	一橋大学大学院法学研究科教授
オブザーバー	全国銀行協会　全国地方銀行協会　第二地方銀行協会　全国信用金庫協会　全国信用組合中央協会　株式会社商工組合中央金庫　株式会社日本政策金融公庫　株式会社日本政策投資銀行　日本公認会計士協会　国際銀行協会　信託協会　内閣府　法務省　厚生労働省　経済産業省　特許庁　中小企業庁　日本銀行　最高裁判所	

10

事業性に着目した融資実務を支える制度のあり方等に関するWG　開催実績

第1回（2022年11月2日）　／　事業成長担保権の基本的な論点について①

- 奥参考人(PwC)から現在の融資実務から見た課題について、川橋参考人(NRI)より海外の融資実務についてプレゼン
- 事業成長担保権の制度の創設趣旨や設定時に係る論点について議論

第2回（2022年11月11日）　／　事業成長担保権の基本的な論点について②

- 経団連、日商、みずほ銀行、地銀協（横浜銀行）によるプレゼン
- 事業成長担保権の期中・実行・倒産局面それぞれに係る論点について議論

第3回（2022年12月13日）　／　追加的な論点について

- 事業単位での事業成長担保権の設定や簡易な実行手続のあり方等について議論

第4回（2022年12月23日）　／　労働者保護のあり方について

- 東京南部法律事務所の竹村弁護士、AI-EI法律事務所の森弁護士によるプレゼン
- 労働者、労働組合等への情報提供のあり方や実行における雇用維持のあり方等について議論

第5回（2022年12月27日）　／　担保権者の範囲等について

- 信託方式による事業成長担保権の設定等のあり方について議論

第6回（2023年1月25日）　／　残された論点（労働関係等）について

- 労働者保護や簡易な実行手続の追加的な議論、報告書（案）について討議

第7回（2023年2月2日）　／　報告書（案）について

11

Ⅱ　実務のイメージ

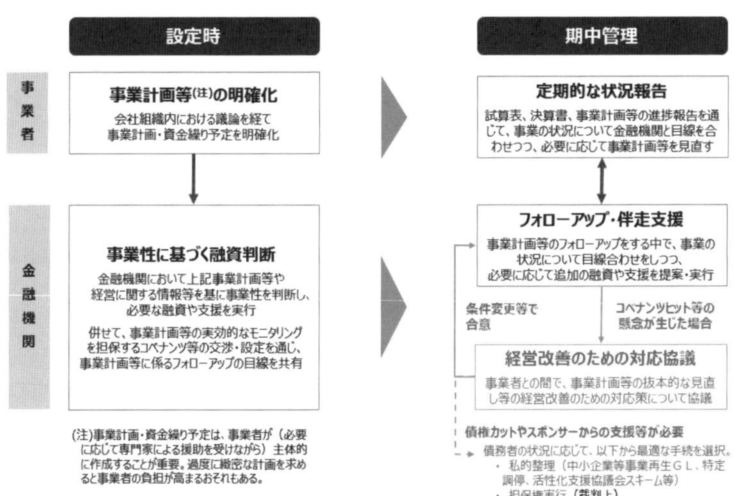
想定される設定時・期中の実務のイメージ
○　事業成長担保権は、事業計画等を明確にする事業者と、当該事業計画等に基づき事業の将来性を理解し、事業者の実態を継続的に把握することができる金融機関との間において、利用されることが想定される。
設定時
期中管理
事業者
事業計画等(注)の明確化
会社組織内における議論を経て
事業計画・資金繰り予定を明確化
金融機関
事業性に基づく融資判断
金融機関において上記事業計画等や
経営に関する情報等を基に事業性を判断し、
必要な融資や支援を実行
併せて、事業計画等の実効的なモニタリング
を担保するコベナンツ等の交渉・設定を通じ、
事業計画等に係るフォローアップの目線を共有
定期的な状況報告
試算表、決算書、事業計画等の進捗報告を通じて、事業の状況について金融機関と目線を合わせつつ、必要に応じて事業計画等を見直す
フォローアップ・伴走支援
事業計画等のフォローアップをする中で、事業の状況について目線合わせをしつつ、必要に応じて追加の融資や支援を提案・実行
条件変更等で
合意
コベナンツヒット等の
懸念が生じた場合
経営改善のための対応協議
事業者との間で、事業計画等の抜本的な見直し等の経営改善のための対応策について協議
債権カットやスポンサーからの支援等が必要
債務者の状況に応じて、以下から最適な手続を選択。
・ 私的整理（中小企業等事業再生ＧＬ、特定調停、活性化支援協議会スキーム等）
・ 担保権実行（裁判上）
・ 法的再生手続（会社更生等）
(注)事業計画・資金繰り予定は、事業者が（必要に応じて専門家による援助を受けながら）主体的に作成することが重要。過度に緻密な計画を求めると事業者の負担が高まるおそれもある。
13

現行制度における全資産担保の主な制度的課題と事業成長担保権における対応

	項目	現行制度での全資産担保実務 （抵当権、質権、譲渡担保権の組合せ）	（課　題）	事業成長担保権（案）
設定時	① 担保目的財産	・ 動産、債権及び知的財産等の特定可能な財産の合計（のれんを除く）	・ 事業の継続及び成長を支える融資の動機付けが難しい	・ 総財産（のれんを含む）
設定時	② 設定者	・ 個人及び法人（限定なし）	・ （個人が設定する場合、個人保証と同様の問題）	・ 株式会社や持分会社に限定
設定時	③ 担保権者	・ 個人及び法人（限定なし）	・ 無登録金融業者等による重要資産への担保権設定を通じた乗っ取りのリスク	・ 事業成長担保権に関する信託業者（設定者に対する説明義務）
設定時	（被担保債権）	・ 根抵当権の場合は継続取引に限定		・ 既存の担保権の被担保債権者と同類型のほか、実行時の取り分確保の観点から一般債権者の類型を指定
設定時	（極度額）	・ 根抵当権の場合は極度額設定が当初契約から必要。他の担保権は不要	・ 極度額を当初から必要とすると事業拡大等に伴う機動的な資金供給に支障	・ 当初設定を不要としたうえで、設定者に極度額設定請求権を付与
設定時	④ 対抗要件	・ 登記、登録、占有改定、通知・承諾等 （担保の種類による）	・ 対抗要件具備に係る事務が非効率 ・ 公示されない担保設定により、第三者の予測可能性を損なう	・ 商業登記簿への登記（これにより登記制度等のある財産についても対抗要件具備）
設定時	（他の担保権との優劣）	・ 対抗要件具備の先後等		・ 対抗要件具備の先後等
設定時	⑤ 担保権者の権限制約	・ 特になし	・ 経営者等の個人保証や自宅等への担保権設定により、経営者等の私生活が不安定になることで、適切なリスクテイクが阻害される	・ 事業成長担保権の被担保債権者による経営者等の個人保証やその自宅への抵当権等(但し背信行為等の停止条件付は可)の権利行使等を制約
設定から実行まで	⑥ 設定者の権限（取引相手方の保護）	・ 集合動産譲渡担保の場合、通常の営業の範囲内で処分権限あり （即時取得(善意・無過失)のみ）	・ 取引相手方が保護されるためには善意だけでなく無過失も要求される	・ 通常の事業の範囲内で処分権限あり（善意・無重過失の相手方を保護する特別の規定を設ける）
設定から実行まで	⑦ 担保権と他の債権者による強制執行等との関係	・ 第三者異議の訴え等	・ 強制執行できる財産が存在しないおそれがある	・ 第三者異議の訴えを事業の一体性を確保する必要のある範囲に制約する
実行手続	⑧ 基本的な性格	・ 裁判所による強制競売など個別財産ごとの実行	・ 個別財産のバラ売りしかできないため、事業が解体されてしまう	・ 管財人が主導（原則、事業の承継による）
実行手続	⑨ 実行手続における優先関係	・ 配当手続において実体法上の順位や債務名義等の有無に応じて弁済	・ 実行手続において、事業の継続に不可欠な債権が、適時優先的に弁済されない ・ 一般債権者の保護に懸念	・ 原則実体法上の順位によるが、共益の債権は類型的に又は裁判所の許可により優先・随時弁済可とする ・ 換価代金の一定割合を一般債権に分配(被担保債権として指定)
倒産手続	⑩ 倒産手続での担保権の位置付け	・ 破産・民事再生では別除権となる(上記実行手続の規律となる) ・ 会社更生では、更生担保権となる(会社更生の規律となる)	・ 破産・民事再生の場合は、実行手続の課題がそのままあてはまる	・ 破産・民事再生では別除権となる(ただし、実行手続の課題に上記手当て) ・ 会社更生では、更生担保権となる(会社更生の規律となる)
倒産手続	（新規融資のリスク）	・ 新規融資の実行後、牽連破産の場合、破産では担保権に劣後する	・ 新規融資のリスクが高いため、供給が難しい	・ 新規融資の出し手について事業成長担保権者よりも優先的な地位を与えることで、新規融資のリスクを下げる

15

事業成長担保権の設定を信託契約によることについて

○ 濫用の懸念に応える観点から債務者が事業成長担保権の内容を理解せずに設定することを防止しつつ、成長資金等を供給できる与信者に広く利用を認めるため、事業成長担保権の設定については、当局の免許を受けた信託会社を受託者とする信託契約によらなければならないこととする。

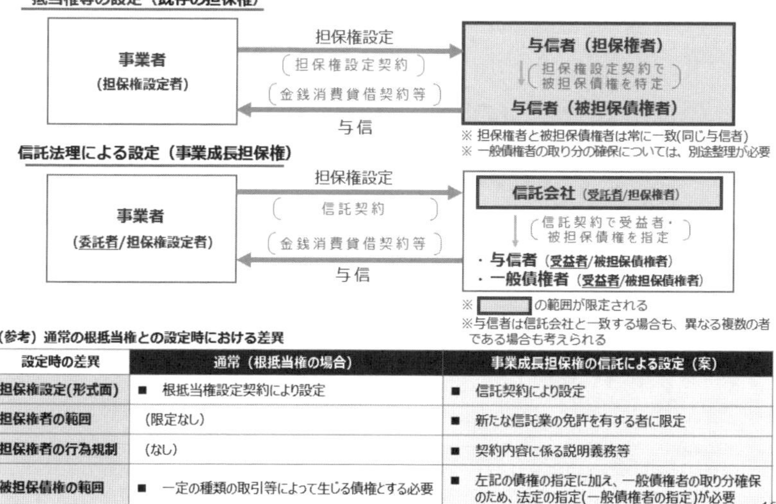

（参考）通常の根抵当権との設定時における差異

設定時の差異	通常（根抵当権の場合）	事業成長担保権の信託による設定（案）
担保権設定(形式面)	■ 根抵当権設定契約により設定	■ 信託契約により設定
担保権者の範囲	（限定なし）	■ 新たな信託業の免許を有する者に限定
担保権者の行為規制	（なし）	■ 契約内容に係る説明義務等
被担保債権の範囲	■ 一定の種類の取引等によって生じる債権とする必要	■ 左記の債権の指定に加え、一般債権者の取り分確保のため、法定の指定(一般債権者の指定)が必要

16

（参考）事業成長担保権に関する信託事業について

○ 事業成長担保権に関する信託事業については、新たに事業成長担保権の信託に関する業を創設することとし、当該業を行う者に対して参入要件や行為規制を課すこととする。

○ 事業成長担保権に関する信託事業は、信託財産が事業成長担保権に限定された業務であるため、担保付社債信託法を参考に、参入要件や行為規制について、一般の信託業に比べて軽減したものとすることが考えられる。

	信託業（運用型信託・免許制）	担保付社債に関する信託事業（免許制）
最低資本金額	● 1億円	● 1,000万円
信託業務の委託	● 信託業務の一部を委託できる場合を制限 ● 委託先が受益者に加えた損害に対する信託会社の賠償責任 ● 委託先の善管注意義務等	同左
信託の引受けに係る禁止事項	● 虚偽告知の禁止 ● 断定的判断の提供の禁止 ● 特別の利益の提供の禁止 ● 元本補てん等の禁止 ● 適合性原則（リスク等を理解・許容できない委託者からの信託の引受けの禁止） 等	同左
信託の引受けに係る義務	● 信託契約の内容の説明義務 ● 契約締結時の書面交付義務 ● 特定信託契約に係る義務	なし
信託財産状況報告	● 信託財産の計算期間ごとに、信託財産状況報告書を受益者に交付する義務	（信託財産状況の報告等）(注)
信託会社が業務を行うにあたっての義務	● 忠実義務 ● 善管注意義務 ● 分別管理体制整備義務 ● 重要な信託の変更等の公告・催告 ● 信託事務処理費用等の償還・前払の範囲等の説明義務	● （忠実義務）(注) ● （善管注意義務）(注) ● 分別管理体制整備義務
信託会社が取引を行うにあたっての禁止事項	● 信託財産に損害を与える条件での取引の禁止 ● 不必要な取引の禁止 ● 情報利用取引の禁止 ● 利益相反行為の禁止 等	同左
その他	● 信託の公示の特例 ● 信託財産に係る債務の相殺	なし

(注) カッコは、担信法上は規定がないものの、信託法上の義務として規定されているもの。

17

事業成長担保権（仮称）の概要（案）

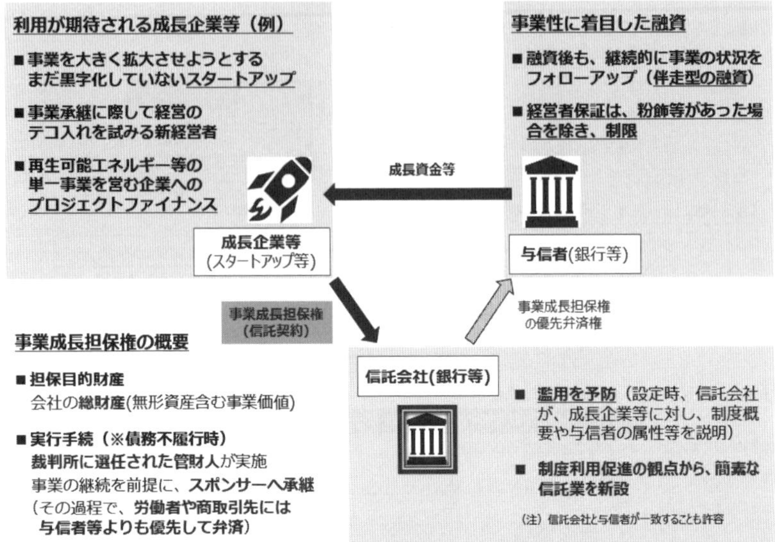

18

（参考）随時弁済・一般債権者の取り分の確保のイメージについて

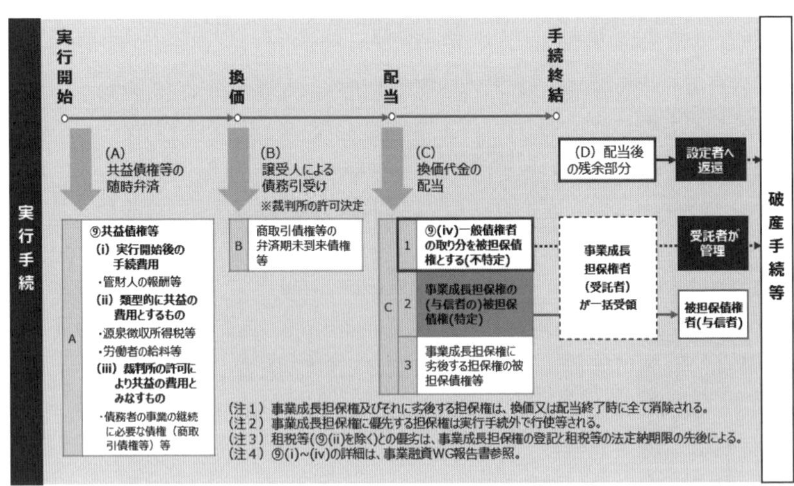

19

（参考）現行制度との比較（担保権の設定～実行前）

	項目	根抵当権,根質権, 個別根譲渡担保権等	集合動産・ 将来債権根譲渡担保	企業担保権	事業成長担保（案）
設定時	① 担保目的財産	不動産のみ(根抵当権) 限定なし(根質権、根譲渡担保権)	動産又は債権	**総財産**	**総財産** （将来取得財産を含む）
	② 設定者	限定なし	限定なし	**株式会社**	**株式会社等**
	③ 担保権者	限定なし	限定なし	**担保付社債信託法上の信託会社**	**事業成長担保権に関する信託業者（新設）**
	（被担保債権）	**限定あり**（継続的取引の債権等(根抵当権)）	限定なし	**限定あり**（社債）	**限定なし**
	（極度額）	**不要**(根抵当権・不動産根質権のみ必要)	**不要**	（根担保ではない）	**不要**
	④ 対抗要件	登記（登記制度のある財産） 引渡し・占有改定（動産） 通知・承諾（債権）	同左	**商業登記簿への登記**	**商業登記簿への登記**
	（他の担保権との優劣）	**（対抗要件具備時点の先後等）**	**（対抗要件具備時点の先後等）**	（無担保債権者にのみ優先）	**（対抗要件具備時点の先後等）**
	⑤ 設定者の権限	使用○売却△(根抵当権) 使用○売却△(根譲渡担保権) 使用×売却△(根質権権) ※△：担保権の追及効あり	**使用○売却○** **（通常の営業の範囲内又は担保権者の同意）**	**使用○売却○** （実行まで無制約）	**使用○売却○** **（通常の営業の範囲内又は担保権者の同意）**
	（取引相手方の保護）	即時取得 （善意無過失が必要）	**即時取得** **（善意無過失が必要）**	（実行まで無制約）	**特別の規定** **（善意無重過失が必要）**
設定から実行まで	⑥ 担保権と他の債権者による強制執行等との関係	・優先配当(根抵当権、根質権) ・第三者異議の訴え（根譲渡担保権）	第三者異議の訴え	なし （実行まで無制約）	**第三者異議の訴え等** **（事業の一体性を確保する必要のある範囲）**
	⑦ 担保権者の権限制約	特になし	特になし	特になし	**経営者等の個人保証等の制限**
	※ 設定者による元本確定請求（できないと借り換えの支障に）	設定後３年経過時までは不可(根抵当権)	解釈による （根抵当権と同じ等）	（根担保ではない）	**いつでも可**

20

（参考）現行制度との比較（実行手続）

項目	強制執行手続	担保権の実行手続				（参考）倒産手続	
	強制執行手続	担保権の実行 (抵当権,質権等)	譲渡担保権の実行	企業担保権の実行	事業成長担保権の実行（案）	会社更生手続 民事再生手続	破産手続
担保目的財産（①）	個別財産	個別財産	個別財産	**総財産**	**総財産**	**総財産**	**総財産**
開始原因（⑧）	債務名義	**登記事項証明書等(担保権の有する換価権)**	設定者への通知(**担保権の有する換価権)**	**登記事項証明書等(担保権の有する換価権)**	**登記事項証明書等(担保権の有する換価権)**	支払不能等のおそれ	支払不能等
各手続開始後、他の手続(強制執行・担保権実行)の取扱い（⑧）	二重に開始（後続手続は待機）	二重に開始（後続手続は待機）	二重に開始（後続手続は待機）	**他の手続は全て停止**	**他の手続は全て停止** (優先する担保権の実行は除く)	**他の手続は全て停止(更生)** 強制執行のみ停止(再生)	強制執行のみ停止
手続の実施者（⑧）	裁判所 執行官	裁判所 執行官	担保権者 (私的実行)	**管財人**	**管財人**	**管財人** 再生債務者	破産管財人
一般債権の調査・確定手続（⑧）	**なし**	**なし**	**なし**	**なし**	**なし**	あり	あり
一般債権のうち被担保債権よりも優先されるもの（⑨）	共益の手続費用	共益の手続費用	共益の手続費用	共益の手続費用	**共益の費用** （一定の労働債権等） **裁判所による許可弁済** （一定の商取引債権等）	**共益の費用** （一定の労働債権等） **裁判所による許可弁済** （一定の商取引債権等）	**共益の費用** （一定の労働債権等）
否認権（⑩）	**なし**	**なし**	**なし**	**なし**	**なし**	あり	あり

21

（参考）米国のベンチャーデット実務の例

○　ベンチャーデットについて、米国における実務に関する聞き取りを行ったところ、主なポイントは、以下の通り。

1．ベンチャーデットの特徴

- ベンチャーデットの主な融資対象は、足下のキャッシュフローは出ていないが、**将来キャッシュフローが出て企業価値がある企業**。典型的には、シリーズA調達のタイミングで企業価値の10－20%を融資する。
- ベンチャーデットの与信判断・リスク管理は、ドットコムバブルやリーマンショックなどの幾多の景気後退局面を乗り越え、発展してきた。例えば、**融資判断時に重視する指標**は、**売上総利益率**（Gross margin）や**成長率**（Growth rate）などである。また、**事業全体への担保設定も必ず求めている。**
- 高い専門性が必要とされることから、銀行が対応できる分野は絞っている。さらに、銀行の職員が**専門性を身に付けられるよう、更に分野を細分化した上で、入社から退職まで同じ部門で働くこととしている。**

2．ベンチャーデットに事業全体への担保設定が求められる理由

①融資先と関係性・コミュニケーションの密度を高める。

- 事業者から、全資産担保の設定を受けると、週次のキャッシュフローの状況報告を受けたり、月一で電話で状況を聞く関係になる。

②万が一の場合の貸倒れのコストを相対的に下げる。

- 窮境時も、まずは条件変更などに柔軟に応じ、経営者やVCとの関係を良好に保ち、経営陣やVC界、他の債権者等と協力した"ソフトランディング"を目指す。
- 担保権の実行などの法的な措置によらず、**貸倒れを抑えられる**よう、**第三者的な専門業者の助言**などに基づく**早い段階での経営改善やスポンサー等への任意の事業譲渡**を行うようにしている。
- それでも、担保権実行など法的な措置が必要な場合には、専門チームにおいて**担保権実行やABC（Assignment for Benefit of Creditors）**など状況に応じた手続を進めている。なお、法的倒産手続は、専門家費用が高すぎるため、活用していない。

（参考）株式担保との比較

	株式担保	事業成長担保
担保目的財産	事業者の株式 （株主の財産） ※株式価値（＝企業価値−負債額）が担保価値	事業者の総財産 （事業者の財産） ※企業価値が担保価値
設定者	株主 ※株式が分散しているケースは利用が難しい	事業者
事業者による詐害的取引への対応（不当廉売等）	特になし （事業者の詐害行為への牽制なし）	取引は無効 （事業者の詐害行為への牽制あり）
実行のコスト	低い ※株式譲渡で足りる	高い ※契約関係等を維持しつつ移転する必要
事業者に係る倒産手続での担保権者の扱い	一般債権者（無担保権者） （他の金融機関等(担保権者等)に劣後又は案分） （株主に係る破産手続では別除権者(担保権者)） ※破産時は企業価値を負債額が上回るため、株式価値は通常ゼロ	別除権者（担保権者） （他の金融機関等に優先しうる） ※破産時は企業価値(清算価値)から優先弁済

24

（参考）スタートアップ投資との比較

	スタートアップ投資 （特にシードステージのVC）	事業成長担保権付融資 （特にベンチャーデット）
資金調達の時期	シード・プレシード以降	シリーズA(注) ラウンド以降
調達可能な額	— （案件毎の投資判断による）	VC等の投資額の約１～２割相当 (※)特にアーリーステージ(シリーズA)の場合
返済方法・期限	（なし）	次の資金調達ラウンドで一括返済
経営関与	議決権あり	（議決権なし（ワラントあり）） VCと協調
経営者保証	（なし）	なし
既存株主への影響	資金調達額の全額について 持分希薄化	融資額の一部(ワラント)について 持分希薄化
（参考） 資金提供者の利益	上限なし (※)破産時は通常ゼロ	上限あり（約定金利等） (※)破産時は清算価値

（注）スタートアップが最初に行う大規模な資金調達ラウンド。商品・サービス等のビジネスモデルのプロトタイプが完成し、製品の提供を開始している段階にあるスタートアップが行うことが多い。

25

（参考）融資の考え方による違い

	有形資産の価値に依拠した融資 （バランスシート・レンディング）	事業の将来性を見る融資 （キャッシュフロー・レンディング）
基本的な考え方	担保価値の範囲内で リスクを抑えて融資	事業の継続・成長に必要な範囲内で リスクがあっても融資
主要な借り手企業	価値ある有形資産をもつ企業 （事業の将来性は問わない）	将来性ある事業をもつ企業 （有形資産の有無は問わない）
担保契約の捉え方	事業と独立した不動産等の価値による 保全のための契約	事業計画等の遂行を伴走支援する 関係(リレーション)構築のための契約
事業再生の局面での対応	担保価値がある場合には 新規融資	事業の将来性がある場合には 新規融資や債権者調整等の支援
事業成長担保権に対する評価	利用できない （理由） ・「のれん」の担保評価は難しいため、担保適格性があるのは有形資産等のみ。そのため、現行の個別財産に対する担保制度で十分。 ・今の担保に比べ、労働・商取引債権に優先される可能性がある点で、むしろ不利になりうる。	利用できる （理由） ・企業に対する伴走支援によって事業価値を回復させた場合、その利益について他の債権者に優先できるため、伴走支援のコストを負うことが合理的になる。 ・事業継続に不可欠な債権を優先させることは、担保権者を含む全ての債権者の利益になりうる。
事業成長担保権が既に設定済の場合の他の貸し手の目線	融資は、被担保債権額が不動産等の価値よりも下回っている場合、可能 （※）リファイナンス及び不動産等の担保設定による	融資は、事業の将来性及び返済可能性が見込める場合、可能 （※）リファイナンス及び第一順位事業成長担保設定、リファイナンス無し後順位又は無担保、による

26

（参考）米国の上場企業の資金調達構造（信用格付別）

○　米国の上場企業の資金調達構造を確認した実証研究によれば、
- 信用格付けBBB以上の企業は、主に無担保融資と株式発行によって資金を調達する一方、
- BB以下の企業は、担保付(全資産担保含む)や無担保の融資等を複数組み合わせて資金を調達

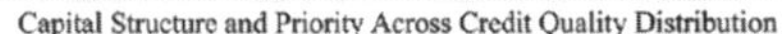

Capital Structure and Priority Across Credit Quality Distribution

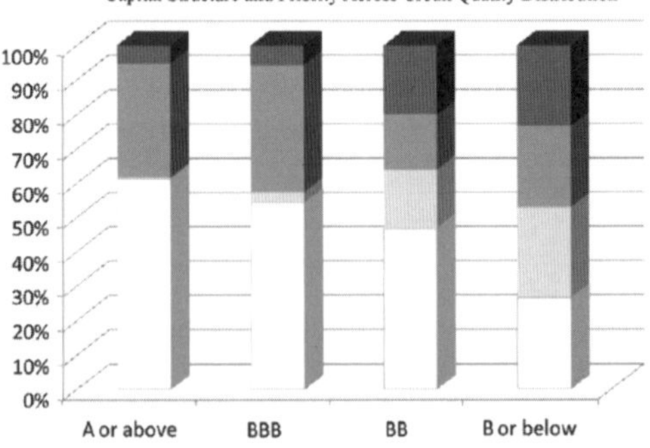

（出所） Rauh, J. D., & Sufi, A. (2010). Capital Structure and Debt Structure. *The Review of Financial Studies*, *23*(12), 4244.

（注） 上記は全体的な傾向のグラフ。BB以下の各企業は、担保付や無担保等を組み合わせ、資金調達の構造が複層化しているとのこと。
なお、担保付（Secured debt）のうち全資産担保(キャッシュフローに着目)の全体に占める割合は、他の研究によれば少なくとも1/3とのこと。
（Lian, C., & Ma, Y. (2021). Anatomy of Corporate Borrowing Constraints. *The Quarterly Journal of Economics*, *136*(1), 248.）
また、実務家からのヒアリングによれば、特にBB以下の企業(中小企業含む)は、多くの場合、全資産担保を設定するとのこと。

27

経営者保証の利用状況

○ 新規融資でも経営者保証が外れている割合は低く、**民間金融機関では3割程度。**
○ 依然として、**借入金のある中小企業の約７割が経営者保証の提供を行っている。**

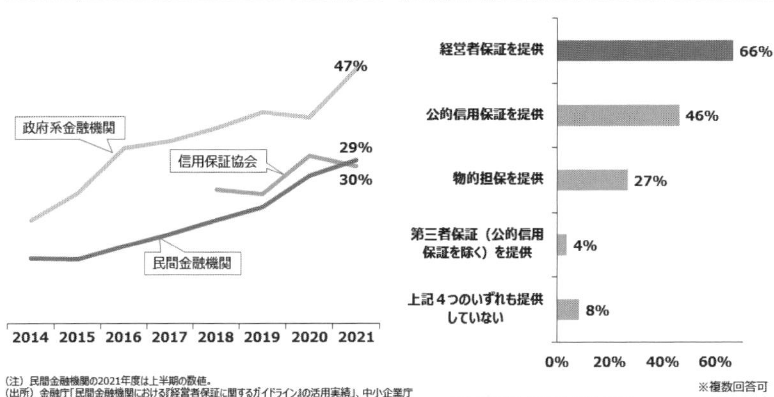

（注）民間金融機関の2021年度は上半期の数値。
（出所）金融庁「民間金融機関における『経営者保証に関するガイドライン』の活用実績」、中小企業庁「政府系金融機関における「経営者保証に関するガイドライン」の活用実績」「信用保証協会における「経営者保証に関するガイドライン」の活用実績」より作成。

（注）分母は借入金のある中小企業（法人）。
（出所）経済産業省 令和3年中小企業実態基本調査（令和２年度決算実績）（2022年３月）より作成。

28

経営者保証の課題（創業）

○ 起業関心層が考える失敗時のリスクとして、**「借金や個人保証を抱えること」と回答した者は約６割。**
○ 創業時に民間金融機関から借入れをした者のうち、**経営者保証による個人保証を付与した者は約５割。**

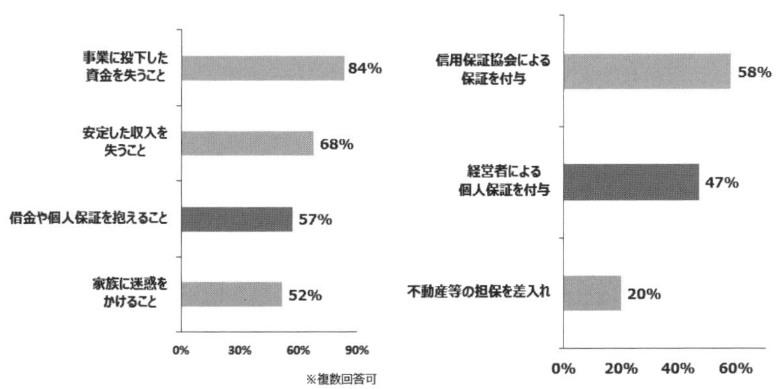

（注）調査時期は2021年11月。上位4項目を抽出。n=150。
（出所）日本政策金融公庫総合研究所「2021年度起業と起業意識に関する調査」（2022年１月）より作成。

（注）n=210。
（出所）「日本の創業ファイナンスに関する実態調査の結果概要」（内田、郭、畠田、本庄、家森,2018）より作成。

29

経営者保証の課題（事業展開）

○ 経営者保証が経営に与えるマイナスの影響として、「前向きな投資や事業展開が抑制されてしまう」という評価が多い。

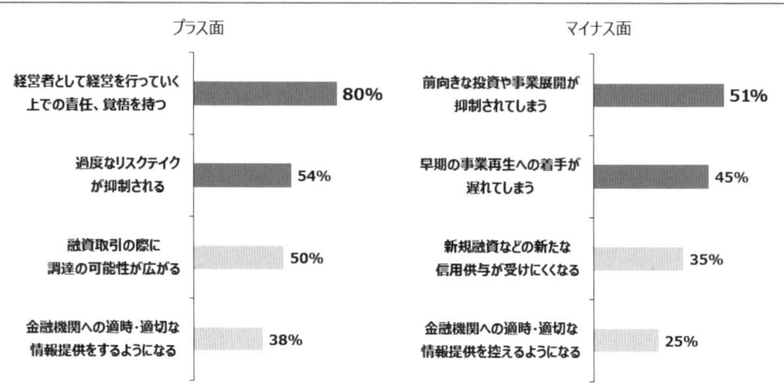

（注）影響があると回答した割合は、「かなり影響がある」、「それなりに影響がある」と回答した者の割合の和。調査対象は、地域銀行をメインバンクとする中小・小規模企業で有効回答数は、9,371社（選択肢ごとに変動あり）。調査時期は2019年3月。
（資料）金融庁「金融機関の取組みの評価に関する企業アンケート調査」（2019年11月）より作成。

30

経営者保証の課題（事業承継）

○ 2025年までに平均引退年齢（70歳）を超える中小企業経営者（245万人）のうち、約半分（127万人）が後継者未定となっている。
○ 後継者候補はいるが承継を拒否しているケースの**約7割が、経営者保証を理由に承継を拒否**している。

年代別に見た中小企業の経営者年齢の分布

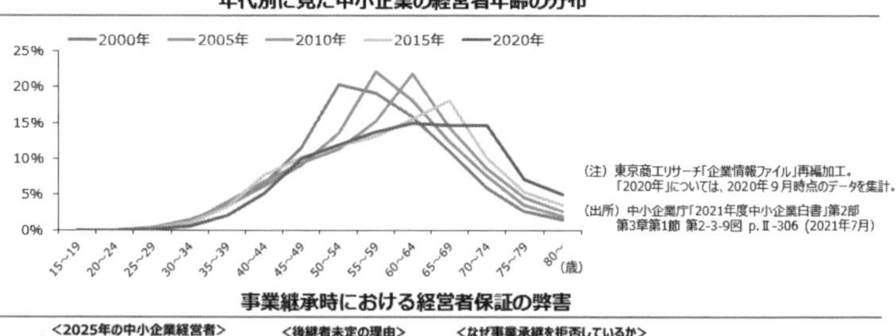

（注）東京商工リサーチ「企業情報ファイル」再編加工。
「2020年」については、2020年9月時点のデータを集計。
（出所）中小企業庁「2021年度中小企業白書」第2部第3章第1節 第2-3-9図 p.Ⅱ-306（2021年7月）

事業継承時における経営者保証の弊害

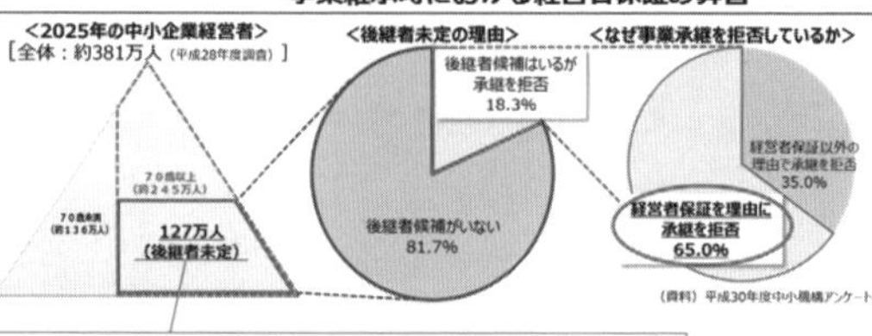

（資料）平成28年度総務省「個人企業経済調査」、平成28年度㈱帝国データバンクの企業概要ファイルから推計

（出所）経済産業省「中小企業成長促進法について」p.5（2020年9月）

31

日本の低生産性

○ 日本の労働生産性は他のOECD加盟諸国と比較して低い。

OECD加盟諸国の労働生産性（2020年・就業者1人当たり）

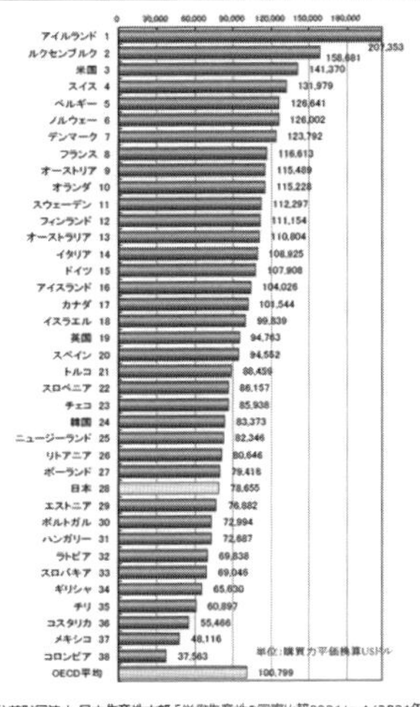

(出所) 公益財団法人 日本生産性本部「労働生産性の国際比較2021」p.4 (2021年12月)

労働生産性と時間当たり実質賃金の関係（日本）

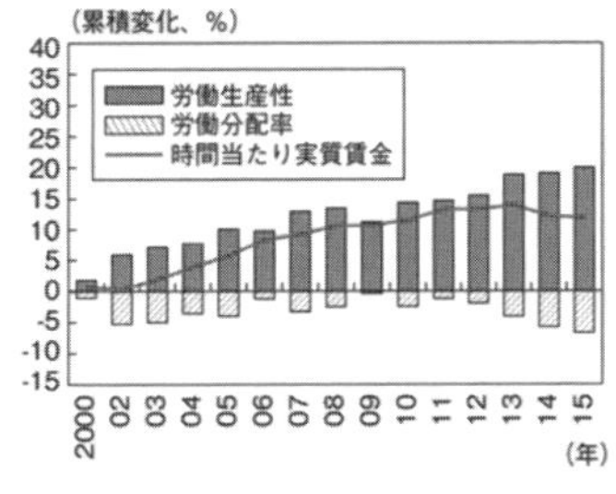

➢ 労働分配率が一定であれば、労働生産性と実質賃金は比例関係になる。実際、2000年からの実質賃金の累積変化をみると、おおむね労働分配率と労働生産性の伸び率の合計と実質賃金の伸び率が等しくなっている。

(出所) 内閣府「令和元年度 年次経済財政報告」第１章第３節 ２ 労働市場の変化と生産性、賃金の動向 p.79-83 (2019年7月)

32

エネルギー・原材料価格の高騰

○ ロシアによるウクライナ侵略等に伴うエネルギー・原材料供給の低下、国際物流の停滞等により、肥料・エネルギー・食料・金属・鉱物・貴金属などの価格が上昇している。

世界全体でのコモディティ価格の上昇

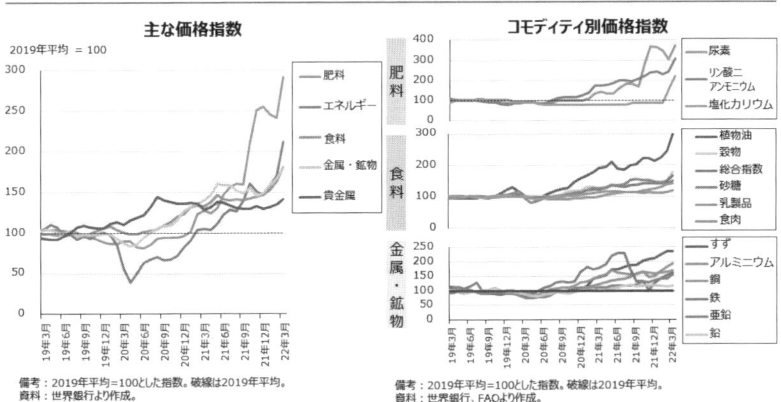

備考：2019年平均=100とした指数。破線は2019年平均。
資料：世界銀行より作成。

備考：2019年平均=100とした指数。破線は2019年平均。
資料：世界銀行、FAOより作成。

(出所) 経済産業省 第30回 産業構造審議会総会 資料2「経済秩序の激動期における経済産業政策の方向性」p.6 (2022年5月)

33

（参考）事業成長担保権 FAQ①

Q１．すべての金融機関や事業者に実務の変更を求めるのか？

- 事業成長担保権は、不動産担保融資や、無担保・無保証で十分に融資がされている場合の現在の実務を否定するものではない。今までは融資を得にくかった事業者のための新たな選択肢である。
- 特に、成長・承継・再生などの一定のリスクを伴う資金需要のある事業者が、足元の財務状況が良くなくとも、事業の将来性等に基づき、融資を引き出すための新たな選択肢となる。
- こうした事業者は（現時点では数は多くないかもしれないが）経済を牽引する役割を担うと考えられ、その資金調達の選択肢が増えることは、日本経済の発展のために重要と考えられる。

Q２．事業成長担保権では、破産したときに何も回収できないのではないか？

- 事業成長担保権は、従来の不動産担保等とは大きく異なり、「破産（事業停止・解散）した時の」備えとしての機能は乏しい（これのみに依存することは難しい）と考えられる。
- 一方で、事業成長担保権の下では、事業の将来性等を評価した融資や支援を行うことで、担保価値を維持・向上させることができる。そのため、「破産（事業停止・解散）する前に」事業者とともに経営改善（自力改善が難しい場合は担保権実行を含む事業再生）を進める動機付けとして機能する。
- 海外では、保全のための担保だけでなく、支援を動機づけるための担保（事業成長担保権）の２種類の選択肢が用意されており、後者は、事業者支援の能力をもつ貸し手に広く活用されている。

Q３．無担保で融資する場合とは何が違うのか？

- 無担保融資では、金融機関がコストを負いながら支援に取り組んだとしても、その利益は、コストを負わず支援に取り組まなかった金融機関とも平等按分になる。その結果、支援をするコストが利益に見合いにくく、不作為・無関心が合理的になりやすい（メインバンクが不明確になる）。
- 他方、事業成長担保権の下では、少なくとも事業が譲渡された場合には、その換価代金について他の金融債権者に優先できることから、支援のコストに見合った利益を得やすく、事業の将来性等を評価した融資や支援に向けた合理的な動機付けとして働く（メインバンクが明確になる）。

34

（参考）事業成長担保権 FAQ②

Q４．担保権が実行されるのは、どのような状況か？

- 事業成長担保権の実行手続は、事業を解体する従来の担保権の実行とは異なり、事業を継続する実行であるため、事業者や金融機関にとって私的整理の新たな選択肢として位置づけられる。

（参考）従来の私的整理との比較・特徴

① 事業成長担保権者が、Q2のとおり、早期に経営改善を進める動機付けをもつため、取り得る戦略が相対的に多い状況で、着手できること、

② 事業成長担保権者が、他の債権者に優先する権限をもつため、金融機関間の利害調整などに手間取らず、迅速に手続を進められること、など

- もっとも、一般に、私的整理にはコスト（デューデリジェンス等の費用など）がかかることから、まずは、①自力の経営改善の可能性を模索することが、事業者と金融機関の双方にとって望ましい。（なお、事業成長担保権者は、早期に経営改善を進める動機付けを有する点で、現在と異なる。）
- 上記の①自力の経営改善が難しい場合にはじめて、私的整理等へと進むことになる。ただし、その場合も、まずは、最もコストが小さい②自力の事業再生（法人格を維持して債権カット）を検討することになる。スポンサーに対して事業を譲渡するには、労働者や商取引先との再契約などの手続を要するためである。
- 上記の②が難しい場合に、③現経営者以外のスポンサー（新経営者）への譲渡等が検討される。これは、大きく以下の２つのパターンに分けられる。

（１）事業成長担保権の実行手続等に則り、スポンサーへの承継を行う。

（２）設定者が自力での事業再生又はスポンサーへの事業譲渡を目指す場合、事業成長担保権の実行にはよらず、会社更生手続に則って、他の債権者からのDIPファイナンス（事業成長担保権にも優先することとなる（priming lien））を得て、再生を目指す。

35

（参考）事業者や金融機関等との意見交換の中で寄せられた想定事例

○ 2020年12月の「論点整理」公表後、事業者やVC（ベンチャーキャピタル）、金融機関等との間で、事業成長担保権が活用できる具体的な想定事例についても、個別に意見交換を実施。

○ また、業界団体において法制審議会担保法制部会の議論をフォローする一部の銀行を対象にアンケートを実施。各銀行の経営環境（都市/地域等）や経営理念・戦略等に応じて、多様な回答が得られた。

<期間> 2021年8月2日～31日　<対象> 全銀協・地銀協の役員行及び融資部会委員行　計27行

（参考）銀行からの回答結果

	「論点整理」で提示した事例	活用できるとした銀行数(27行中)
①成長局面	■ プロジェクトファイナンス	19
	■ 従来の担保となる個別資産を持たない事業者へのファイナンス	16
	■ ベンチャー企業へのファイナンス（ベンチャーデット）	14
②承継局面	■ 事業承継のファイナンス	13
③再生局面	■ 私的整理時の第二会社方式における新会社へのファイナンス	10
	■ エグジットファイナンス	9
	■ 私的整理時におけるファイナンス	9
	■ 安定したキャッシュフローが見込まれる事業者へのファイナンス	8
	■ 法的整理時におけるDIPファイナンス	8
	■ 地域中核企業の成長事業へのファイナンス	6
	■ その他の活用事例	2 （※）シンジケートローン、M&A融資
	■ 活用できない	1

36

想定事例のまとめ

○ 次頁以降の想定事例は、事業者やVC・金融機関等から寄せられたご意見・現場経験等（現在では借入れ・融資が難しい事例）を元に、下記の類型に焦点を当てたイメージ(注)

（注）実例ではありません

① 成長局面
- ベンチャー企業に対するファイナンス（ベンチャーデット）
- 従来の担保となる個別資産を持たない事業者のファイナンス
- プロジェクトファイナンス

② 承継局面
- 事業承継のファイナンス

③ 再生局面
- 私的整理時の第二会社方式における新会社へのファイナンス
- エグジットファイナンス

（注）次頁以降の想定事例は、あくまで現時点で想定されるイメージです。特に、次の点にご留意ください。

1．事業成長担保権を活用した新しい資金調達が可能となるためには、法制度の適切な設計のほか、
・ 金融機関における事業性評価等のノウハウ蓄積・人的態勢等の整備や、
・ 事業者における適切な事業計画の策定・経営管理・情報開示等に加えて、
・ これらを基礎とした事業者と金融機関の間の信頼関係の構築、
といった個別具体的な要素が満たされる必要があります。

2．現時点で事業者や金融機関から寄せられたご意見等を元に記載したイメージであり、実例ではありません。
なお、事業成長担保権の活用場面は、次頁以降の想定事例に限られるものではありません。
加えて、今後の制度設計の議論次第では、適当とはいえない事例も含まれる可能性があります。

37

成長局面①（ベンチャー企業に対するファイナンス）のイメージ

	(1) SaaS企業	(2) 創薬系バイオベンチャー
現在の企業概要と資金調達	■ 企業規模：小（足下は赤字） ■ 資金調達：- 資本はVCから5億円 - 借入れはゼロ* * 経営者保証の設定はしない意向。 ■ Fintech系ベンチャー。足下のMRR（月次経常収益）は数千万円規模で順調に増加。解約率も低位安定し、顧客基盤を順調に拡大している。 ■ 信頼できるVCからの出資・サポートを受けている。	■ 企業規模：小（足下は赤字） ■ 資金調達：- 資本はVCから1億円 - 借入れは協会付・経営者保証付で3,000万円 ■ 大学内インキュベーション施設に入居する創薬系バイオベンチャー。 ■ 代表者は難病治療にかかる創薬研究の第一人者。製法に関する複数の特許を有しており、国の助成金も獲得。
将来の成長戦略と資金需要	■ 個人顧客基盤の拡大により1～2年で年商30億、更に個人の顧客基盤を基にして法人顧客も取り込み、将来的には年商100億への成長を目指す。 ■ 個人顧客基盤の拡大に向けて、エンジニアの確保、広告宣伝費等のため、大規模な資金調達が必要。 ■ 追加の資金調達は、持分の希薄化を避けるため、借入れを含む必要。足下赤字は続き、リスクは高い。	■ 代表者は製薬企業担当者との接点も持ち、ニーズの変化も継続的に把握し、M&A等まで向かう明確なエグジットイメージを持つ。 ■ パイプラインの研究開発加速のため、設備投資や研究者の採用拡大のために、追加の資金が必要。 ■ 追加の資金調達は、持分の希薄化を避けるため、借入れを含む必要。足下赤字は続き、リスクは高い。
事業成長担保権を活用した資金調達	**総額数億円規模の1行貸し** ■ VCと協調（追加出資や融資含む）し、長期・据置きの融資。 ■ 融資額の一部にワラント設定（VCの出資と同評価）も検討。設定する場合は経営者等による買い取りを想定。 ■ 経営者保証は不要とするか、粉飾や使い込み等の停止条件付のものを設定し、適切なリスクテイクを支える。	**総額数億円規模の1行貸し** ■ VCと協調（追加出資や融資含む）し、長期・据置きの融資。 ■ 融資額の数割にワラント設定(VCの出資と同評価)。経営者等による買い取りを想定。 ■ 経営者保証は、粉飾や使い込み等の停止条件付のものへ転換し、適切なリスクテイクを支える。
(将来性の主な源泉)	■ 堅調に伸びる顧客基盤、システム開発力等	■ 特許、創薬ノウハウ、研究成果、助成金等
事業成長担保権の活用の主な効果	**① リスクがあっても将来性を元に必要な借入れができる** **② 経営者やVC等の持分の希薄化を抑えて資金調達できる** **③ 経営者保証に依存せず、再挑戦の機会を確保できる**	**① リスクがあっても将来性を元に必要な借入れができる** **② 経営者やVC等の持分の希薄化を抑えて資金調達できる** **③ 経営者保証に依存せず、再挑戦の機会を確保できる**

38

成長局面②（ベンチャー企業、従来の担保となる個別資産を持たない事業者へのファイナンス）のイメージ

	(3) 菓子製造・販売	(4) 医療システム
現在の企業概要と資金調達	■ 企業規模：小（売上約5億、償却前営業利益約1.5億） ■ 資金調達：設備/運転資金を中心に約3億円の与信枠*,** * 地銀・政府系など5つの金融機関から上限ずつ借入れ。 ** 経営者保証を設定・自宅不動産を担保差入れ。 ■ 創業5年目。成長途上。3年後年商30億円規模を目指す。海外でも通用する一流国産ブランドになることが目標。	■ 企業規模：小（売上約10億、償却前営業利益約1億） ■ 資金調達：借入れはゼロ ■ 医療システムの開発・運営・保守会社。特定分野のクリニック向け予約受付システムで大きなシェア。 ■ これまでは大きな設備投資等必要なく、CFも安定的に回っているため、既存借入れなし。
将来の成長戦略と資金需要	■ 更なる成長に向けて自社販売チャネル・ブランド強化のための路面店・テナント出店等の資金が必要だが、一部の既存取引金融機関は与信上限を理由に逡巡。 ■ リスクは相応にあるものの、IPOや急成長の予定はなく、VCの求めるリターンには届かない。 ■ 取引金融機関数の増加はコストで、メインバンク不明確化のリスクと認識。メインバンクを明確化したい。	■ 今後、クリニックとの取引実績・各種データ等を活用し、既存システムの拡充や別分野クリニック向けシステムの開発、M&Aなどにより、更なる成長を目指す。 ■ 新システム開発のため、エンジニア採用や新規事務所開設等の資金が必要。事業計画では、シェア獲得・収益化までには一定の時間が掛かる見込みで、リスクはある。
事業成長担保権を活用した資金調達	**総額十億円弱のシンジケートローンを組成** ■ 将来の成長のためのリスクテイクを、メイン行が主導し、新たなバンクフォーメーションを形成。 ■ 既存融資を借換え、コミットメントライン等と長期・一部据置きの約弁貸付を組み合わせる。 ■ 自宅担保は解除。経営者保証は、粉飾や使い込み等の停止条件付のものへ転換し、適切なリスクテイクを支える。	**総額十億円前後の1行貸し(※)** ■ 将来の成長のためのリスクテイクを、1つの金融機関がメインバンクとなり、迅速に支援。 ■ 運転資金、設備・M&A資金として、コミットライン等と長期・一部据置きの証書貸付を組み合わせて手当て。 ■ 経営者保証は、粉飾や使い込み等の停止条件付のものを設定し、適切なリスクテイクを支える。
(将来性の主な源泉)	■ ブランド、販売チャネル、仕入れ先との関係等	■ クリニックとの取引関係、データ、システム開発力等
事業成長担保権の活用の主な効果	**① リスクがあっても将来性を元に必要な借入れができる** **③ 経営者保証に依存せず、再挑戦の機会を確保できる** **④ メインバンクを明確にできる（迅速な経営改善支援）**	**① リスクがあっても将来性を元に必要な借入れができる** **③ 経営者保証に依存せず、再挑戦の機会を確保できる** **④ メインバンクを明確にできる（迅速な経営改善支援）**

(※) 1行貸しであればより迅速な融資等の判断が可能となるものの、事業者において複数行から借入れたい意向がある場合は2～3行でのシンジケートローンもありうるとの声もあった

39

成長局面③（従来の担保となる個別資産を持たない事業者へのファイナンス）のイメージ

	(5) 飲食チェーン	(6) スポーツクラブ運営
現在の企業概要と資金調達	■ 企業規模：中（売上約30億、償却前営業利益約2.5億） ■ 資金調達：地銀・信金など6行から約8億円借入れ* * 経営者保証を設定・自宅不動産を担保差入れ。 ■ 賃貸物件への出店・チェーン戦略により店舗数が増加中。 ■ 現時点では収益効率が高くなく、改善の余地はあるが、出店に伴う借入増加もあり、リスクは高い。	■ 企業規模：中（売上約80億、償却前営業利益約15億） ■ 資金調達：メガ・地銀・信金など20行から約60億円借入れ* * 経営者保証を設定・自宅不動産を担保差入れ。 ■ 足下５年で事業規模が大きく拡大。担保となる資産をもたないことから与信上限が限定的で、業容拡大に伴い、取引金融機関数が増加しメインバンクが不明確に。
将来の成長戦略と資金需要	■ ポストコロナを見据え、足下、相当数の募集がでている店舗物件を賃借することで、成長を加速させたい。 ■ 店舗数の増加とともに、オペレーションの規程化・効率化が進み、規模の利益で、収益効率も改善の可能性。 ■ 新規出店のリスクは相応にあることから、既存の取引金融機関の多くは慎重姿勢。	■ ポストコロナを見据え、足下、相当数の募集がでている賃貸物件を賃借及び同業者を買収することで、成長を加速させたい（3年後売上160億円の成長を目指す）。 ■ 取引金融機関数の増加はコストで、メインバンク不明確化のリスクと認識。メインバンクを明確化したい。 ■ 新規出店のリスクは相応にあることから、既存の取引金融機関の多くは慎重姿勢。
事業成長担保権を活用した資金調達	**総額十数億円規模の１行貸し(※)** ■ 将来の成長のためのリスクテイクを、１つの金融機関がメインバンクとなり、迅速に支援。 ■ 既存融資の借換え資金と出店資金を、コミットメントライン等と証書貸付を組み合わせて手当て。 ■ 自宅担保は解除。経営者保証は、粉飾や使い込み等の停止条件付のものへ転換し、適切なリスクテイクを支える。	**総額数十億円規模のシンジケートローンを組成** ■ 将来の成長のためのリスクテイクを、５つの地域金融機関がメインバンクとなり、迅速に支援。 ■ 窮境時の失期判断等について、全員同意でなく多数決とする条項を備え、早期・迅速な支援態勢も確保。 ■ 既存融資は借り換え。自宅担保は解除。経営者保証は、停止条件付へ転換し、適切なリスクテイクを支える。
(将来性の主な源泉)	■ 顧客基盤、オペレーションの質、ブランド等	■ 顧客基盤、営業ノウハウ、ブランド等
事業成長担保権の活用の主な効果	**① リスクがあっても将来性を元に必要な借入れができる** **③ 経営者保証に依存せず、再挑戦の機会を確保できる** **④ メインバンクを明確にできる（迅速な経営改善支援）**	**① リスクがあっても将来性を元に必要な借入れができる** **③ 経営者保証に依存せず、再挑戦の機会を確保できる** **④ メインバンクを明確にできる（迅速な経営改善支援）**

(※)１行貸しであればより迅速な融資等の判断が可能となるものの、事業者において複数行から借入れたい意向がある場合は２～３行でのシンジケートローンもありうるとの声もあった　40

成長局面④（プロジェクトファイナンス）のイメージ

	(7) 電力卸売業（バイオマス発電事業）	(8) 給食事業（PFI）
現在の企業概要と資金調達	■ 企業規模：大 ■ ESGやSDGs、脱炭素等に向けたプロジェクトの一環として、新設SPCの下で新規に開始する事業 ■ 収支計画の概要： ・ 総事業費：約900億円 （開発費用750億円＋その他費用150億円） ・ 売電収入：約200億円/年 ・ 事業期間：耐用年数15年	■ 企業規模：中小 ■ 既存施設の老朽化に伴う整備事業。給食の質の改善等を通じて、児童の健全な発達に貢献する。 ■ 収支計画の概要： ・ 総事業費：約50億円 （設備費45億円＋その他費用5億円） ・ 役務収入：約9億円/年 ・ 事業期間：耐用年数15年
将来の成長戦略と資金需要	■ 幅広い金融機関と交渉し、より良い条件で資金調達したい（現行の担保制度では権利関係が様々な法律に跨るなど契約事務が煩雑で高コスト。参入障壁が高い）	■ 給食事業だけでなく、災害等の発生時に避難場所等への食事供給の役割等も含め、事業を再構築。 ■ 幅広い金融機関と交渉しより良い条件で資金調達したい。（現行の担保制度では権利関係が様々な法律に跨る等、契約事務が煩雑で高コスト。参入障壁が高い）
事業成長担保権を活用した資金調達	**総額数百億円規模のシンジケートローンを組成** ■ 資本は、EPC業者やO&M業者、商社等、プロジェクト関係者から拠出。第二順位も活用しリスク等を調整。 ■ 窮境時の失期判断等について、全員同意でなく多数決とする条項を具備し、早期・迅速な支援態勢も確保。	**総額数十億円規模の１行貸し/シンジケートローンを組成** ■ 地場の地域金融機関１行（又は数行）で融資。既存融資も借換え。シンジケートローンの場合は、同順位で事業成長担保権を設定。
(将来性の主な源泉)	■ 地元電力会社との取引関係、燃料となる木質ペレットの安定供給関係、発電設備等	■ 給食サービスの取引関係、役務サービスの対価、製造・運営設備全般等
事業成長担保権の活用の主な効果	**① リスクがあっても将来性を元に必要な借入れができる** 現在のプロジェクトファイナンスの担保設定に比べ、 ・将来キャッシュフロー全てに担保設定できる（※）。 ・取引先や労働者等を保護できる。 ・契約事務のコストが低減し、幅広い貸し手を選べる。	**① リスクがあっても将来性を元に必要な借入れができる** 現在のプロジェクトファイナンスの担保設定に比べ、 ・将来キャッシュフロー全てに担保設定できる（※）。 ・取引先や労働者等を保護できる。 ・契約事務のコストが低減し、幅広い貸し手を選べる。

(※)Step-in Rightを含む

41

承継局面のイメージ

	(1) 卸売	(2) OEMメーカー
現在の企業概要と資金調達	■ 企業規模：中（売上約100億円, 償却前営業利益約5億） ■ 資金調達：メガ・地銀10行から約15億円借入れ* * 現経営者は経営者保証を設定。 ■ 創業70年超の老舗。近隣県にも事業展開。古くからの顧客基盤、流通網をもち、現状、経営は安定。 ■ 現経営者が高齢のため、従業員による事業承継を決断。	■ 企業規模：小（売上約10億, 償却前営業利益約1億） ■ 資金調達：メガ・地銀・信金・政府系10行から約6億円借入れ* * 現経営者は経営者保証・自宅不動産担保を設定。 ■ 既存取引先の業績悪化を遠因とする業績悪化を契機に、取引先の新規開拓など戦略を見直し、業績改善の兆し。 ■ 現経営者が高齢のため、従業員による承継を決断。
将来の成長戦略と資金需要	■ 事業承継を機に、スポンサーによる出資や助言、外部専門家の支援も得て、受発注管理や車両等の動態管理の電子化・効率化等を通じ、更なる事業の拡大を企図。 ■ 新経営者は個人保証の負担を負わずリスク性の承継資金を借り入れたい。金融機関10行の調整に時間を要す。	■ 事業承継を機に、新規取引先の積極的開拓や老朽化した設備の更新等による経営改革を行い、数年後に過去ピーク時（年商20億円）を超える等再度の成長を目指す。 ■ 新経営者は個人保証の負担を負わずリスク性の承継資金を借り入れたい。金融機関10行の調整に時間を要す。
事業成長担保権を活用した資金調達	**総額数十億円規模のシンジケートローンを組成** ■ 事業承継に併せた将来の成長のためのリスクテイクを、シンジケート団参加行を3行に絞って、迅速に支援。 ■ 窮境時の失期判断等について、全員同意でなく多数決とする条項を具備し、早期・迅速な支援態勢も確保。 ■ 経営者保証は、粉飾や使い込み等の停止条件付のものへ転換し、適切なリスクテイクを支える。	**総額数億円規模の１行貸し(※)** ■ 事業承継に併せた将来の成長のためのリスクテイクを、メインバンク１行が、迅速に支援。 ■ 既存融資を借換え、コミットメントラインと、長期・一部据置きの証書貸付を組み合わせ。 ■ 経営者保証は、粉飾や使い込み等の停止条件付のものへ転換し、適切なリスクテイクを支える。
(将来性の主な源泉)	■ 顧客基盤、流通網、知名度等	■ 拡大する取引先需要、技術力、製造・運営設備等
事業成長担保権の活用の主な効果	**① リスクがあっても将来性を元に必要な借入れができる** **② 経営者等の持分を希薄化させず資金調達できる** **③ 経営者保証に依存せず、再挑戦の機会を確保できる** **④ メインバンクを明確にできる（迅速な経営改善支援）**	**① リスクがあっても将来性を元に必要な借入れができる** **③ 経営者保証に依存せず、再挑戦の機会を確保できる** **④ メインバンクを明確にできる（迅速な経営改善支援）**

(※) 1行貸しであればより迅速な融資等の判断が可能となるものの、事業者において複数行から借入れたい意向がある場合は２～３行でのシンジケートローンもありうるとの声もあった

42

再生局面①（第二会社方式における新会社へのファイナンス）のイメージ

	(1) 食料品製造	(2) 宿泊
現在の企業概要と資金調達	■ 企業規模：中（売上約50億、償却前営業利益約3億） ■ 技術力に定評があり、大手食品メーカー向けの納品を行う（県内で唯一）。 ■ 数年前より海外事業への投資や倒産会社の事業譲受等により事業を拡大していたものの新規事業の業績低迷。その後、粉飾も発覚。抜本的な金融支援が必要に。	■ 企業規模：小（売上約10億、償却前営業利益約1億） ■ 創業100年を超える地場の老舗旅館。宴会・婚礼等を主な収益源とする。近隣には有名観光地も存在。 ■ レストラン事業は堅調に推移するも主力である婚礼・宴会事業は、競争激化等から近年は減収継続。新型コロナの影響を受け、スポンサーの下での再生を模索。
将来の成長戦略と資金需要	■ EBOにより、人望の厚い執行役員を新経営者とし、技術力を活かした事業に集中して、製造工程のDX化による効率化・営業強化による取引先の拡大等を内容とする第二会社方式による再生計画案を策定。 ■ 取引金融機関10行に、今後5年間で返済可能な約10億円以外の債権放棄を求める一方、今後の資金繰りが課題。	■ 地元のロータリークラブ会員企業の顧客を有すなど相応のブランド力もあることから、法人向けのイベント事業（ポストコロナを見据えたオンライン併用可）の強化等を通じた差別化のため、設備投資計画も伴う第二会社方式による再生計画案を策定。 ■ 取引金融機関5行に、今後5年間で返済可能な約5億円以外の債権放棄を求める一方、今後の資金繰りが課題。
事業成長担保権を活用した資金調達	**総額十数億円規模の１行貸し(※)** ■ 将来の再生（再成長）のためのリスクテイクを支えるため、金融機関1行がメインバンクとなり、迅速に支援。 ■ 新会社が承継する事業の残債務の借換え資金に加え、運転資金としてコミットメントライン等を設定。 ■ 経営者保証は、粉飾や使い込み等の停止条件付のものへ転換し、適切なリスクテイクを支える。	**総額数億円規模の１行貸し(※)** ■ 将来の再生（再成長）のためのリスクテイクを支えるため、金融機関１行がメインバンクとなり、迅速に支援。 ■ 新会社が承継する事業の残債務の借換え資金と、再生計画期間の運転資金等の安定調達のためのコミットメントライン等を設定。 ■ 経営者保証は、粉飾や使い込み等の停止条件付のものへ転換し、適切なリスクテイクを支える。
(将来性の主な源泉)	■ 技術力、取引先との関係等	■ 地域での知名度、近隣の観光資源、営業設備等
事業成長担保権の活用の主な効果	**① リスクがあっても将来性を元に必要な借入れができる** **③ 経営者保証に依存せず、再挑戦の機会を確保できる** **④ メインバンクを明確にできる（迅速な経営改善支援）**	**① リスクがあっても将来性を元に必要な借入れができる** **③ 経営者保証に依存せず、再挑戦の機会を確保できる** **④ メインバンクを明確にできる（迅速な経営改善支援）**

(※) 1行貸しであればより迅速な融資等の判断が可能となるものの、事業者において複数行から借入れたい意向がある場合は２～３行でのシンジケートローンもありうるとの声もあった

43

再生局面②（エグジットファイナンス）のイメージ

	(3) EV関連メーカー	(4) 地元密着型スーパー
現在の企業概要と資金調達	■ 企業規模：小（売上約10億、償却前営業利益約1億） ■ 資金調達：地銀・政府系など7行から約7億円借入れ* * 経営者保証を設定。自宅不動産を担保差入れ。 ■ 自動車メーカーのEV開発計画の延期等に左右され、売上・収益ともに変動。経営管理にも課題があり、資金繰りも苦しく私的整理に至っていたところ、SDGsや環境規制等の環境変化によって、EV開発が活発化。	■ 企業規模：小（売上約15億、償却前営業利益約1億） ■ 資金調達：地銀・政府系3行から約6億円借入れ* * 経営者保証を設定。 ■ 再生計画に基づく返済中。現在は抜本的な事業再構築（不採算店舗の整理等）が功を奏するとともに、地場産の生鮮品とこれを活用した総菜の品揃えから、大手/競合と差別化し、再生計画を上回る業績で推移。
将来の成長戦略と資金需要	■ 受注案件が大規模化し、材料費・外注費にかかる運転資本が継続的に増大すると見込まれるほか、これに併せ事業の拡大（製造管理システム刷新・人員増強）を企図し、新規の資金調達が必要。 ■ リスクは相応にあるところ、既存取引金融機関のうち、躊躇するところ、積極的に評価するところに分かれる。	■ 今後の事業再拡大を目指し、再生計画にない新規出店を企図。 ■ 地場の金融機関は、新規店舗の収益構造は既存事業と同様であり、事業計画達成の蓋然性が高いと判断。 ■ 他方、その他の金融機関は、過去の業績悪化の原因が不採算の出店にあったことを理由に、懐疑的な態度。
事業成長担保権を活用した資金調達	**総額十億円前後のシンジケートローンを組成** ■ 将来の成長のためのリスクテイクを支えるため、金融機関３行で迅速に支援（既存融資は借換え）。 ■ 窮境時の失期判断等について、全員同意でなく多数決とする条項を備え、早期・迅速な支援態勢も確保。 ■ 自宅不動産担保は解除。経営者保証は、粉飾や使い込み等の停止条件付のものへ転換し、適切なリスクテイクを支える。	**総額数億円規模の１行貸し**(※) ■ 将来の成長のためのリスクテイクを支えるため、金融機関１行がメインバンクとなり、迅速に支援。 ■ 既存借入れの借換え資金を含め、コミットメントラインと長期・一部据置きの約弁貸付を組み合わせて融資。 ■ 経営者保証は、粉飾や使い込み等の停止条件付のものへ転換し、適切なリスクテイクを支える。
(将来性の主な源泉)	■ 設計・製造能力、大手自動車メーカーとの取引関係、営業基盤等	■ 地域圏での知名度、商取引関係、営業設備等
事業成長担保権の活用の主な効果	**① リスクがあっても将来性を元に必要な借入れができる** **③ 経営者保証に依存せず、再挑戦の機会を確保できる** **④ メインバンクを明確にできる（迅速な経営改善支援）**	**① リスクがあっても将来性を元に必要な借入れができる** **③ 経営者保証に依存せず、再挑戦の機会を確保できる** **④ メインバンクを明確にできる（迅速な経営改善支援）**

(※)１行貸しであればより迅速な融資等の判断が可能となるものの、事業者において複数行から借入れたい意向がある場合は２～３行でのシンジケートローンもありうるとの声もあった　44

我が国におけるABLの現状と、事業成長担保権への期待

山井翔平

I はじめに

このたびはこのような機会を頂戴いたしまして、ありがとうございます。経済産業省経済産業政策局産業資金課の山井と申します。当課は、今回のテーマとなっている ABL の関係でしたり、資本市場の関係、大企業を中心とした資本市場周りでしたり、中小企業を中心とした地域金融、その他にも財政投融資や Web3.0 など、資金調達や金融に関する政策を担当させていただいている課となります。今回、お話しさせていただく内容については、ご来場の皆さまにとってはかなり釈迦に説法のところもあるかと思いますけれども、ABL を推進してきた経産省として、ABL の最近の取り組み状況等を中心にお話しさせていただきたいと思います。

まず、日本の資金循環構造を図示したものが、こちらになります。この矢印が資金の循環の流れとなっております。欧米と比した特徴として、欧米は家計からの株式や保険の割合が高く、現預金が少ないという特徴がありますが、日本では家計から銀行等への矢印が非常に大きいこと、家計の現預金が

多過ぎるということなどの問題があると、当課では考えておりまして、このようなことから国内投資が低調になってしまい、企業の成長を阻害している側面があるのではないかと考えているところでございます。

こういった問題意識から、家計からの投資を政府でも促しておりまして、NISA なども、この一環と考えております。経産省としても、いろいろな視点から、資金循環を促す政策を検討しているというところでございます。

II　ABL について

ABL とはという点については、あえてご説明するまでもないところかもしれませんが、企業が有する在庫や売掛債権、機械設備等の事業収益資産を担保とする金融手法で、スキームとしては譲渡担保ということになろうかと思います。不動産担保や個人保証への過度な依存から脱却すること、資金調達や融資手法を多様化することでしたり、事業の継続的なモニタリングを通じてリレーションシップバンキングを強化することなどを目的として運用されてきているものと存じております。

次に、ABL の普及促進の政策的意義になります。企業が保有する資産のうち、在庫や売掛資産、ABL の対象となるようなものについては合計 300 兆円を超えているものの、これらの資産はあまり担保として活用されてこなかったということがあります。実際、この表を見ても分かるとおり、土地の総額よりも在庫や売掛金のほうが、総額としては大きいという形になっております。ABL はこれらの資産を担保として活用することで成長資金を拡大する不可欠な金融手法の一つではないかと考えております。

また、やや話がそれるところはありますが、先ほどお見せしました日本の家計資産と同様に、日本企業が保有する資産についても、現預金が一番多いような状況となっております。日本企業が、欧米企業に水を開けられているというような現状を踏まえると、不必要な現預金のため込みなどはあまり望ましくないと考えておりまして、こういった資金を吐き出して、イノベーションに向けた積極的な投資が望まれるということを当課としても検討しており、ここに政策的な課題があるのではないかと考えているところでございます。

Ⅲ　ABLの普及、促進の政策的な意義

1　企業から見た意義

次に、企業や金融機関から見たABLの普及、促進の政策的な意義になります。まず、企業から見たABLの意義ですが、一点目としては、個人保証や不動産担保からの解放、経営者保証ガイドラインや債権法改正により、個人保証、不動産担保の依存から脱却することで、経営者にとって事業失敗時に過重な負担を負うこととなる、経済的な破滅というのを回避するところにあるのではないかと考えております。

次に、二点目として、流動資産や資金効率の強化の手段ということが考えられるかと思います。大企業にとっては、ファクタリングやABLでの早期の現金化により資金効率の向上、CCCの改善に寄与するものと考えられます。中小企業にとっては、下請代金の支払期日の制限等で対応してきた資金繰りの改善にも貢献することになるのではないかと考えております。

三点目として、資金調達の可能性の向上というところで、動産や債権という新たな担保の提供により、ステージを問わず、新規の融資を受ける機会が拡大するのではないかと考えております。一律の予算措置ではなく、商流や事業性に対応した融資期間の拡大というところに意義があるものと考えております。これらの点はいずれも事業成長担保権ともつながる話ではないかと考えております。

2　金融機関から見た意義

次に、金融機関から見たABLの意義でございますけれども、まず一点目としては、企業側と同様に、個人保証や不動産担保の代替ということになり

ます。二点目としては、事業性評価の入り口というところに意義があるかと考えております。政府では事業性評価に基づく融資というものを推進しておりまして、担保となる動産、債権のモニタリングを通じた融資先事業内容の把握が、事業性評価そのものではないかと考えております。また、三点目として、金融仲介機能の強化ツールということでございます。新たな担保の活用により、新規融資先の開拓、既存融資先への融資枠の拡大に貢献していくものと考えられます。事業へのモニタリングと資金循環の最適化を通じた金融円滑化への寄与が図られるものと思います。

先ほどご紹介しました、経営者保証ガイドラインについてですが、経営者保証ガイドラインとは、全銀協が出しているガイドラインで、中小企業の経営者による個人保証には資金調達の円滑化に寄与する面がある一方で、経営者による思い切った事業展開や、保証後において経営が窮地に陥った場合における早期の事業再生を阻害する要因になっているなど、中小企業の活力を阻害する面もあり、個人保証の契約時や保証債務の整理時などにおける、さまざまな課題に対する解決策の方向性を取りまとめたものとなっております。経営者保証ガイドラインでは、ABL に関して、経営者保証の機能を代替する融資手法と位置付けられております。

3　経営者保証改革プログラム

また、参考として経営者保証改革プログラムというものをご紹介いたします。昨年の 12 月に経産省、金融庁、財務省が公表したものでして、経営者保証は、経営の規律付けや信用補完として、資金調達の円滑化に寄与する面がある一方で、スタートアップの創業や経営者による思い切った事業展開を躊躇させ、円滑な事業承継や早期の事業再生を阻害する要因となっているなど、さまざまな課題が存在しております。このような課題の解消に向け、これまでも経営者保証を提供することなく資金調達を受ける場合の要件等を定めたガイドラインの活用促進の取組を進めてまいりましたが、経営者保証に依存しない融資慣行の確立をさらに加速させるため、経産省、金融庁、財務省による連携の下、スタートアップ創業、民間融資、信用保証付き融資、中小企業のガバナンスの4分野に重点的に取り組むプログラムを策定、実行していくというものでございます。このプログラムでは、ABLに対する信用保証制度において、経営者保証の徴求廃止も掲げられております。

こちらは先ほど近畿財務局の島田課長からもご説明がありましたので、詳細は割愛させていただきますけれども、中企庁の取り組みとして、ゼロゼロ融資については、コロナ借換制度という後継制度を立ち上げて、引き続き、事業者の支援を継続しております。もっとも、今後、保証なしで融資を返済していくためには、売り上げや利益を伸ばしていかないといけません。そのためにはABLなどの事業性評価によって、事業価値を高めていくことが鍵になるのではないかと考えております。

Ⅳ　ABL推進に向けての課題と施策

1　課題と取組み

次に、ABL推進に向けて指摘されてきた課題になります。やや古い話の話題も多いかと思いますが、これまで指摘されてきた課題というのがおおむね、この図になります。ABL推進に向けて、例えば譲渡禁止特約による債権、ABL、流動化への制約や、譲渡担保権の不明確さ、経営者保証による責任の重さなど、さまざまな局面での課題がありました。

先ほどの課題を受けて、ABLの推進に向け、さまざまな取組が進められてまいりました。その概要を示したのが、この図となります。政府、民間において、改善を図るための取組が各所で行われていたものと認識しております。

2　ローカルベンチマーク

ここで、ご参考として、当課が行っている施策を一つ紹介させていただきます。事業性評価の入り口のツールとして、支援者と企業が対話を行うローカルベンチマークというツールを提供しております。略してロカベンと記載しておりますけれども、ロカベンでは、第１段階として地域経済の分析を行い、第２段階では企業ヒアリングを通じたロカベンシート作成によって、企業経営の見える化を行うことで、企業の稼ぐ力の源泉を把握し、ABL を含む事業性評価、融資のサポートも意図しております。

ロカベンは、一つの財務シートと、二つの非財務シートによって構成されておりまして、こちらが財務シートになります。六つの財務指標の分析結果を経営者や各支援機関によって分かりやすい形で提供しております。非財務非上場化率、営業利益率、労働生産性、EBITDA 有利子負債倍率、営業運転資本回転期間、自己資本比率、この六つの財務指標になります。

こちらが、非財務シートの１枚目になります。非財務情報を分析し、企業の見えない価値を見える化することが特に事業評価に関しては重要になるかと思います。商流および業務フローをヒアリングシートによって整理し、顧客の提供価値について考えるシートとなっております。

こちらが、非財務シートの２枚目になります。四つの着目点、一つ目が経営者への着目、二つ目が事業への着目、三つ目が企業を取り巻く環境、関係者への着目、四つ目が内部管理体制への着目ということになっておりまして、この四つの点について整理できるヒアリングシートを提供しております。これをベースに金融機関等と対話を行っていただくものという整理になっております。

V　ABL の現状――アンケート調査結果の分析

ここからは、ABL の現状という観点から、当課で行った令和３年度の ABL アンケート調査結果の一部をご紹介させていただきます。年度の切り替わりの関係で、２年前という若干古いデータとなっております。調査対象としては、ABL の貸し手として期待される金融機関等 603 社になっておりまして、郵便送付やメールによって回収をしております。回答があったのは 473 社になりまして、区分としてはこちらに書いてあるような九つの区分で区分けさせていただいております。

1　市場規模

まず、ABL の市場規模の推移でございます。ABL の市場規模としては、2011 年から右肩上がりで上がっていると認識しておりまして、実行件数についても 4 倍近くまで上がっております。2020 年は減少しているところがありますけれども、この背景としては、新型コロナウイルス拡大による各種の補助金、先ほどのゼロゼロ融資をはじめとした、補助金や政府系金融機関による融資の拡充によって、特に短期間のプロパー融資が減少したことでしたり、太陽光発電整備や売電債権を対象とする ABL がやや減少傾向にあったという声が聞かれているところでございます。この後のデータも含めて全体としていえるところではありますが、2020 年度はややコロナの影響というところがありますので、少し近年の傾向とずれるところがございます。

2　実施率

次に、ABL の実施率になります。ABL に取り組む機関の割合は 72.9％の金融機関となっておりまして、昨年度と比べると横ばいの推移となっておりますが、ここ 10 年で見ると増加基調にあるものと認識しております。

3　融資残高

次に、2020 年度末の融資残高になります。都市銀行や信用金庫と地方銀行で、ABL 全体の融資残高の 80％を占めるような状況になっております。地方銀行が最も多く 45.9％を占めております。プロパー案件は全体の 76.8％にわたる、約 2 兆 1017 億円で、ABL 全体の保有機関数は 317 行、金額は 2 兆 7381 億円という結果が出ております。地方銀行が特に比重としては大きく、中小企業が ABL の主たる利用者であるということは、こちらのデータからも明らかになっているかと思われます。

4　融資件数と実行額

こちらは担保種別の融資件数と実行額のデータになります。動産および債権等も、太陽光発電に関連した融資というのが、昨年度から引き続き多い傾向が読み取れるかと思います。

次に、ABL の融資件数、融資先の業種別となります。コロナ拡大の背景もあり、一部の業種を除いて、昨年度から比べると全体的には減少しているというところがございます。昨年度に引き続き、製造業の比率が最多という形になっております。この業種は最も減少率が 2020 年は大きかったため、全体から見た比率というものは低下しているところが読み取れます。

5　融資先企業レベルのイメージ

次に、ABL 融資先企業レベルのイメージとなります。こちらも昨年度に引き続き、成長期にある企業が一番多いと回答した金融機関が最多となっております。2019 年度と比較すると、創業期にある企業や発展期にある企業がそれぞれ増加してる一方で、成熟期にある企業や最盛期にある企業というのは減少しております。特に発展期にある企業については増加率が高いのではないかと考えられるところでございます。

6　融資先の信用状況

次に、ABL 融資先の信用状況の傾向になります。債務者区分で正常先に相当する企業が多いと回答してる機関が 69.5％で最多となっております。業態別の傾向も同様であり、大きな偏りは見られておりません。要注意先に相当する企業というデータも相応には見受けられるものの、データが示すとおり、正常先に相当する企業が多く、ABL だからといって経営状態が不安な企業に用いられるというものでは全くないのではないかと考えられます。

7　融資先の借入状況

次に、ABL 融資先の借り入れ状況の傾向でございます。こちらも昨年度と同様の水準ではありますが、ABL以外の従来型の担保、保証、信用による貸し付けの余地が不十分だった事例のほうが多いと回答している機関が全体の45.5%を占めております。従来型の担保の補充的に用いられてるケースというものも多いのではないかと読み取れます。

8　融資機関別の融資件数や実行額

次に、ABL融資機関別の融資件数や実行額になります。融資機関別に見ると、融資実行件数は1年未満、実行額は10年以上が最多となっております。こちらも昨年度と比較すると、全体的に減少しているところでございますが、1年未満の融資の減少率というところが大きいという状況になります。この点は、特にコロナ拡大に対応した政府系金融機関による融資の増加を受けて、ABLを含むプロパー融資が減少したという声が聞こえているところでございます。

9　実施方針

次に、ABLの実施方針でございます。ABLの実施方針については、全体的に昨年度と同じ傾向にあり、一般担保とならなくても取り組むが、原則、対抗要件を具備した担保設定を行うという回答が50%と多い形になっております。また、在庫や売掛金の増減などのモニタリングを重視して対応すると回答した機関が、割合はそこまで大きくはないものの、一定程度存在していることは着目すべき点といえます。金融機関がモニタリングを重視して対応することで、融資先の経営改善につながり、回収可能性も当然高まります。後述する事業性評価や事業成長担保なども視野に入れると、こういったモニタリングによる融資先の監督というのは、今後、一層、重要視されていくものと思われます。

次に、今後のABLの実施方針でございます。融資の実績のある機関のほとんどは、今後の実施方針について現状維持、もしくは取り組み強化と回答しており、こちらも昨年度より増加しております。

10　今後の ABL への取組方針

次に、今後の ABL の取組方針で維持、強化の方針を採る理由でございます。こちらは、取引先の取引状況をモニタリングできるからと回答した会社が 44.9％と最も多い結果が出ております。先ほどお話ししたモニタリングに加えて、柔軟な投資スキームであることが ABL の特徴ではありますので、個人保証や不動産担保一辺倒になることなく、柔軟な使い分けが行われることに期待されます。また、取引先のニーズに合った融資スキームだからという回答が、２年連続増加しているところからも、そういった認識が金融機関にも広がっているのではないかと思っているところでございます。

一方、ABL を縮小、今後、取り組まないという回答をした金融機関の理由についてもデータを取っております。ABL を取り組まない、縮小する理由として、社内に評価やモニタリングにかかるノウハウがないからと回答した金融機関が 47.2％と最も多かったという結果が出ています。また、客観的、合理的な評価を得ることが困難だからという回答については昨年より減少する一方、評価のためにコストがかかり過ぎるからというデータが増加しているところでございます。評価については、今後、事業成長担保も見据え、事業性評価というところが重要視されてくることを見据えると、これからの課題の一つではないかと考えております。

11　案件発掘時の課題

次に、ABL 案件発掘時の課題、業態別のデータになります。約半数が物件の担保としての適正について判断できないということが課題になっていると挙げております。また、資産の管理状況について把握ができていないとの回答については減少しましたが、まだ 46.9％と高水準にあるかと存じます。また、外部機関とのさらなる連携や、組織の体制構築などの対応の必要性も示唆されております。こういった課題については、今後、事業性評価が重要視されてくることも踏まえると、しっかり検討していくべき課題なのではないかと考えているところでございます。

12　担保設定時の課題

次に、担保設定時の課題でございます。こちらは昨年度より減少傾向にありますが、譲渡登記への信用不安の風評懸念というものが34.8%と、いまだ多い結果が出ております。次いで、動産譲渡登記を具備しても、先に占有改定を受けた譲受人に優先しないとの点が22.1%というデータが出ております。これらについては、先ほどもご紹介がありましたように、これからの担保法制について法務省でも検討が行われているところではございますので、こういった中で解決されていくべきものでないかと、個人的に考えているところでございます。

13　管理、モニタリングに関する課題

次に、ABLの管理、モニタリングに関する課題でございます。昨年より全体として減少傾向にはあるものの、当行の体制やノウハウが確立されていないことという回答が55.4%と最も多く、モニタリングの業務負担が多いこと、管理業務に時間、手間がかかり過ぎることという回答が次いで高い水準にある結果が出ております。

14　担保物件の換価処分に関する課題、対抗要件の具備方法

次に、担保物件の換価処分に関する課題でございます。昨年同様、処分業務のプロセスが確立されていないことという回答が66%と最も多かったという結果が出ております。

次に、対抗要件の具備方法という点ですが、対抗要件の具備方法に関しては、譲渡登記の方法を取った割合というものが、特定動産の場合は88.5%、集合動産の場合、90%程度、特定債権の場合、65.4%、集合債権の場合、72.4%でございました。

15　譲渡登記制度の課題

次に、譲渡登記制度の課題でございます。自然人を対象としたものについ

ては登記できないという回答が43.4％と最も多かったという結果が出ております。また、記載内容が固定的であるという回答も36％と、相応に多かったという結果が出ております。

16　事業成長担保権を踏まえた取組み方針

こちらのみ、本年度、令和4年度のアンケートとなりまして、事業成長担保権を踏まえたABLの取組み方針についてでございます。事業成長担保権が制度化されたとしても、約6割の金融機関がABLへの取り組み方針自体は変わらないと回答したほか、約1割の金融機関はABLについて取り組みは増加していくと回答しております。現時点で不明という回答がそれなりに多いですが、こちらはまだ制度概要自体が決まっている時点のものではないので、この回答が多く出るのは仕方ないのではないかと考えているところでございます。以上がアンケートの紹介になります。

Ⅵ　債権法改正によるABLへの影響

こちらは参考になりますが、債権法改正によるABLの影響というスライドでございます。債権法改正前というやや古い話にはなってしまいますが、改正前においては、当事者間の契約により債権譲渡禁止特約が付されている場合、債権譲渡は原則として無効とされており、これが債権を担保とした企業の資金調達の障害になっているという声が聞こえておりました。もっとも、債権法改正により、債権譲渡禁止特約が付されていても債権譲渡の効力自体は妨げられないこととなり、これによって、ABL等の債権を担保とした資金調達の活性化といったものが期待されることになろうかと思います。

Ⅶ　事業成長担保権への期待

最後に、事業成長担保権に移りたいと思います。事業成長担保権については、先ほど金融庁の尾崎参事官からご解説がございましたので、制度の詳細についてはこちらからは特段、言及する予定はございません。ABLが個人動産や集合動産を対象としていたところ、これらに加え、知財等の無形資産を含む事業全体を担保するような担保の必要性というものが叫ばれるようになってきました。事業成長担保も、ABLの発展形ということではないのかなと、われわれも理解しているところではございます。

バブル崩壊以降、金融機関の機構および産業構造の変化に伴って、個別動産や集合動産を対象としたABLが、2005年以降、取組、普及が進んでいたものと認識しておりまして、その後、動産のみならず、事業全体に対する融資、担保制度の確立普及に向けた取組というものが進められてきたものと認識しております。事業成長担保権は、特に有形資産に乏しいスタートアップ企業等の資金調達手段の一つとして、金融庁や法務省において検討が進められていると理解しております。

次に、事業成長担保権への期待となります。ABLを推進してきた経産省としても、事業成長担保権については、以下のような点に期待しているところでございます。事業成長担保権は、有形資産だけでなく、技術力やブランド、顧客基盤など無形資産を含む事業全体を担保にして、金融機関から資金を調達することができるような制度で、企業の資金調達手段を拡充するものと認識しております。事業成長担保権の導入により、不動産などの有形資産に乏しい中小企業・スタートアップ企業が、経営者保証を負担することなく、将来性に着目した融資を受けることが可能となります。事業者目線を踏まえた制度設計がなされ、同制度の利用が進展することによって、企業の成長が後押しされることを期待しているところでございます。

もちろん、資金調達については、金融機関からの間接金融のみならず、エクイティファイナンス、資本市場からの資金調達などの直接金融も重要でありまして、このような資金調達を通じて、企業の積極的な投資行動が行われることによって、企業価値の向上をしていくことが望まれると考えております。ABLや事業成長担保権も、そのような、さまざまな資金調達手段がある中での一つの有力な資金調達手段となっていくことを期待しております。事業成長担保権についても、ABLの意義と同様に、モニタリングや伴走支援によって、金融機関が企業と一体になって成長を後押ししていくという点が、最も期待される側面ではないかと、経産省としても考えているところでございます。

私の発表はこれで終わらせていただきます。ありがとうございました。

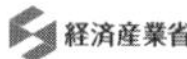

我が国におけるABLの現状と
事業成長担保権への期待

令和５年２月２８日
経済産業省　経済産業政策局
産業資金課　課長補佐
山井　翔平

日本の資金循環構造

▼我が国の主な資金循環構造（2022年３月末時点）

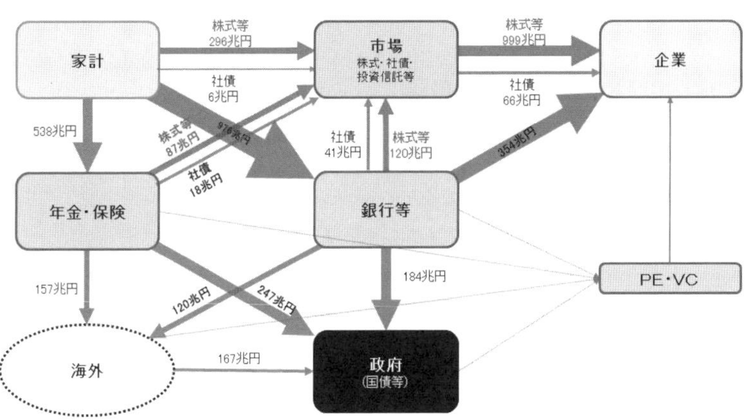

出典：日本銀行「資金循環統計」より経済産業省作成

2

ＡＢＬ（Asset Based Lending）とは？

- 企業が有する在庫、売掛債権、機械設備等の事業収益資産を担保とする金融手法（**「譲渡担保」**と同義）
  - 不動産担保や個人保証への過度な依存から脱却　（資金調達・融資手法の多様化）
  - 事業の継続的なモニタリングを通じて、リレーションシップバンキングを強化

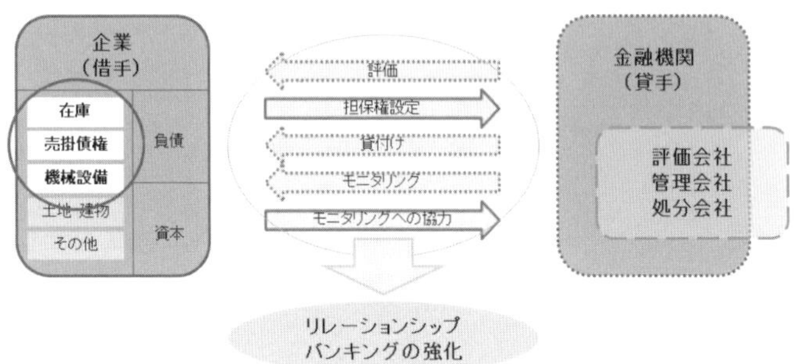

3

ＡＢＬの普及促進の政策的意義

- 企業が保有する資産のうち、在庫・売掛債権は３００兆円を超えているものの、これらの資産はこれまで担保としてあまり活用されてこなかった。

　　在庫　＋　売掛金　＞　土地

- ＡＢＬは、これらの資産を担保として活用することで、成長資金を拡大する不可欠の金融手法の一つ。

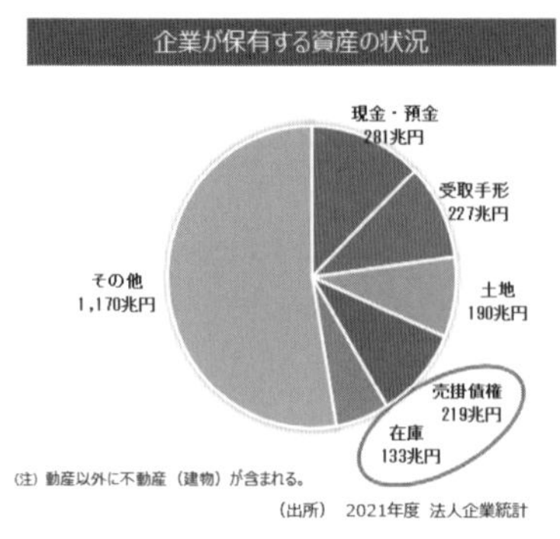

(注) 動産以外に不動産（建物）が含まれる。

（出所）　2021年度 法人企業統計

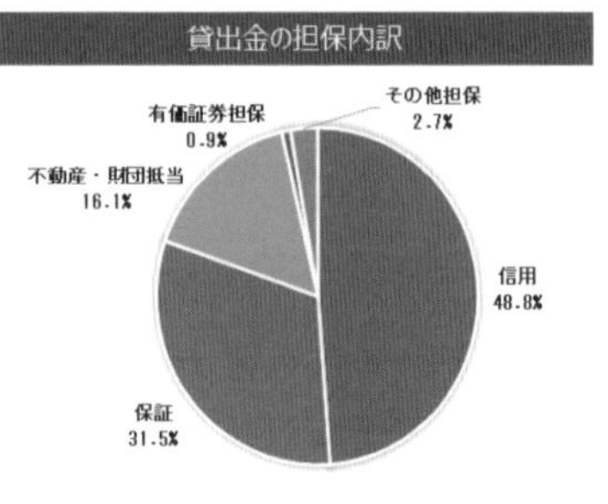

（出所）　2021年度 日本銀行 4

企業・金融機関からみたABL普及・促進の政策的意義

企業から見たABLの意義

①個人保証・不動産担保からの解放
- **経営者保証ガイドライン・債権法改正**により、保証・不動産担保依存から脱却。
- 経営者にとって、事業失敗時に加重な負担を負うことによる経済的破滅を回避。

②流動資産・資金効率強化の手段
- 大企業には、ファクタリング・ABLでの早期現金化により、資金効率向上（**SCCC改善**）に寄与。
- 中小企業には、下請代金の支払期日の制限（下請法）等で対応してきた**資金繰り改善**に貢献。

③資金調達の可能性向上
- 動産・債権という新たな担保の提供により、企業ステージを問わず、**新規融資**を受ける機会が拡大。
- 一律の予算措置ではなく、商流・事業性に対応した融資機会の拡大。

金融機関から見たＡＢＬの意義

①個人保証・不動産担保の代替
- **経営者保証ガイドライン・債権法改正**は、保証・不動産担保依存からの脱却を促すもの。

②事業性評価の入口
- 政府では、「**事業性評価**に基づく融資」を推進。
- 担保である動産・債権の**モニタリング**を通じた融資先事業内容の把握は、事業性評価そのもの。

③金融仲介機能の強化ツール
- 新たな担保の活用により、**新規融資**先の開拓・既存融資先への**融資枠拡大**に貢献。
- 事業へのモニタリングと**資金循環の最適化**を通じた**金融円滑化**への寄与。

5

経営者保証ガイドラインとＡＢＬ

- **ABL**は、「**経営者保証に関するガイドライン**」において「**経営者保証の機能を代替する融資手法**」として位置づけられている。

４．経営者保証に依存しない融資の一層の促進
経営者保証に依存しない融資の一層の促進のため、主たる債務者、保証人及び対象債権者は、それぞれ、次の対応に努めるものとする。

【中略】

（２）　対象債権者における対応
対象債権者は、停止条件又は解除付保証契約、**ＡＢＬ**、金利の一定の上乗せ等の**経営者保証の機能を代替する融資手法**のメニューの充実を図ることとする。

（出所）経営者保証に関するガイドライン研究会「経営者保証に関するガイドラン」（平成２５年１２月５日制定）５頁

Q.4-9　４（２）の「ABL」とは、どのような融資手法なのでしょうか。
Ａ．ＡＢＬ（Asset Based Lending）とは、企業が保有する在庫や売掛金等を担保とする融資手法をいいます。債務者にとっては、これまで担保としてあまり活用されてこなかった在庫や売掛金等を活用することにより、資金調達枠が拡大し、円滑な資金調達に資することが期待されます。一方で、債権者にとっては、企業の在庫や売掛金等を継続的にモニタリングすることを通じて、企業の経営実態をより深く把握することが可能となり、信用リスク管理の強化が期待されます。

（出所）「経営者保証に関するガイドライン」Ｑ＆Ａ（平成２５年１２月５日制定　令和４年６月３０日改定）７頁

6

（参考）「経営者保証改革プログラム」

- 2022年12月、**経済産業省・金融庁・財務省は「経営者保証改革プログラム」を公表**。
- 同プログラムでは、**ABLに対する信用保証制度において、経営者保証の徴求廃止も掲げられた**。

（１） 信用保証制度における経営者保証の提供を事業者が選択できる環境の整備

① 経営者の取組次第で達成可能な要件を充足すれば、保証料の上乗せ負担により経営者保証の解除を選択できる信用保証制度の創設【２４年４月～】
② **流動資産（売掛債権、棚卸資産）を担保とする融資（ABL）に対する信用保証制度において、経営者保証の徴求を廃止【２４年４月～】**
③ 信用収縮の防止や民間における取組浸透を目的に、プロパー融資における経営者保証の解除等を条件に、プ ロパー融資の一部に限り、借換を例外的に認める保証制度（プロパー借換保証）の時限的創設【２４年４月～】
④ 上記施策の効果検証を踏まえた更なる取組拡大の検討【順次】 等

（出所）経済産業省「経営者保証改革プログラムを策定しました～経営者保証に依存しない融資慣行の確立加速～」

7

（参考）「ゼロゼロ融資」から「コロナ借換保証」へ

- 今後、**民間ゼロゼロ融資の返済開始時期は2023年７月～2024年４月に集中**する見込み。
- こうした状況を踏まえ、**民間ゼロゼロ融資からの借り換えに加え、他の保証付融資からの借り換えや、事業再構築等の前向き投資に必要な新たな資金需要にも対応する新しい保証制度を創設**。

【制度概要】

- □ 保証限度額：（民間ゼロゼロ融資の上限額6千万円を上回る）**1億円（100%保証の融資は100%保証**で借り換え可能）
- □ 保証期間等：10年以内（据置期間5年以内）
- □ 保証料率：0.2%等（補助前は0.85%等）
- □ 下記①～④のいずれかに該当すること。また、**金融機関による伴走支援と経営行動計画書の作成**が必要。
  - ① **セーフティネット４号**の認定（売上高が20%以上減少していること。最近1ヶ月間（実績）とその後2ヶ月間（見込み）と前年同期の比較）
  - ② **セーフティネット５号の**認定（指定業種であり、売上高が5%以上減少していること。最近3ヶ月間（実績）と前年同期の比較）
    ※①②について、コロナの影響を受けた方は前年同期ではなくコロナの影響を受ける前との比較でも可。
  - ③ **売上高**が5%以上減少していること（最近1ヶ月間（実績）と前年同月の比較）
  - ④ **売上高総利益率／営業利益率**が5%以上減少していること（③の方法による比較に加え、直近２年分の決算書比較でも可）

【手続きイメージ】

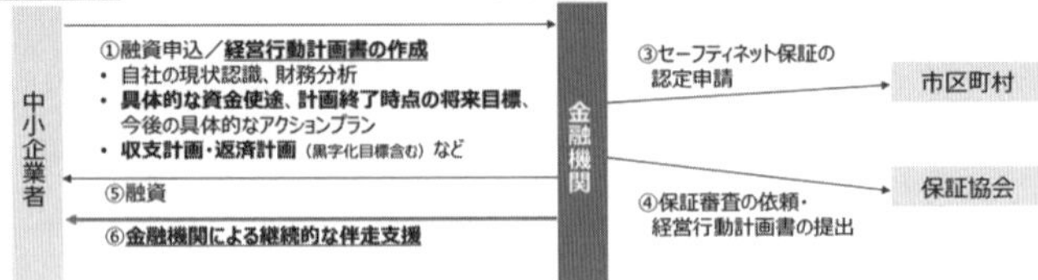

（出所）中小企業庁ＨＰ

8

ABL推進に向けて指摘されてきた課題

● ＡＢＬ推進に向けて、主に①**譲渡禁止特約**による債権ABL・流動化への制約、②**譲渡担保権**の不明確さ、③**経営者保証**による責任の重さなどが指摘されてきた。

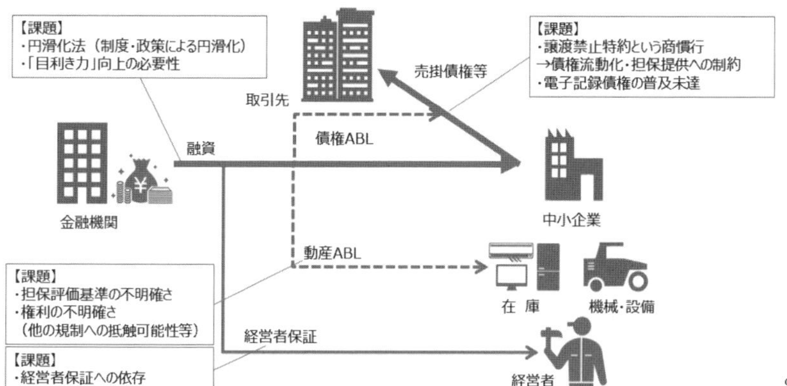

9

ABL推進に向けた関連政策

● ＡＢＬ推進に向け、**政府・民間において改善を図る取組**が進められてきた。

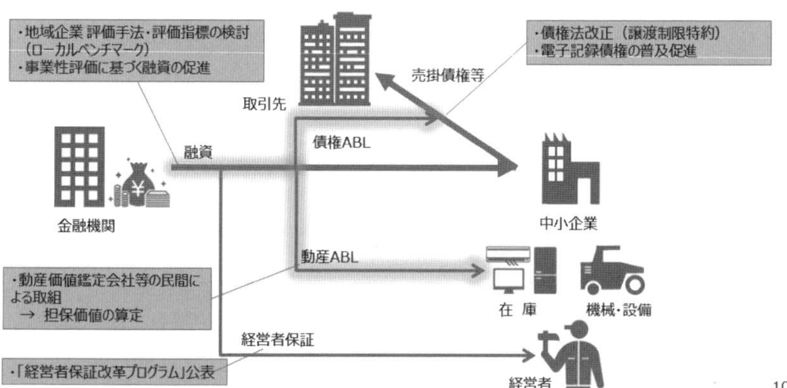

10

（参考）ローカルベンチマーク（ロカベン）とは

企業の健康診断ツール
ローカルベンチマーク

- 経済産業省では、**事業性評価の入り口の共通ツールとして、ロカベンを推進**。
- ロカベンでは、第一段階として地域経済の分析を行い、第二段階では企業ヒアリングを通じたロカベンシート作成によって**「企業経営の見える化」を行うことで、企業の「稼ぐ力」の源泉を把握**する。**ABLを含む事業性評価融資のサポート**も企図。

地域経済分析により産業構造・地域特色を把握してから個社分析を行うことで、企業実態をより正確に把握

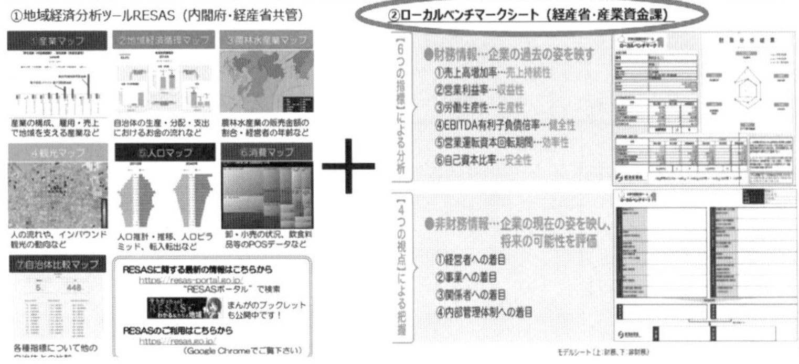

1

（参考）ローカルベンチマーク～財務情報に基づく分析～

- ６つの財務指標の分析結果を経営者や各支援機関にとって分かりやすい形で提供。

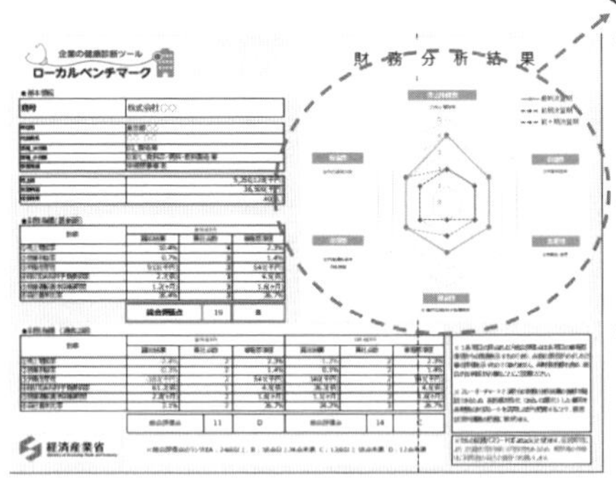

<ロカベンの企業を表す財務６指標>

① 売上増加率（＝(売上高/前年度売上高)－１）
- キャッシュフローの源泉。
- 企業の成長ステージの判断に有用な指標。

② 営業利益率（＝営業利益/売上高）
- 事業性を評価するための、収益性分析の最も基本的な指標。本業の収益性を測る重要指標。

③ 労働生産性（＝営業利益/従業員数）
- 成長力、競争力等を評価する指標。キャッシュフローを生み出す収益性の背景となる要因として考えることもできる。
- 地域企業の雇用貢献度や「多様な働き方」を考えれば、本来、「従業員の単位労働時間あたり」の付加価値額等で計測すべき指標。

④ EBITDA有利子負債倍率
（＝(借入金－現預金)/(営業利益＋減価償却費)）
- 有利子負債がキャッシュフローの何倍かを示す指標であり、有利子負債の返済能力を図る指標の一つ。

⑤ 営業運転資本回転期間
（＝(売上債権＋棚卸資産－買入債務)/月商）
- 過去の値と比較することで、売上増減と比べた運転資本の増減を計測し、回収や支払等の取引条件の変化による必要運転資金の増減を把握するための指標。

⑥ 自己資本比率（＝純資産/総資産）
- 総資産のうち、返済義務のない自己資本が占める比率を示す指標であり、安全性分析の最も基本的な指標の一つ。自己資本の増加はキャッシュフローの改善につながる。

12

（参考）ローカルベンチマーク　～非財務情報ヒアリングシート①～

- 非財務情報を分析し、「企業の見えない価値を見える化」することが重要。
- 商流及び業務フローをヒアリングシートにより整理し、顧客提供価値について考える。

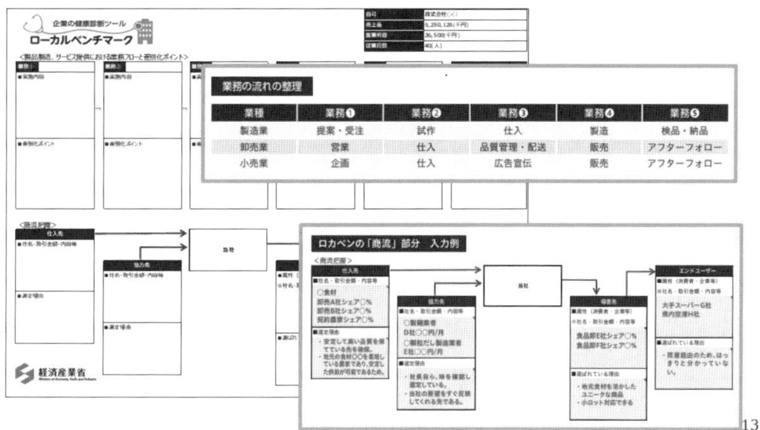

13

（参考）ローカルベンチマーク　～非財務情報ヒアリングシート②～

- 4つの着目点に関して整理出来るヒアリングシートを提供。

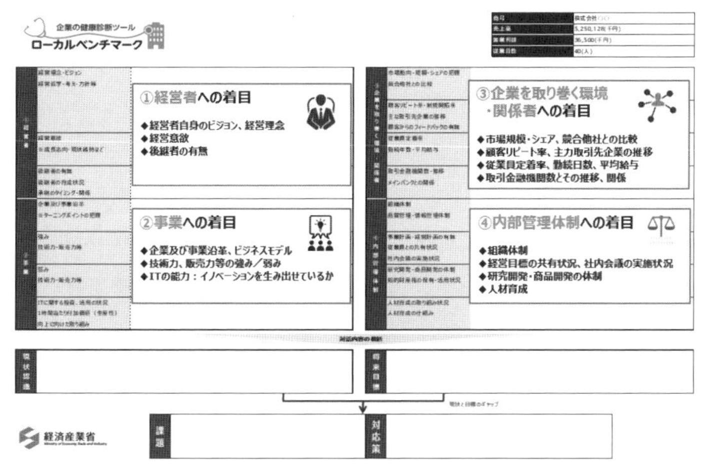

14

ＡＢＬアンケート調査の概要

- 調査名称：企業の多様な資金調達手法に関する実態調査
- 調査対象：ABLの貸し手として期待される金融機関等603社
- 調査方法：郵送送付、郵送及びメールによる回収
- 調査期間：2021年12月14日（発送）～2022年1月12日（回収締切）
- 有効回答：473社（有効回答率：78.4%）

No.	業態	2021年		2020年	2019年	2018年	2017年
		件数(n)	構成比(%)	構成比(%)	構成比(%)	構成比(%)	構成比(%)
1	都市銀行、信託銀行	5	1.1	1.0	1.8	1.8	1.2
2	地方銀行	44	9.3	9.2	7.8	8.9	9.8
3	第二地方銀行	26	5.5	6.6	5.5	6.7	6.1
4	信用金庫・信金中央金庫	229	48.4	46.0	50.1	47.6	45.7
5	信用組合	119	25.2	23.8	23.4	24.0	25.4
6	政府系金融機関	5	1.1	1.3	0.9	0.8	1.0
7	系統金融機関	41	8.7	11.3	8.0	8.7	9.8
8	その他の銀行	4	0.8	1.0	0.9	0.8	0.8
9	その他	0	0.0	0.0	1.4	0.6	0.4
	全体	473	100	100	100	100	100

※2020年以降、調査対象から「カード会社等（その他）」を除外した。
※2020年以降、調査対象に「労働金庫（系統金融機関）」を加えた。

15

ABLの市場規模の推移

- 前年度と比べ、実施件数及び実行額は減少した。
- この背景としては、①コロナ拡大に対応した各種補助金や政府系金融機関による融資の拡充によるプロパー融資の減少、②太陽光発電設備や売電債権を対象とするABLが減少傾向にあるといった声が聞かれている。

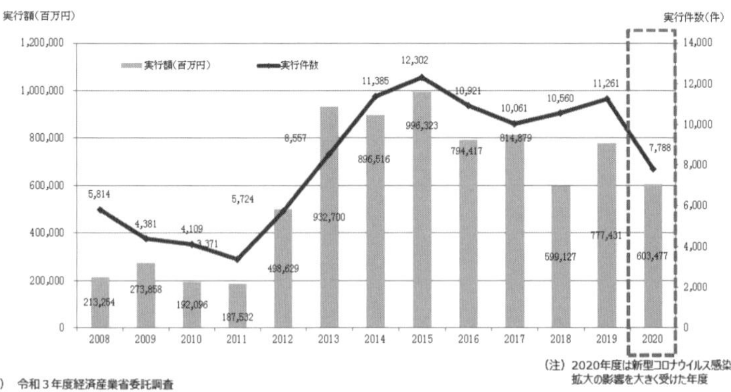

（注）2020年度は新型コロナウイルス感染拡大の影響を大きく受けた年度

（出所）　令和３年度経済産業省委託調査

16

ＡＢＬの実施率

- ＡＢＬに取り組む機関の割合は**７２.９％**。昨年度と比べると横ばいの推移となったが、ここ１０年で見ると増加基調。

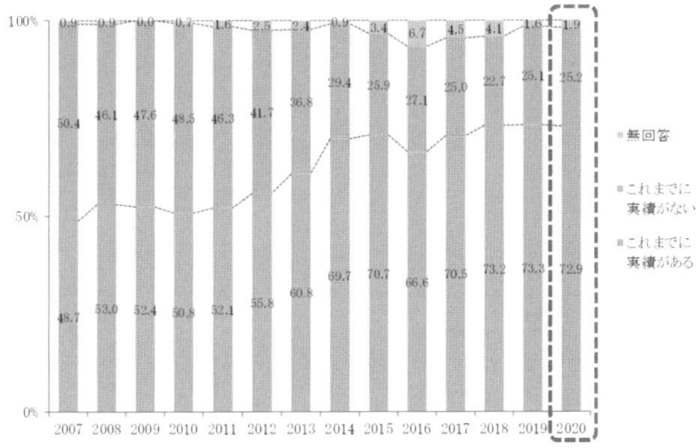

（出所）　令和３年度経済産業省委託調査

17

２０２０年度末の融資残高

- 主要銀行(都市銀行、信託銀行)と地方銀行（第二地方銀行を含む）で、ＡＢＬ全体の融資残高の８０％を占める。 地方銀行が最も大きく、４５．９％を占める。
- プロパー案件は、全体の76．８％にあたる約２兆１０１７億円。
- ABL全体の保有機関数は３１７行、金額は２兆７３８１億円。

２０２０年度末のＡＢＬ融資残高（業態別）

【2020年度】

業態	残高保有機関数	ABL全体	うちプロパー案件（百万円）	うちシンジケート案件（百万円）
都市銀行、信託銀行	3	578,673	333,998	283,111
地方銀行	37	1,256,659	1,042,321	112,224
第二地方銀行	26	359,838	297,950	41,367
信用金庫・信金中央金庫	176	338,708	260,594	15,766
信用組合	57	132,536	115,376	6,855
政府系金融機関	3	48,391	33,401	12,696
系統金融機関	15	23,367	18,130	3,386
その他	0	0	0	0
全体（上記合計）	317	2,738,171	2,101,769	475,405

※プロパー案件とシンジケート案件の合計はABL全体と一致しない。

（出所）　令和３年度経済産業省委託調査

18

担保種別（小分類）の融資件数と実行額

● 動産及び債権とも**太陽光発電に関連した融資**が、昨年度から引き続き多い傾向。

［2020年度］

担保の種類		実行件数	実行額（百万円）
設備	工作機械、建設機械	39	3,679
	建設用車両	18	773
	太陽光発電設備	2,088	247,118
	その他設備	174	12,977
機器	厨房機器	1	14
	医療機器	1	31
	OA機器、什器等	2	1,496
	その他の機器	30	3,898
原材料	鉄、非鉄、貴金属	20	4,087
	天然素材	8	290
	家畜(肉用牛、豚等)	108	13,802
	家畜(生産用)	3	862
	冷凍水産物	41	8,612
	その他の原材料	70	3,339
仕掛品	仕掛品	264	9,418
製品	衣料品	69	8,463
	ブランド品	88	8,732
	酒類	32	1,893
	食品	131	7,286
	家電	9	388
	DIY用品	1	80
	自動車	28	3,833
	その他の製品	271	21,183
債権	売掛債権	1,072	76,681
	売電債権	2,013	182,642
	介護報酬債権	186	9,327
	診療報酬請求債権	296	30,796
	工事請負代金債権	27	1,694
	電子記録債権	1,111	4,807
	リース債権/割賦債権	74	37,748
	その他の債権	188	46,740

［2019年度］

担保の種類		実行件数	実行額（百万円）
設備	工作機械、建設機械	60	4,040
	建設用車両	28	1,211
	太陽光発電設備	2,329	288,897
	その他設備	197	18,178
機器	厨房機器	1	3
	医療機器	4	343
	OA機器、什器等	8	2,490
	その他の機器	40	8,919
原材料	鉄、非鉄、貴金属	138	10,127
	天然素材	13	136
	家畜(肉用牛、豚等)	288	28,891
	家畜(生産用)	8	3,636
	冷凍水産物	208	48,094
	その他の原材料	196	20,868
仕掛品	仕掛品	417	8,943
製品	衣料品	77	9,047
	ブランド品	82	13,080
	酒類	64	1,399
	食品	138	9,293
	家電	9	768
	DIY用品	2	180
	自動車	33	6,678
	その他の製品	336	31,876
債権	売掛債権	1,386	88,697
	売電債権	2,884	279,100
	介護報酬債権	279	12,441
	診療報酬請求債権	804	19,323
	工事請負代金債権	40	1,882
	電子記録債権	2,148	11,702
	リース債権/割賦債権	87	16,298
	その他の債権	124	38,474

（出所）　令和３年度経済産業省委託調査

19

ＡＢＬ融資件数（融資先業種別）

● コロナ拡大等の背景もあり、一部の業種を除いて、全体的に減少している。

● 昨年度に引き続き、**「製造業」**の比率が最多であるが、この業種は最も減少率が大きかったため、全体から見た比率は低下している。

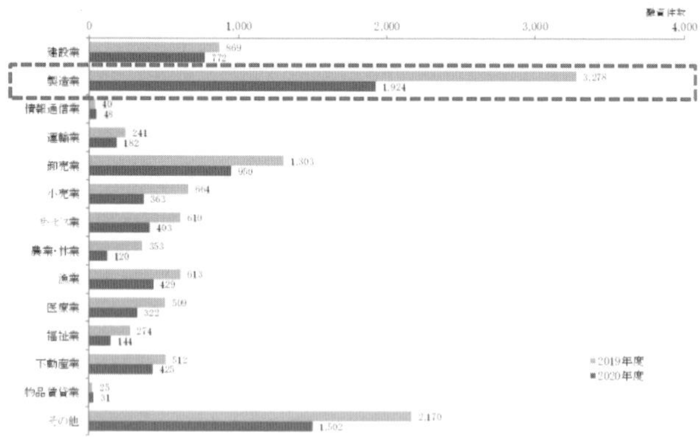

（出所）　令和３年度経済産業省委託調査

20

ABL融資先企業レベルのイメージ

- 昨年度に引き続き今年度も、**「成熟期にある企業」**と回答した金融機関が最多。
- 昨年度と比較すると、「創業期にある企業」、「発展期にある企業」、「発展期にある企業」がそれぞれ増加している。一方で、「成熟期にある企業」、「再生期にある企業」は減少している。特に、今年度の**「発展期にある企業」**の増加率は高い。

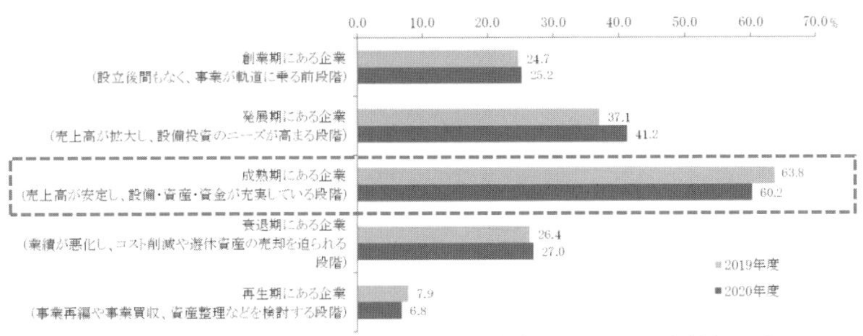

(出所) 令和3年度経済産業省委託調査

ABL融資先の信用状況の傾向

- 債務者区分で**「正常先に相当する企業が多い」**と回答している機関が**６９．５%と最多。**
- 業態別でも傾向は同様であり、大きな偏りは見られない。

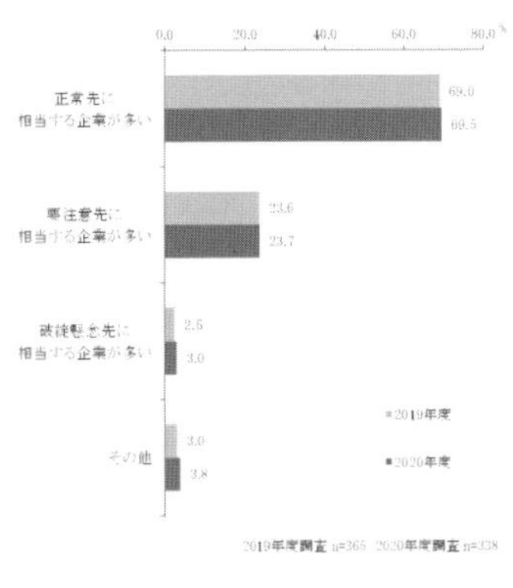

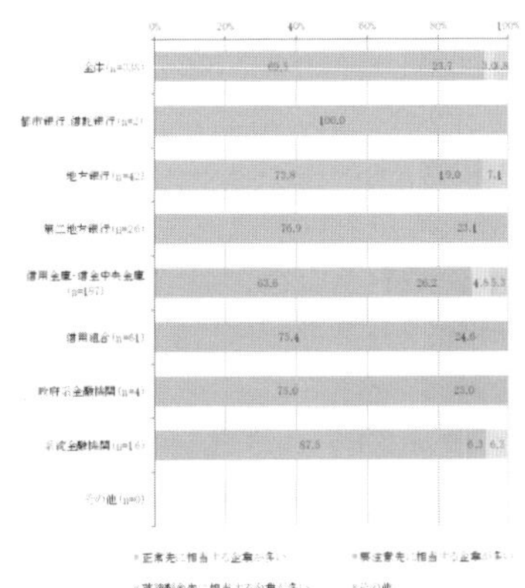

(出所) 令和3年度経済産業省委託調査

ABL融資先の借入状況の傾向

- 昨年と概ね同様の水準であり、ABL以外の**「従来型の担保・保証・信用による貸付」**の余地が不十分だった事例の方が多いと回答している機関が全体の４５．５％を占めた。

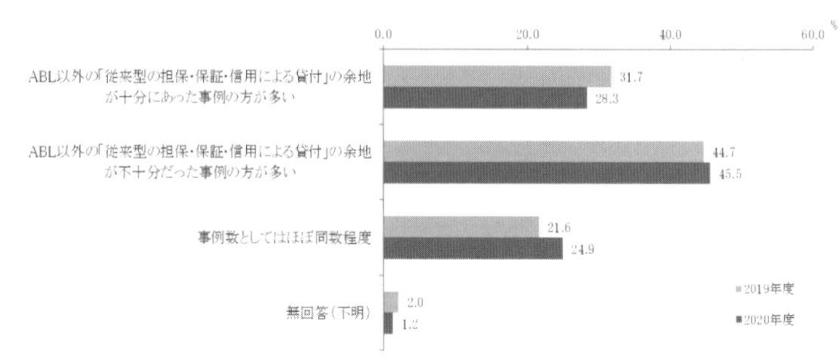

（出所）　令和３年度経済産業省委託調査　23

ＡＢＬ融資期間別融資件数・実行額

- **融資期間別**にみると、融資実行件数は**「１年未満」**、実行額は**「10年以上」**が最多。
- 昨年度と比較すると全体的に減少しているが、１年未満の融資の減少率が特に大きい。この点、**「コロナ拡大に対応した政府系金融機関による融資の増加を受けて、ABLを含むプロパー融資が減少した」**との声が聞かれている。

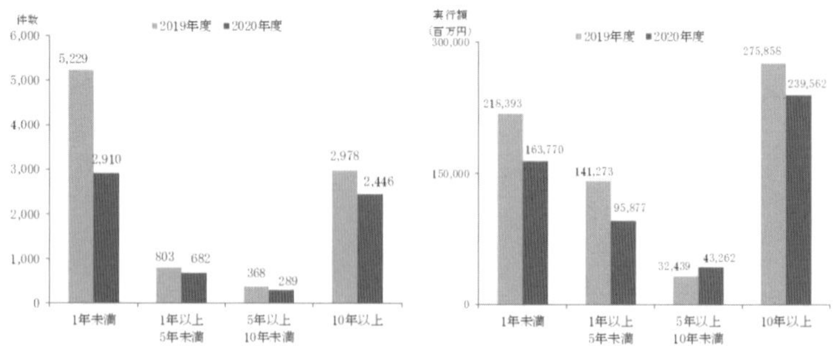

（出所）　令和３年度経済産業省委託調査　24

ABLの実施方針

- ABL の実施方針については、全体的に昨年度までと同じ傾向にあり、**「一般担保とならなくても取り組むが、原則、対抗要件を具備した担保設定を行う」**との回答が**50.1%**と最も多い。
- また、**「在庫や売掛金の増減などのモニタリングを重視して対応する」**と回答した金融機関が、割合は少ないものの、一定程度存在することは着目すべき点といえる。

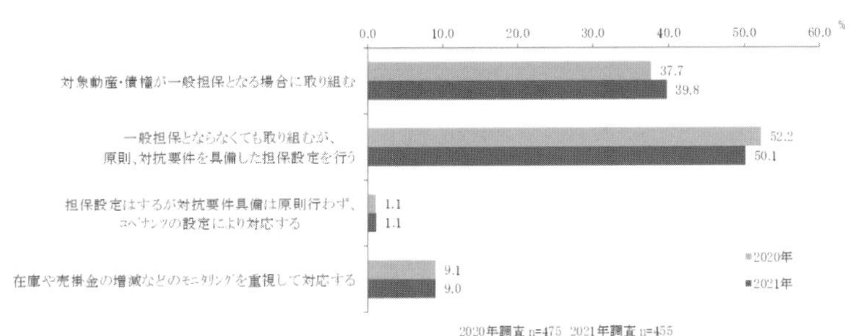

（出所）　令和３年度経済産業省委託調査

今後のABLの実施方針

- 実績のある機関のほとんどは今後の実施方針について、**現状維持若しくは取組強化**と回答しており、昨年より僅かに増加している。

【ABLの実績あり】

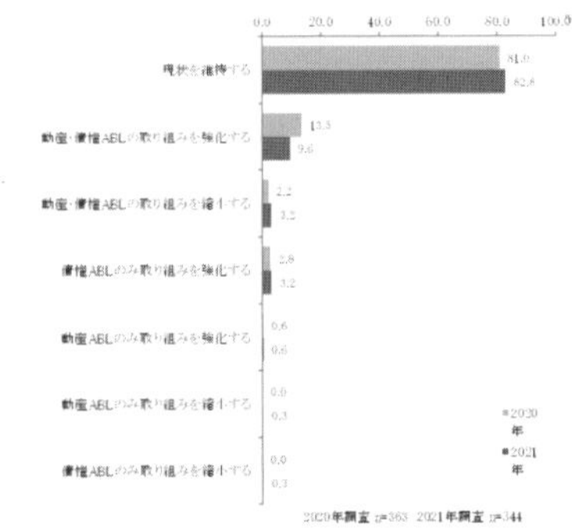

（出所）　令和３年度経済産業省委託調査

今後のＡＢＬの取組方針で維持、強化の方針をとる理由

- 昨年に引き続き、**「取引先の取引状況をモニタリングできるから」**が**44.9%**と最も多い。
- **「取引先のニーズにあった融資スキームだから」**が2年連続増加している。

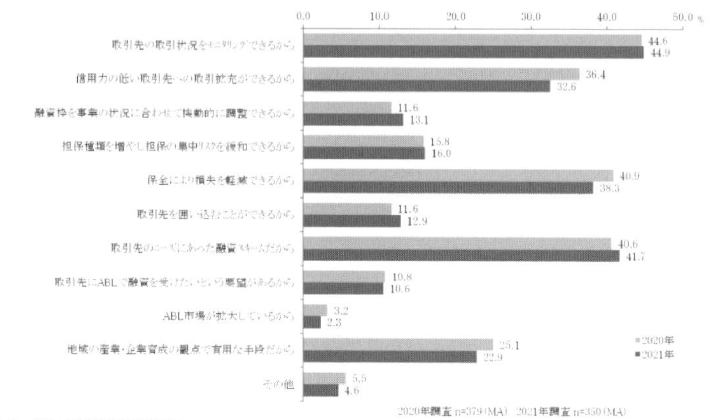

（出所）　令和３年度経済産業省委託調査

ＡＢＬを縮小、今後取り組まない理由

- ＡＢＬを縮小、今後取り組まない理由について、**「社内に評価やモニタリングに係るノウハウがないから」**が**４７．２%**と最も多かった。
- 昨年と比較し、**「客観的・合理的な評価を得ることが困難だから」**が減少する一方、**「評価の為にコストがかかりすぎるから」**が大きく増加している。

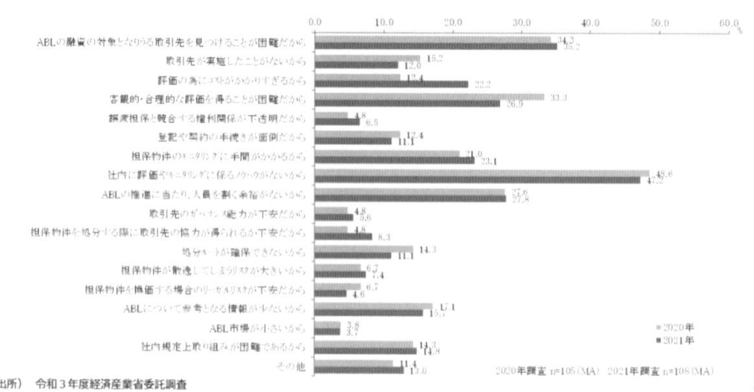

（出所）　令和３年度経済産業省委託調査

ＡＢＬ案件発掘時の課題(業態別)

- 約半数が**「物件の担保としての適正について判断ができないこと」**を挙げている。**「資産の管理状態について把握ができていないこと」**は減少したが、**46.9%**と未だ高水準。
- **外部機関との更なる連携、組織の体制構築**などの対応の必要性が示唆されている。

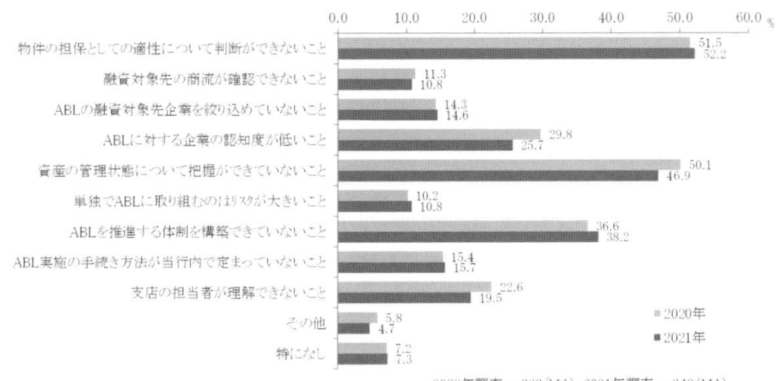

（出所）　令和３年度経済産業省委託調査

29

担保設定時の課題

- 昨年度より減少傾向にあるが、**「譲渡登記への信用不安の風評懸念」**が**34.8%**と未だ最も高い。　次いで**「動産譲渡登記を具備しても、先に占有改定を受けた譲受人に優先しないこと」**が**22.1%**となっている。

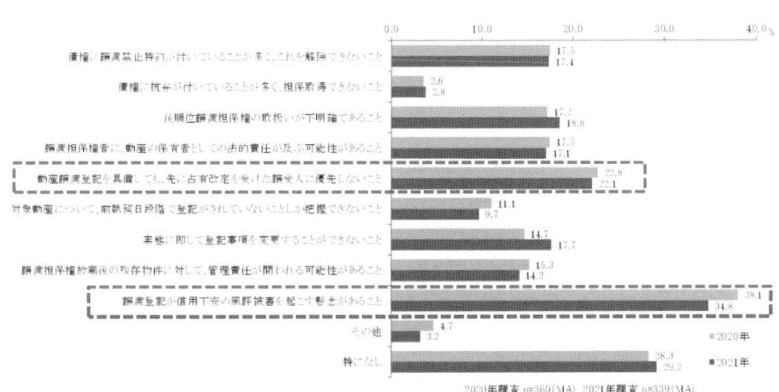

（出所）　令和３年度経済産業省委託調査

30

ABLの管理・モニタリングに関する課題

● ABLの管理・モニタリングに関する課題について、昨年より全体として減少傾向にあるものの、**「当行の体制・ノウハウが確立されていないこと」**が55.4%と最も多く、**「モニタリングの業務負荷が大きいこと」**が50.1%、**「管理業務に時間・手間がかかりすぎること」**が44%と高い水準にある。

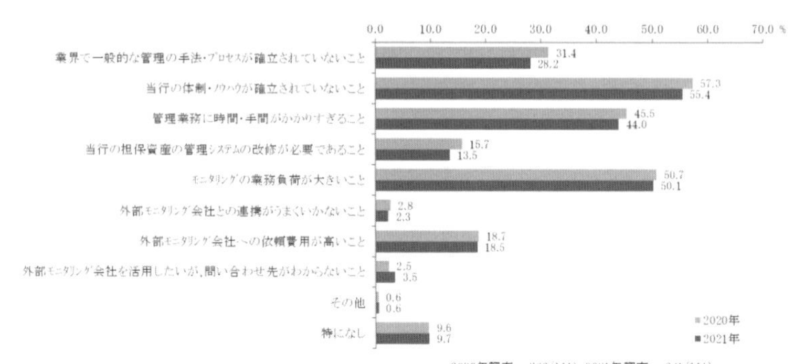

（出所）　令和３年度経済産業省委託調査

31

担保物権の換価処分に関する課題

● 担保物権の換価処分に関する課題について、昨年同様、**「処分業務のプロセスが確立されていないこと」**が66%と最も多かった。

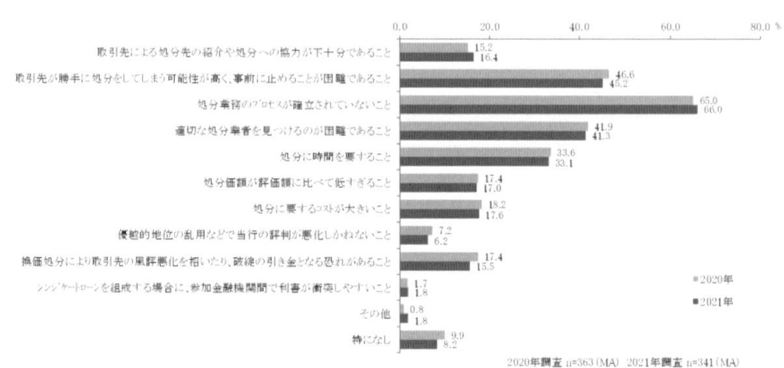

（出所）　令和３年度経済産業省委託調査

32

対抗要件の具備方法

- 対抗要件の具備方法に関し、**「譲渡登記」**の方法を採った割合については、①特定動産の場合の88.5%、②集合動産の場合の90.3%、③特定債権の場合の65.4%、④集合債権の場合の72.4%であった。

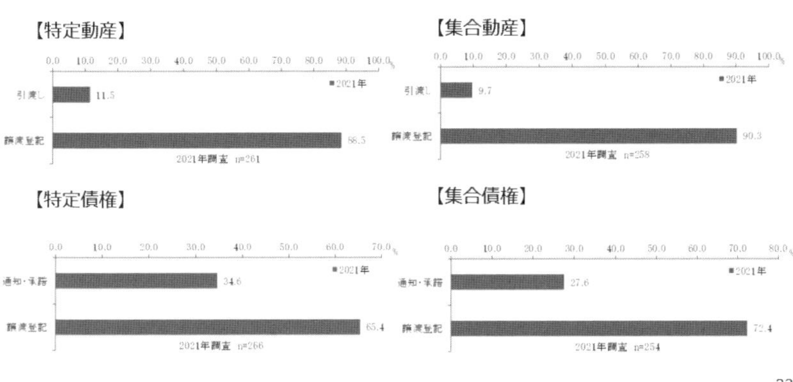

（出所）　令和３年度経済産業省委託調査

33

譲渡登記制度の課題

- 譲渡登記制度の課題について、**「自然人を対象としたものについて登記できない」**の割合が43.4%と最も多かった。
- また、**「記載内容が固定的である」**の割合が36%と次に高かった。

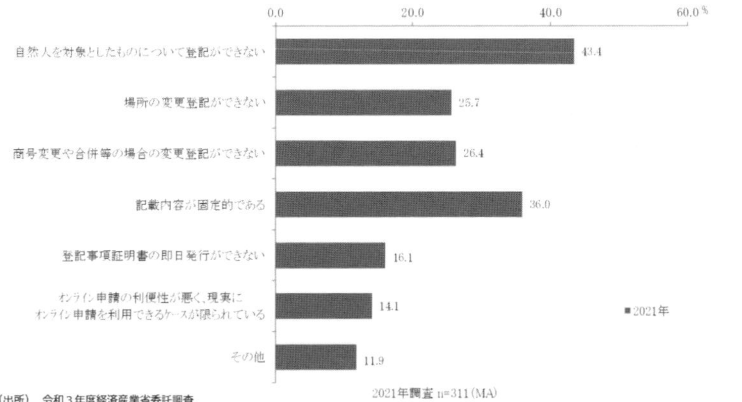

（出所）　令和３年度経済産業省委託調査

34

事業成長担保権を踏まえたABLの取組方針

- 事業成長担保権が制度化されたとしても、**約6割の金融機関が「ABLへの取組方針は変わらない」**と回答したほか、**約１割の金融機関は「取組は増加していく」**と回答。

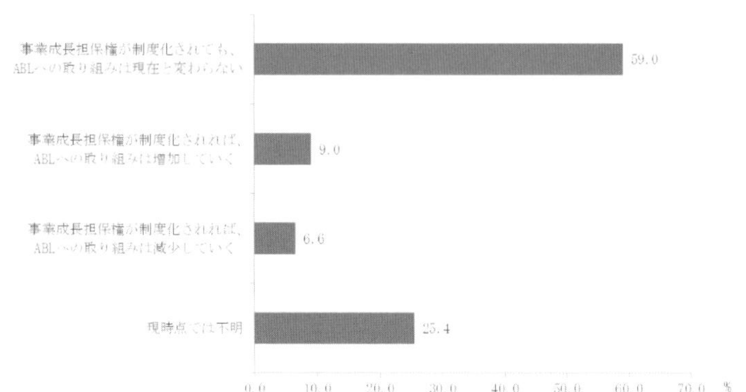

（注）　122先の金融機関の回答を集計

（出所）　令和４年度経済産業省委託調査

35

（参考）民法（債権法）改正によるＡＢＬへの影響

- 旧民法では、当事者（債権者・債務者）間の契約により債権譲渡禁止特約が付されている場合の債権譲渡は原則として無効とされており、これが、債権を担保とした企業の資金調達の障害となっているといわれてきた。
- **民法（債権法）改正（2017年5月26日成立、2020年4月1日施行）により、債権譲渡禁止（制限）特約が付されていても、債権譲渡の効力は妨げられない**こととされた。これにより、ABL等の債権を担保とした資金調達の活発化が期待される。

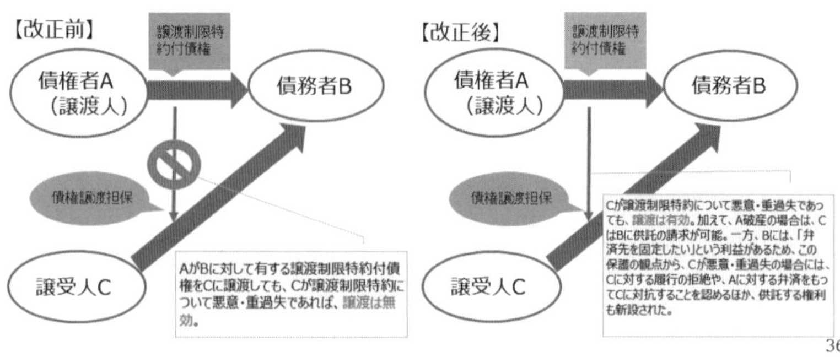

36

ＡＢＬから事業全体の担保権へ

- バブル崩壊以後、金融機関の志向および産業構造の変化に伴い、**個別動産や集合動産を対象としたＡＢＬの普及へ向けた取組が進み**、その後、動産のみならず、**事業性（事業全体）に着目した融資・担保制度の確立・普及に向けた取組へと進められてきた**。
- 事業成長担保権は、**有形資産に乏しいスタートアップ企業等の資金調達手段**の一つとして、金融庁、法務省及び経産省において検討が進展。

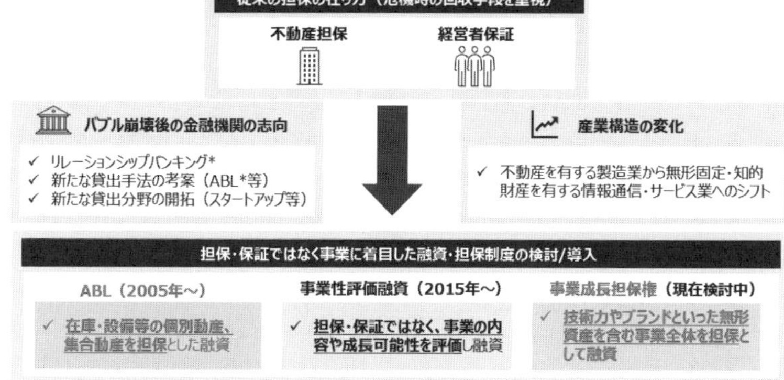

*リレーションシップバンキング：金融機関が顧客との間で親密な関係を長く維持することにより顧客に関する情報を蓄積し、この情報を基に貸出等の金融サービスの提供を行うことで展開するビジネスモデル。
*ABL：Asset Based Lendingの略。流動資産（集合動産、在庫、売掛債権等）を担保として活用する金融手法。

37

事業成長担保権への期待

- 事業成長担保権とは、有形資産だけでなく、技術力やブランド、顧客基盤などの**無形資産を含む事業全体を担保**にして、**金融機関から資金を調達**できるようにする制度で、**企業の資金調達手段を拡充するもの**。
- 事業成長担保権の導入により、不動産などの**有形資産に乏しい中小・スタートアップ企業**が、経営者保証を負担することなく、**将来性に着目した融資**を受けることが可能となる。
- **事業者目線を踏まえた制度設計がなされ同制度の利用が進展**し、**企業の成長を後押しすることを期待。**

	従来型融資の課題	事業成長担保権のメリット	事業成長担保権への期待
融資時	● **土地や工場等の不動産担保が中心で、資産に乏しいスタートアップ企業は融資を受けられない**	● **無形資産含む事業全体を担保**とするため、スタートアップ企業など**事業の将来性に着目した融資が可能になる**	● **制度を利用する事業者の目線を踏まえた形で制度整備が進展すること。** ● **中小・スタートアップ企業を中心に、新たな資金調達手段として理解が進み、利用が進むこと。** ● **これにより、企業への資金供給が拡大し、金融機関からの伴走支援なども通じて、企業の成長を後押しすることを期待。**
期中	● 不動産担保や経営者保証付き融資の場合、**金融機関による事業者への関与が希薄**となり、事業者の業況把握が不十分	● **定期的な事業計画のフォローアップ/伴走支援**を通じて、タイムリーに業況を把握することができ、**早期経営改善支援が可能になる**（担保価値の向上にも資する）	
再生局面	● 多くの金融機関が関わるため利害調整が難航し、**事業継続のための調整が困難**	● 事業全体を担保とする場合、メインバンクが明確になるため、**リスケや債権カットなど事業継続に向けて、迅速な調整が可能になる**	

38

法務省の担保法制立法と金融庁の事業成長担保権の比較検討

栗田口太郎

I 新たな担保法制への動き

(1) はじめに

自己紹介をさせていただきます。弁護士の栗田口と申します。よろしくお願いいたします。コロナ禍もあり、こういう会場型の講演というのは久しぶりで、少し緊張しないでもありません。

今回は、中村廉平先生の追悼の企画でございます。私は駆け出しの頃、随分、中村廉平先生にお世話になりまして、シンポジウムの打ち上げの後、東京駅近くの飲み屋で２時か３時まで楽しいお酒をご一緒したようなこともありました。そんなご縁を思い出し、生前のお元気な姿をしのびながら、お話をさせていただければと思います。

本日は『法務省の担保法制立法と金融庁の事業成長担保権の比較検討』というお題です。当然のことながら、こんな大それた題は、私が付けたものではありません。研究所長の池田先生が下さった演題です。

私の経歴を少しお話しさせていただきます。私はもともと債務者企業、苦しくなった債務者企業の事業の再生という、再生支援の仕事をしておりました。債権者との話し合いによる私的整理ですとか、裁判所での法的整理による会社の再建という仕事です。そうしているうちに、債権者側で債権回収をしていく仕事、あるいはさらに進んで、いわゆるアセット・ベースト・レンディング（ABL）による担保付きの融資をする仕事をさせていただくようになりました。その結果、債務者側の視点と債権者側の視点とを併せ持つようになり、本日も、事業再生側と担保金融側の視点という観点から、お話をさせていただければと思っております。

動産・債権担保法制に関する動きというのは、従前から何度か波があったと理解しておりますけれども、最も直近の、今日にまで続いている波は、2019年に始まっております。その端緒になったのは、公益社団法人商事法務研究会に設けられた「動産・債権を中心とした担保法制に関する研究会」であり、そこで私も２年間、検討に加わりました。そこでの検討内容の多くが、2021年から法制審議会の担保法制部会で始められた審議の内容に引き継がれ、生かされています。

(2)「新たな担保法制への動き」の背景

それでは、きょうのお題について、私なりのお話をさせていただきたいと思います。どうぞよろしくお願いいたします。

まず、スライド２頁の「新たな担保法制への動き」です。

私の理解では、この「新たな担保法制への動き」の背景は、三つぐらいあるのではないか、と思っています。まず、ここを振り返りたいと思います。

一点目は、「非典型担保の法典化による明確性・法的安定性・予測可能性の付与」です。いまの民法は、明治時代にできていますが、それ以来、動産質権の規定はあっても、動産一般についての抵当権あるいは譲渡担保権の規定はない。債権についても、質権の規定はあるけれども、譲渡担保権はない。このように、明治民法は、そもそも譲渡担保という、借り手の側で動産を使い続けたまま、あるいは債権を回収し続けたまま、お金を借りることを可能とする仕組みを、法典としては持ち合わせていなかったわけです。しかし、法律関係の明確性や法的安定性、予測可能性という観点からは、当然、これは法典化すべきだということで、昭和時代、平成時代を通じて、そのような声がずっとあったわけです。

二点目は、「事業性重視の適切な融資慣行の確立」です。21 世紀に入りましてから、「不動産担保や個人保証に過度に依存しない融資慣行の確立」という重要なキーワードが、官公庁を中心に提唱されるようになりました。これはバブルの崩壊が原因になっています。バブル時代には不動産担保に依存した融資が盛んに行われましたが、不動産の担保価値が大幅に割れて、とてつもない損害を被ってしまうことや、借り手が保有する不動産ばかりを見て、債務者の事業性を注視せずに貸すことへの反省が生まれました。また、個人保証の下で、経営者が世を儚んで身罷るのみならず、その家族の悲惨な苦しみや離散が起きました。そこで貸借対照表を見直してみると、企業には、たとえ不動産はなくても、売掛金がある、在庫もある。こうした背景から、不動産や個人保証に過度に依存しない融資を確立していこうということで、21 世紀初頭から、金融庁や経済産業省を中心に、ABL を推進していこうということになってきたと理解しております。最近は、特に経営者保証のほうでは、「個人保証に依存しない融資」、つまり「過度に」の言葉も抜いた、より端的な表現も増えてきました。だいぶ時代は変わったなと思います。

三点目は、「資金調達における国際競争力の確保」です。これが大きなきっかけになったと思われます。世界銀行のランキングで、日本の資金調達環境は、OECD 加盟国中でみても、随分、低い地位になっていました。金融というのはインフラが大事です。一国の倒産手続というのも、金融インフラの一つですが、日本は、倒産手続のランキングでは、実は順位が極めて高いんですね。ところが、資金調達のほうは、動産担保権の明文規定がないために極めて低い。これはきちんと整備しなければ、ということで、政府も肝いりで検討が始まったという経緯だと理解しています。

本日も、担保法制の見直しに向けた動きには、こうした三つの要請があることを踏まえて、お話をさせていただきたいと思います。

(3) 現状

現状についてお話ししますと、法務省のほうは、2021年から法制審議会のなかに担保法制部会というものができ、先ほどの担保法制研究会の報告書も踏まえて検討が進められ、2023年1月に「担保法制の見直しに関する中間試案」が公表されています。そこでは、「事業担保権」というものが提案されています。

他方、金融庁においても、2023年2月に、金融審議会ワーキンググループ報告書が提出され、先ほど来、尾崎参事官からご説明頂いているような「事業成長担保権」構想の核心が公表されています。

金融庁の報告書のほうでは、事業成長担保権について、「こうする、こうしたい」という概要が提案されています。これに対して、法務省の中間試案のほうでは、事業担保権について、そもそも、その「導入の是非」について「引き続き検討する」ものとされ、各論についても「こうしてはどうか」という問い掛け型の提案になっているという印象です。

この金融庁の報告書については、その内容について、先ほど来、尾崎参事官よりご説明があったところですが、この「事業成長担保権」と、法務省の中間試案における「事業担保権」とが、どのような関係にあるのかということが、実は私たちには、よく分からないわけですね。法務省の中間試案は、第5部の第23から第26で「事業担保権」を提案しており、金融庁も「事業成長担保権」の報告書を出しておられるわけです。

当初は、金融庁の提案が法務省に受け入れられれば、その時点で立法されるものと推測されていましたが、現在では、金融庁の提案のほうが、早ければ今年、あるいは来年に、立法化されるものと見込まれています。したがって、法務省よりも先に、金融庁が主導する形で、「事業成長担保権」が独立して立法化されることになるのだろうと理解しております。

II 「これまで」と「これから」

次に、「これまで」と「これから」というところ（スライド３頁）についてお話しします。

これまで、実社会で、どのように担保取得をしてきたかということ、そして、それがこれから、どのように変わっていくかを考えてみたいと思います。

ここで、担保取得方法として、「足し算方式」と、「網掛け方式」という言葉を用いております。「足し算」とか「網掛け」というのは、本日の講演のための私の言葉でありまして、一般的に使われているわけではありません。

(1) 足し算方式

まず、「足し算方式」です。

要は、これまでは、不動産、動産、債権、知的財産権など、個別の財産ごとに、個別に担保を取得してきました。これを本日は「足し算方式」と呼んでいます。

不動産と保証、この組み合わせは昔からあり、まず企業に貸す場合にも、不動産と経営者の個人保証をとりましょうということが行われてきたわけですね。不動産というのは逃げないですね。動産と違って逃げない、債権と違って逃げない、実在性を目で確認できる。しかも、何らかの価値は普通は出せるということで、やさしい担保というか、動産・債権担保のほうがよほど難しいということになります。ですから、不動産担保は誰でもできるということにはなるわけですけれども、逆に、事業そのものの本体を理解して、目利き力を高めていこうというときには、不動産担保だけを見ていても分からないことが多いわけですね。

それから、保証です。保証というのも実のところ、日本における保証の機能というのは、もちろん保証人の個人資産から回収をして、それで弁済額を高めようということもないわけではありませんけれど、むしろ、経営者をグリップするというところに意味があるんですね。中小企業においては、株主が経営者を兼ねていて、所有と経営が事実として一致している場合が多いわけですが、そのようなときに、きちんと経営をグリップするためには、保証という仕組みが、日本的経営に対する対処としては意味があるということで続けられてきたものだろうと思います。株主有限責任の原則の下では、株主は債権者に対しては責任を負いませんし、取締役の対第三者責任の規定はあっても、これに頼りきるわけにもいかないという背景があると思います。ただ、個人保証に依存し過ぎるということへの反省から、現在では、保証を減らして、例えばABLにしましょうとか、事業成長担保権にしましょうとか、そういう動きになってきていると理解します。

また、個別動産・集合動産、個別債権・集合債権、知的財産権、信託受益権、株式担保といろいろ並べましたけれども、全資産担保を、買収ファイナンスとか、プロジェクトファイナンスとかで行う場合には、これら全部を担保に取ります。ありとあらゆるものを担保に取ります。これは、しかし、全て足し算なんですね。個別の担保を組み合わせるという足し算でやるものであって、ブランケット・リーエンという言葉がありますけれども、一気に毛布をかけるように担保に取得することはできない。後に述べる企業担保権などの例外を除いては、現状の法制度では網掛けはできないわけです。また、のれんとかノウハウというのは、どうしても個別の積み上げ、足し算では、漏れてしまいます。のれんとかノウハウ自体に担保を設定して対抗要件を具備する法制度がないからです。のれんというのは要するに取引関係、お客さまがいるということで、顧客吸引力とかグッドウィルとかいわれるものです。

この足し算方式、言い換えれば個別担保の積み上げ方式は、これからも引き続き使われていくと思います。ただ、このうち個別動産・集合動産、個別債権・集合債権などについては、このたびの法務省による立法で、明確化を図ることが予定されているわけです。

(2) 網掛け方式

他方、「網掛け方式」というのは、総財産に一括して担保の網をかけるというわけです。これは法定担保物権としては、もちろん一般先取特権があるわけですね。しかし、約定担保物権としても、総財産上の担保が、ないわけではありません。企業担保法に基づく企業担保権は、これに当たります。また、特別法上の一般担保制度、ジェネラルモーゲージと呼ばれるものも、実質的には、約定による一般先取特権と言い換えられるものです。これらの総財産上の担保は、効力が弱いですね。要するに、総財産に対して広く担保権を及ぼすということである以上は、力が強過ぎると困るということで、別除権とか更生担保権としての地位が与えられていないというところがポイントです。

設定者も、たとえば企業担保は、設定者は株式会社であればいいわけですが、被担保債権は社債に限られている。一般担保は法律で認められた特定の会社に限られている。今日的な要請には限界があるわけです。したがって、これらに代わるもの、あるいは補うものが必要ということで、新たな事業成長担保権という制度が、ここに位置付けられるだろうと思います。

Ⅲ　法務省「担保法制の見直しに関する中間試案」

法務省の中間試案に関するスライドをご覧下さい（スライド４頁）。

これは、法務省の中間試案を１頁だけで説明しようとしたもので、大きな見取り図です。

中間試案の章立ては、第１章から第５章まであって、事業担保権は第５章にあります。

個別動産・集合動産、個別債権・集合債権などについて、これまで判例、実務で積み重ねられてきた、譲渡担保とか、あるいは所有権留保など、今まで法典がなかったところのピースを埋めていきましょうというような、いわゆる積み上げ式担保を中心に立法化しようというのが、法務省の今回の中間試案であると、すごく大きく言えば、言えるだろうと思いますね。

それに対して、事業成長担保権というのはそうではなくて、むしろ、設定者の資産全体に網をかける。そういう総財産上に、別除権とか更生担保権という一つの強い効力を与えるという担保権として立案されているところがポイントになります。

さて、中間試案のスライドに、言葉は悪いですが、目玉商品、目玉提案だろうと思うものを挙げております。

(1) 担保権の効力

「第１章　担保権の効力」では、個別動産・個別債権に関する譲渡担保のほか、「集合動産」とか「集合債権」という言葉が使われています。もともと、集合物理論というのは動産に使われているのに対して、債権については集合物理論というのは普通は使われてこなかったわけです。中間試案は、「集合債権」という言葉を用いてはいますが、「集合動産」に関する集合物理論を債権にも適用しようという趣旨のものではなくて、ひとまとまりの債権を示すために、便宜上、使われているものだろうと理解をしております。

こういった集合財産について、担保価値維持義務や補充義務を認めるべきか、明文を置くべきかという重大な論点があります。私は明文を設けるべきであると考えています。また、集合動産譲渡担保では、通常の事業の範囲内で担保設定者が目的動産を処分することが予定されているわけですが、無断でそれを超えた処分をした場合に、相手方はどういった場合に保護されるのかという問題もあります。抵当権には物上代位や根抵当権もありますが、動産譲渡担保についても物上代位や根担保の規律を設けることが予定されています。要は、動産についてはこういうルールにしましょう、債権についてはこういうルールにしましょうと、個別の財産と、担保権ごとに、論点を整理し、カバーしていこうという内容になっています。

(2) 担保権の対抗要件及び優劣関係

「第２章　担保権の対抗要件及び優劣関係」については、まず、動産について「登記優先ルール案」というものが入っています。動産譲渡の対抗要件は「引渡し」ですが、動産譲渡担保では設定者のもとに動産の占有をとどめて利用し続けてもらう必要があり、それは占有改定という引渡方法によります。この占有改定では、動産が物理的に動かないので、外から見ても譲渡担保の事実が分かりません。そこで動産譲渡登記の制度もあるのですが、この動産譲渡登記は、現行法では、民法上の引渡しと同一の効力しか有しません。しかし、それでは、これから動産を担保にとって融資をしようとする貸し手は、他のレンダーが、すでに同じ動産について、占有改定によって先に譲渡担保の設定を受けているのではないかという不安が拭い切れないことになります。このため、占有改定だけを先にした譲渡担保権者がいても、後から動産譲渡登記をした譲渡担保権者が優先するという「登記優先ルール」の立法案が提示されています。債権譲渡登記については、動産の占有改定ほどの問題はないだろうということで、「登記優先ルール」は提案されていません。

それから、動産・債権譲渡登記の改善案、例えば同一の動産や債権を目的とする譲渡担保に関する権利関係を一覧的に公示する制度を設けるか否かなどが議論されています。また、対象として、法人のみならず、商号の登記をした商人も動産・債権譲渡登記を利用することとしてもよいのではないかという点も、一応、検討の俎上には上っています。

所有権留保の対抗要件についても、具備の要否や、必要であるとして何が対抗要件となるかなど、争いがある問題について明確化を図る提案が行われています。

(3) 担保権の実行

「第３章　担保権の実行」については、私的実行と法的実行それぞれに重要な提案があります。

裁判所によらない譲渡担保権の私的実行については、「清算」に関する具体的な規律が提案されています。帰属清算方式、処分清算方式という、現在の実務でも担保権者が選択的に使うことのできる両方の方式が提案されています。かつては、被担保債権よりも担保目的財産の価格のほうが大きな場合に、それを返さず、丸取りしてしまうという、今から見れば悪い人たちがいたわけです。それで困った人がいたわけなので、担保目的財産の価額と、被担保債権額との差額を清算し、きちんとお金を返しましょう、返さなければ不当利得ですねという学説・判例が不動産の仮登記担保や譲渡担保を中心に確立し、これを踏まえて仮登記担保法が施行されました。このような清算法理の実践は、動産譲渡担保の実務上も当たり前のことになっています。これを明文化し、きちんと清算の仕組みを整えましょうということで、かなり緻密な規律が提案されています。

譲渡担保というのは、もともと裁判所によらずに担保実行できること、つまり私的実行ができる点がメリットと言われてきたわけですが、私的実行といいましても、動産の場合には目的物の占有が設定者の手元にある場合がほとんどであるわけですね。そうすると、「実行」というのはどこまでをいうのかという問題があって、実行手続が確定的な所有権を取得するところまでだとすれば、清算金も払った、あるいは清算金が客観的に生じない旨を通知した、よって確定的な所有権も取得した、という時点で完了しており、しかし、肝心な目的物は相手方の手元にあると、こういうことがあり得るわけですね。ですから、私的実行という形で、目的物の確定的な所有権を取得するところまでは終わっていても、結局、その目的物の現実の引渡しを受けるためには、裁判所の手を借りざるを得ないという話になってくるわけです。自力救済は判例上、例外的にしか許容されておらず、コンプライアンス全盛の今日では、自力救済の禁止を前提に対処するしかありません。ですので、現在の実務では、占有移転禁止の仮処分だとか、断行の仮処分だとか、そういった仮処分とのセットで、適法に目的物の占有を取得しましょうと、こういうやり方をしております。しかし、それはあまりにも迂遠なので、今回、一定の要件のもとで、担保実行前でも価格減少行為があれば目的物の執行官への引渡しを命ずる制度や、担保実行に際して目的物を担保権者に引き渡すよう裁判所が命ずる制度が提案されています。

また、譲渡担保そのものの法的実行の制度として、動産競売の申立ても提案されています。これは民事執行法に定められていた動産競売の制度を、新たに法典化される動産譲渡担保にも認めようというものです。これは裁判所の手続により目的物を差し押さえて競売することになりますから、競売でどの程度の値段がつくかの問題はありますが、目的物の占有の散逸をできるだけ防ぎながら、公的・客観的な手続で換価できるという利点があります。

私的実行に際して、目的物の評価とか処分に必要な行為を、相手方が拒むことがあります。目的物は相手方の手元にありますから、担保権者がそれを見せてくれと言っても、見せませんと言われると、そもそも評価ができないから、清算金の計算もできないよ、ということになりかねません。そこで、担保権者が目的物の評価や処分に必要な行為をしようとするときは、設定者は、これを拒むことができないという受忍義務の規律も提案されています。

(4) 担保権の倒産手続における取扱い

「第４章　担保権の倒産手続における取扱い」については、まず、中止命令、禁止命令、取消命令を挙げています。たとえば担保権者が、動産譲渡担保や債権譲渡担保を実行すると、清算金がないこと、つまり被担保債権額が担保目的財産の価額を上回っていることが明々白々の場合には、そのことさえ通知して担保実行をすれば、結局のところ、直ちに実行が完了しかねないわけです。そうすると、その動産や債権を使って事業再生していこうという会社にとっては頓死を強いられる結果にもなり得ます。そのようなことにならないように、民事再生法などには担保権実行手続の中止命令という制度がもともとあるわけですけれども、現在の実務では、この中止命令というのを、譲渡担保の実行着手前であっても実行を止める手段、つまり「禁止」命令的に使っているので、このような実務に合わせて、正面から禁止命令を明文で定めようと、このような立法になろうとしているわけです。しかも、実行通知を既にしてあっても、その効力を取り消すこと、たとえば債権譲渡担保で、目的債権の取立権限の付与を解除するという形で担保実行がすでにされていても、それを民事再生手続で後から取り消せる、これにより再生会社の取立権限を復活させるという、かなり強力な提案までされています。

倒産手続開始後の取得財産に対する効力、これが一番の問題です。要は、動産・債権譲渡担保を設定した会社の倒産手続が開始された後に、その会社ないし管財人が物を作って売り、それで売掛金が発生する、しかし、そこに担保権の効力が全部及んでしまうのかという問題です。それは担保権者だけのものなのか、それは再生会社の人たちがみんなで汗水たらして、費用を使って作ったものじゃないのか、全部が担保権者ということはあり得ないだろう、というわけです。他方で、そのように倒産手続開始後に発生する動産や債権について、それでは、担保権は一切及ばないとしてよいかというと、それはまた極端な結論で、そういうものではないだろうと私は思うものですから、いかにバランスをとるべきかが真の問題で、ここには、いろいろな考え方の違いがあるわけです。

それから、否認だとか、あるいは、スライドには明記しませんでしたが、いわゆる倒産解除条項の効力について提案されています。否認というのは、たとえば集合物の中身が増えた場合に、それが自然に増えたのならともかく、専ら担保権者の回収に役立てるために仕入れを増量して担保を増やしたなど、一定の場合には否認ができるようにしましょうということです。

以上、ここに申し上げてきた法務省の中間試案は、結局、個別担保の足し算・積上げ方式における一つ一つの論点をふまえ、きちんと精緻につくり上げましょうという提案であるということです。

Ⅳ　金融庁「事業成長担保権」構想

それでは、次に、金融庁「事業成長担保権」構想（スライド５頁）に入ります。

この点は、すでに尾﨑参事官から詳細にご説明があったところです。私は35分間の持ち時間ですので、要点をしぼって、お話ししたいと思います。

(1) 事業成長担保権の設定

事業成長担保権の「設定」についてお話しします。

まず、事業成長担保権の「担保目的財産」について、「のれん・将来キャッシュフローを含む総財産」と記載しています。先ほどの企業担保法では、「総財産に担保権が及びます、しかし、効力は緩いですよ」と申し上げました。そもそも、のれんが入るのか入らないのかということが、企業担保法の立法に関与した人たちの間ですら、解釈に対立が起きたのです。事業成長担保権というのは、のれんを含めて、実質的に事業全体を担保に入れることに意味がある担保です。それによって、事業成長担保権者やその被担保債権者が、設定者の事業価値、事業性の全体を把握しながら、平時はこれを支えつつ、少し風邪気味になっても、早期事業再生の途を探り、事業譲渡を要するような段階になっても、その事業全体を新たな会社に引き継がせることができます。現行の個別担保の足し算・積上げ方式でも、のれん以外の殆どの担保は取得できることに照らしても、網掛け方式としての事業成長担保権では、のれんが入る、将来キャッシュフローも含まれることが必要で、この点は法律上も明確にすることが望ましいと思います。

それから、事業成長担保権の「設定者」ですが、個人は除かれ、営利性を持つ法人、特に株式会社、持分会社というようなことを中心にお考えになるということだと理解しております。

設定者の機関決定は、これは株式会社の取締役会決議で足りる、しかも担保設定時で足りるとされています。要は、担保実行時じゃないということですが、これは当たり前です。担保実行するときに決議が要るとなれば、実行のタイミングを逃してしまいます。問題となるのは、事業成長担保権の設定の際、取締役会決議では足りず、株主総会特別決議が要るのではないかということです。事業譲渡のときには会社法上、譲渡会社の株主総会特別決議が必要なのに、なぜ事業成長担保権の設定は取締役会でいいのかという問題がないわけではありませんが、しかし、株主総会が常に必要だということにすると、逆に必要なときにタイムリーに事業成長担保権の設定をすることができないという問題も生じるおそれがあります。このような点をどう考えるかということですが、金融庁の「事業成長担保権」構想では、取締役会決議で足りるとすべきだと、こうなっているということです。

事業成長担保権の設定は、「信託契約」による必要があります。基本的には、設定者を委託者、事業成長担保権者を受託者、レンダー（被担保債権者）を受益者とする信託契約ですが、さらに総財産のなかから一般債権者の取り分を確保するために、一般債権者も受益者とされます。この点については、尾﨑参事官からご説明があったところですので、詳しくは申し上げませんが、重要なことは、レンダーは、事業成長担保権者を兼ねてもよいということです。つまり、ちゃんとしたレンダーなら問題ないのですが、中村廉平先生のよく使われた言葉でいえば、『ナニワ金融道』に出てくるような業者がレンダーとして出てくる場合に、このレンダーが無制限に事業成長担保権者になれるとすると、これは濫用の危険があるわけですね。ですから、そうはしません。たとえば信託法上の信託会社や、兼営法（金融機関の信託業務の兼営等に関する法律）上の免許をお持ちの金融機関、さらに担信法（担保付社債信託法）上の免許をお持ちの方も、事業成長担保権者の候補に入ってくるんじゃないかと思います。こういった方々は既に一定の範囲で信託ができるというライセンスをお持ちなので、このような方々は、事業成長担保権の信託を受けることができるとすることによって、濫用の防止を図りつつ、参入障壁を適切に減じるということが、事業成長担保権がまずスタートでくじけないためには大事なことだろうと思います。

次いで、事業成長担保権の「対抗要件」ですが、これは商業登記簿における公示です。この点は、実は結構、大事です。というのは、債権譲渡特例法のときに何が起きたかということですね。昔のことですが、1998 年の債権譲渡特例法では、譲渡人の商業登記簿に債権譲渡登記が付いたわけです。それが信用風評被害を生んだわけなんですけれども、そのような風評被害が起きないようにする必要があるわけです。債権譲渡登記は、2004 年の動産・債権譲渡特例法では、商業登記簿には載せないようにして、特別なファイルに移したわけです。とはいえ、事業成長担保権については、企業担保権もそうなっていたわけですが、その重要性に照らすと、商業登記簿の登記以外には、適切な公示のしようがないだろうと思います。この点は、商業登記簿で公示するという制度としつつ、むしろ日本社会の意識、認識を変えていくということが必要になってくるのではないかと思います。つまり、たとえば事業成長担保権を設定して、商業登記簿上、それが公示された場合に、事業全体を担保に入れたことで、「あそこはやばいんじゃないか」という風評が立つような社会から、そろそろ脱却していくことが必要なのだろうという趣旨で申し上げました。

(2) 実行前の効力

事業成長担保権の実行前は、設定者は、通常の事業活動の範囲内の処分ができます。通常の事業活動の範囲外の処分が事業成長担保権者の同意なくしてされた場合、原則は無効ですが、取引の相手方は、通常の事業活動の範囲内の処分だと重過失なくして信じて取引をした場合には保護されます。

(3) 実行手続

スライドの６頁ですが、ここから、事業成長担保権の「実行手続」について、お話しします。

事業成長担保権の実行は、私的実行は許されず、裁判所に対して実行の申立てをして、裁判所に管財人を選任してもらい、管財人のもとで事業を継続してもらう、うまく条件があえば事業譲渡をしてもらう、ということが想定されています。事業譲渡が実行された場合の換価代金についても、事業価値維持費用の随時弁済や、さらに一般債権者の取り分も確保する仕組みが採用されています。結局、担保実行しても、その後の管財人が回収をしたお金の中から、担保権者が全部持っていけるわけじゃなくて、例外が広く認められている制度だということがポイントです。

個別財産の足し算・積上げ方式では、本来、のれんの価値というのは、一般財産として、一般債権者に残るわけですけれども、事業成長担保権だと、それが残らなくなってしまうのではないか、全部、担保権者が持っていくのはまかりならないという点が、従前、強く指摘されていたわけですけれども、そうはしませんということが構想されているわけです。ですので、要するに、総財産上の担保という形で、広い範囲での効力を持たせたけれども、例外をかなり認めている。これによって、バランスを図った制度だということです。

ここで重要なことは、事業成長担保権の実行における管財人の位置づけです。ここでの管財人は、担保権者のための管理人なのではないかという議論もあり得るわけですが、金融庁の「事業成長担保権」構想で考えられているのは、利害関係人に対して善管注意義務を負う立場としての管財人ということであって、その善管注意義務を負う相手方は、担保権者だけに限られていないわけです。そこが極めて重要なところだと思います。事業成長担保権者が、もしも、担保権者だけのために活動する存在であるとしますと、管財人は、担保権者がいち早く被担保債権の全額を回収できることを第一に考えなければならないという立場になりかねないわけですけれども、そうではないんだと。利害関係人という以上、これは事業成長担保権者だけではなく、従業員すなわち労働債権者、公租公課債権者、取引債権者その他の会社の関係者ということになりますから、こうしたステークホルダーの皆さんのことを考えて行動しなければいけないということが、ここでのポイントになります。

結局、このように全体像をつかむと、私の気持ちとしては、担保実行手続でありながらも、これは実態としては、一種の事業再生手続であると感じます。事業成長担保権の管財人の立場というのは、これは、管財人といっても、いわば、私的整理の債務者代理人をやっているような感じだなと、これとあまり変わらないな、という印象を受けております。ですので、事業成長担保権の実行手続は、むしろ、事業再生のためのツールの一つでもあると位置付けていくべきではないかという気がしております。

スライドの７頁ですが、事業成長担保権の設定者について破産手続や再生手続が開始された場合、事業成長担保権は別除権となり、また、更生手続が開始された場合、その被担保債権が更生担保権とされます。事業成長担保権が実行された後に各倒産手続が開始された場合、理論上及び運用上、両手続をどう調整するかという論点が生じます。

また、事業成長担保権は総財産上の担保ですから、いったんこれが設定された場合、ほかに担保に供しうる財産は残されていないことになります。そこで、設定者が事業再生のための融資、いわゆるDIPファイナンスを受ける際、その担保として事業成長担保権を設定する際には、その被担保債権について優先的保護を付与することが想定されています。

(4) 労働者保護

事業成長担保権では、労働者保護についても、格別の配慮が図られています。事業成長担保権が「網掛け方式」による担保であり、「総財産」を担保目的財産とすることから、事業成長担保権の被担保債権者以外の債権者に残された弁済原資が枯渇すると困ってしまうという事情は、一般債権者に限らず、労働債権者にも当てはまります。もちろん、労働債権者は、事業成長担保権の実行手続が開始された後も、随時優先弁済の対象とされています。また、労働契約上の使用者の地位が担保目的財産に組み込まれることにより、雇用維持が図られるような設計が目指されています。事業成長担保権の設定者の事業譲渡において、全員を承継できるような譲受会社ばかりではないでしょうし、むしろ事業を譲り受ける受け皿会社で必要とされる労働者の地位のみが引き継がれることとなるでしょうし、労働者の側においても、受け皿会社との間で労働契約の承継に同意するかどうかは労働者本人の意思にかかっている問題です。しかし、できるかぎり雇用関係が維持されるような設計が図られている、ということと理解しております。

V　担保金融・事業再生実務の展望

最後に、「担保金融・事業再生実務の展望」（スライド９頁）について、申し上げたいと思います。

(1) Asset Based Lending の現在

まず、アセット・ベースト・レンディング（ABL）は現在、どうなのか。日本で ABL がどのようなものとして捉えられてきたかというと、中村廉平先生が音頭を取ってこられたわけです。「在庫→売掛→預金→在庫→……」と書きましたが、在庫が売れると売掛金に変わる、いい商品であれば売れて売掛金に変わる、ちゃんと払えるお客さんに売り掛けたのであれば、それはきちんと預金になって預金口座に入るはずだ、その預金口座から労働債権を払い、租税を払い、それから仕入れ代を払い、そしてもう一度、在庫をつくって、そしてまた売っていく。そういう「事業のライフサイクル」を全体として、一括して担保取得するんだと、これをリレーションシップ・バンキングに生かし、事業性を見極めるためにも用いるんだ、これが ABL なんだという考え方で始められたものだと思います。ですから、これは事業の維持継続、再生のための運転資金融資として出発したというものであったわけです。これを日本流の ABL と呼ぶとすれば、他方で、米国流のボロイングベース型に忠実な ABL モデルも発達し、いずれも重要な事例が積み重ねられました。

しかし、現状は踊り場である。この背景は、いろいろあると思います。まず、無担保融資の低金利競争がある。担保を付けてお宅から借りなくても、別のあそこから借りられるんだ、しかも無担保で低金利で借りられるんだと、こういうことを言われてしまう。評価やモニタリングの負担もあります。貸し手の側でも動産の評価で費用がかさむ、モニタリングコストもかさむ。貸出金額が一定のロット、水準を超えていないと賄いきれない。事業性評価やモニタリングの技能も継承しづらい世の中になってきている。銀行はどんどん人員を減らすような世の中になってきている、しかも在宅勤務が多くなってきている。さらに付け加えると、貸し手の側も、結局、動産や債権という、不動産とは違って、もしかしたら存在しないかもしれない担保によって、たとえば自分の銀行員人生にばってんが付いてしまうのも避けたいというようなことも、本音としてはあるのだろうと思います。ですから、こういったマインドセットが次第に変わっていかない限りは、ABLというのはなかなか発展していかないのかもしれないと思います。

ただ、従来指摘されてきた法環境整備の整備の遅れについては、今回の法務省による担保法制の見直しと、金融庁による事業成長担保権の法制化によって、飛躍的に改善されると思われます。ですから、法整備が遅れてるからできないんだと、こういう言い訳は、今後は通用しないという感じはしています。すでに平成29年民法改正で、債権譲渡禁止特約付きの債権を譲渡しても、譲渡当事者間では有効とされており、そこも、それ以前と比べれば、だいぶ変わったと思っています。

(2)「生かす担保」へ

それから、「生かす担保」論、これは池田先生のご主張のものですけれども、今現在、どのような世の中かということでございます。担保の世界では、「担保権の実行」という言葉がよく使われるわけですけれども、実際に実行するというのは例外であって、基本的には任意売却、つまり不動産であれ、動産・債権であれ、合意ずくで売却をするのが通常であるわけです。要するに、担保権者の同意の下で、担保物を売却し、その売却代金を担保権者に弁済するということですね。なぜ、そうするかというと、動産・債権譲渡担保でいえば、それが事業の毀損・影響を最小限に抑える道であり、そのほうが目的財産をより効果的により高く換価でき、経済合理性があるということです。ですから、担保実行するよりも、担保を実行せずに任意で交渉をし、最後、売却に持ってくとか、そういうような仕切りをつけるということが、結局、お互いのためじゃないかということで、実務上はそれが原則になっていると言ってもいいぐらいだと思います。

それから、「私的整理優先主義」と書きましたが、これも似たような話であって、法的整理に入って、最終的に破産したりすると、清算価値しかもらえないおそれがあるわけですね。それよりは民事再生、会社更生のほうがいいだろう。民事再生、会社更生で、再生計画や更生計画を通すには、必ず破産における清算価値よりも多い弁済額が保障されなければいけません。さらに、民事再生、会社更生よりは私的整理のほうがいいだろう。なぜならば、事業価値の毀損が防げる、そして経済合理性としても回収額が大きくなると、こういうことです。したがって、このような担保物の任意売却を優先したり、私的整理を優先する世の中に、今はなっているということだと思います。

今回提案されている事業成長担保権は、適切に設計、活用される限りは、事業の維持、継続、再生という、日本流の ABL がもともと目的としていた「生かす担保」として機能する可能性は高いのではないかと思います。事業成長担保権においても、実行段階で管財人による事業譲渡が目指されるわけですけれども、管財人が出てくるのは例外的であって、管財人を使わずに、事業成長担保権者と設定者との間の合意による任意売却の枠組みでもって、事業譲渡を行うというのが本来の姿だろうと思います。しかし、実行手続が予定されていない担保というのは、法制度としてはあり得ないので、管財人の制度があるだけだと捉える方が、むしろ自然なのではないか。もともと事業譲渡は、私的整理的な枠組みでも多用されているわけであり、しかも事業成長担保権者というのは、事業の総財産をモニタリングできる立場にあり、かつモニタリングすべき立場にありますから、そのような日々の取組みと対話のなかから、売り上げが上がってないねとか、不良在庫がたまっているねということが分かるわけですから、それを早期事業再生の発見のよすがとして、それを事業再生につなげていくと、こういうことが本来の姿だろうと思っています。

ですから、事業成長担保権というのは全部、のれんを担保に取ってしまって、ディザスタラスな清算手続に持っていくようなことになりはしないかという心配を、倒産弁護士はしがちですけれども、そしてそういう面もないではないかもしれないけれども、できるかぎりそうならないような設計がされていると理解しています。しかも物事、あるいは、こういう制度というのは、必ず光と影の部分があるので、できるだけ影の部分を少なくして、光の部分を前向きに成長させていくということが大事なのだろうと思います。

(3) 展望

最後の展望の所（スライド 10 頁）は、なかなかお話しする時間がなくなりましたが、すでに概ねカバーされているとも思います。個別担保方式と事業担保方式については、要するに、すでに申し上げた足し算方式と網掛け方式を案件ごとに適切に使い分けていくことが、将来の実務の課題になりますし、場合によっては両方を併用して保全を万全にするという使い道も考えられると思います。流動化・証券化においては対象財産の真正譲渡が前提ですが、それが実は客観的には担保であると管財人や裁判所に認定された場合に、どのような担保として再構成されるかも、このたびの担保法制の見直しを受けて、検討を要する課題です。

事業成長担保権ができまして活用されるようになりますと、いわゆるメインバンク制が事実上、復活するような感じになり、また、メインバンクによる中小企業に対するデットガバナンスが利くような形にもなってくるだろうと思います。そうすると、コーポレートガバナンスというか、自社のサステナビリティですね。世の中のサステナビリティも大事だけど、まずは自分自身がサステナブルじゃないと、そもそも生きていけないわけです。サステナブルというのは、このような二面性がある言葉です。ですから、こういうサステナビリティのための融資手法が、新しい担保権を通じて工夫されていき、ガバナンスがより適切に変わっていくことを期待しております。

駆け足で、つたないご説明でしたけれども、以上でございます。ご静聴ありがとうございました。

2023年2月28日(火)13:30-17:00
中村廉平教授追悼・担保法制シンポジウム
検討！　ABLから事業成長担保権へ
―中小企業金融の近未来―

法務省の担保法制立法と
金融庁の事業成長担保権の比較検討

武蔵野大学大学院法学研究科（ビジネス法務専攻）特任教授
アンダーソン・毛利・友常法律事務所外国法共同事業パートナー
ABL協会 理事・運営委員長

弁護士　粟田口　太郎

世界の幸せをカタチにする。

Ⅰ：新たな担保法制への動き

【背景＝3つの要請】

1. **非典型担保の法典化**による明確性・法的安定性・予測可能性の付与
2. **事業性重視**の適切な融資慣行の確立
   - 不動産担保に過度に依存しない融資慣行の確立
   - 個人保証（経営者保証）に依存しない融資慣行の確立
3. 資金調達における**国際競争力**の確保

法務省		金融庁
商事法務研究会「動産・債権を中心とした担保法制に関する研究会」報告書 ↓ 法制審議会担保法制部会 ↓ 「担保法制の見直しに関する中間試案」（2023年1月20日公表） ※パブリックコメント：同年3月20日まで		「事業者を支える融資・再生実務のあり方に関する研究会」報告書 ↓ 金融審議会「事業性に着目した融資実務を支える制度のあり方等に関するワーキング・グループ」 ↓ 報告書（2023年2月10日公表）
第1～第22 第27～第30 「事業担保権」以外	第23～第26 「事業担保権」	「事業成長担保権」

2

Ⅱ：「これまで」と「これから」

担保取得方法	これまで	これから
【足し算方式】 財産ごとに、個別に担保を取得する ＋ 必要に応じて、個別の担保を積み上げる （「刻む担保」の足し算）	• 不動産担保 • 保証（とくに個人保証） • 個別動産／集合動産譲渡担保 • 個別債権／集合債権譲渡担保（又は債権質） • 知的財産権担保 • 信託受益権担保 • 株式担保 • その他 【問題点】 • 一括取得は困難 • のれん・ノウハウは困難	• 従来どおりの方法 （動産担保・債権担保は法務省の「中間試案」により明確化される）
【網掛け方式】 総財産に一括して担保の網を掛ける	• 特別法による一般担保 • 企業担保 【問題点】 • 設定者・被担保債権・効力に限界	• 事業成長担保権 • 従来どおりの方法

3

Ⅲ：法務省「中間試案」

章立て	目玉商品（目玉提案）
第1章 担保権の効力	• 「集合動産」・「集合債権」 • 担保価値維持義務・補充義務 • 処分の相手方保護、物上代位、根担保権
第2章 担保権の対抗要件及び優劣関係	• 動産譲渡登記の「登記優先ルール」案 • 動産・債権譲渡登記の改善案 • 所有権留保の対抗要件
第3章 担保権の実行	• 私的実行（帰属清算方式・処分清算方式） • 法的実行（民事執行法の動産競売申立て） • 受忍義務、保全処分、引渡命令
第4章 担保権の倒産手続における取扱い	• 中止命令、禁止命令、取消命令 • 倒産手続開始後の取得財産に対する効力 • 否認
第5章 その他	• 事業担保権 • ファイナンス・リース • 普通預金担保

4

- 集合動産＝「新たな規定に係る動産担保権の目的物が特定範囲に属する動産の集合体であって、設定後に新たに動産がその集合体に加入することが予定されているもの」
- 集合債権＝「譲渡担保の目的債権が債権発生年月日の始期及び終期並びに債権発生原因等によって特定され、特定された範囲に現に発生していない債権を含むもの」

Ⅳ：金融庁「事業成長担保権」構想

項目	概要
（1） 設定	• 担保目的財産：のれん・将来キャッシュフローを含む**総財産** • 設定者：**株式会社**・持分会社 • 設定者の機関決定：**取締役会**決議（担保設定時） • 担保設定契約：**信託契約** 　• 受託者：事業成長担保権者（**事業成長担保権信託業**、免許制） 　• 受益者①：被担保債権者（被担保債権に**限定なし**） 　• 受益者②：一般債権者（**一般債権者の取り分確保**（カーブアウト）） • 事業成長担保権者（信託会社）と被担保債権者とは**一致（同一人）可** • **極度額は任意**。設定者には極度額設定請求権も付与 • 個別財産上の担保権設定も**可** • 対抗要件：**商業登記簿**における公示 • 経営者個人に対する保証履行請求・不動産抵当権実行の**制限**
（2） 実行前の 効力	• 通常の事業活動の範囲**内**の処分：相手方は悪意・重過失でも保護 • 通常の事業活動の範囲**外**の処分（例：重要な財産の処分、事業譲渡） 　• 原則無効 　• 事業成長担保権者の同意あり：有効 　• 事業成長担保権者の同意なし：**善意・無重過失**の相手方は保護 • 強制執行に対する配当要求は**不可**、第三者異議の訴えは**制限**

5

世界の幸せをカタチにする。
Musashino University

Ⅳ：金融庁「事業成長担保権」構想

項目	概要
(3) 実行手続	• 事業成長担保権者が、裁判所に対して、実行手続開始の申立て • 事業成長担保権に優先する担保権実行手続は停止させない • 実行手続開始決定と同時に裁判所により**管財人**が選任される • **事業の経営権**、**財産の管理処分権**は管財人に専属 • 管財人は事業価値維持に必要な棚卸資産の売却**可** • 債権調査・確定手続は事業成長担保権者・劣後担保権者に限定 • 管財人が配当 • 例外的に簡易迅速な(事業価値の毀損の少ない)実行手続も設計 • 事業価値維持費用の随時弁済の枠組み 　• 実行手続開始**後**の原因により生じた債権(共益費用) 　• 実行手続開始**前**の原因により生じた債権 　　• **類型**的な共益費用(例:源泉徴収所得税、使用人の給料) 　　• 裁判所の**許可**による共益費用 • 「**一般債権者の取り分**」の取扱い(カーブアウト) 　• 実行手続における配当可能額(換価代金)のうち一定割合 　• 発想としては破産財団組入金に類似 　• もっとも、範囲は限定的(優先債権の範囲が広いため) 　• 受益権②により対応

6

世界の幸せをカタチにする。
MU
Musashino University

Ⅳ：金融庁「事業成長担保権」構想

項目	概要
(3) 実行手続 (**倒産手続との関係**)	• 事業成長担保権の倒産手続における取扱い 　• 破産手続：**別除権** 　• 再生手続：**別除権** 　• 更生手続：(被担保債権が)**更生担保権**となる • 破産手続(別除権) 　• 事業成長担保権の実行手続開始後も、破産手続開始**可** 　• 両手続が併存。担保管財人と破産管財人との権限調整が必要 • 再生手続(別除権) 　• 事業成長担保権の実行手続開始後も、再生手続開始**可** 　(別除権協定が締結される見込みが高いケースなど)。 • 更生手続(更生担保権) 　• 事業成長担保権の実行手続開始後も、更生手続開始**可** 　• 事業成長担保権の実行手続は**中止** • 倒産手続開始後の事業成長担保権の効力 　• 設定者の倒産手続開始後に設定者が取得した財産にも**及ぶ** 　• DIPファイナンス債権の保護

7

世界の幸せをカタチにする。
MU
Musashino University

Ⅳ：金融庁「事業成長担保権」構想

項目	概要
(4) 労働者 保護	• 事業成長担保権の実行開始後も労働債権を**随時優先弁済** • 事業成長担保権の担保目的財産に、**労働契約上の使用者の地位**が含まれる（雇用維持） • 事業承継先への労働契約承継のあり方 • 労働者・労働組合への情報提供のあり方

8

世界の幸せをカタチにする。

MU

Musashino University

Ｖ：担保金融・事業再生実務の展望

1. **Asset Based Lendingの現在**
   - 「在庫→売掛→預金→在庫→……」という「事業のライフサイクル」を一体的に担保把握した「流動資産一体型融資」（中村廉平教授）
   - もとは事業の維持・継続・再生のための運転資金融資として構想
   - 踊り場の現状（無担保融資の低金利競争、評価・モニタリング負担、貸し手・借り手のマインドセット、法環境整備の遅れ等）

2. **「生かす担保」へ**
   - 任意売却優先主義（「任意」売却 ＞ 担保「実行」）
   - 私的整理優先主義（「私的」整理 ＞「法的」整理）
   - 事業担保権・事業成長担保権は、適切に設計・活用される限り、事業の維持・継続・再生のための「生かす担保」として機能
   - 事業譲渡は、事業の「任意」売却にほかならない
   - 事業成長担保権の「実行」も、管財人による事業の維持・継続・譲渡を通じた事業再生手続の一つとして位置づけられるべき

9

世界の幸せをカタチにする。

MU

Musashino University

V：担保金融・事業再生実務の展望

3. 展望

- 個別担保方式と事業担保方式の適切な使い分けを
- Asset Based Lending実務への影響と展望
- プロジェクトファイナンス実務への影響と展望
- 流動化・証券化実務への影響と展望
- 事業再生実務への影響と展望

10

世界の幸せをカタチにする。

MU
Musashino University

中小企業金融の近未来と事業成長担保権の評価
――ABL再考

水野浩児

I　はじめに

追手門学院大学の水野でございます。よろしくお願いいたします。本日は、憧れを抱いていた中村先生の追悼シンポジウムに関わることができましたことに、この上ない喜びを感じております。加えて、不思議なご縁を感じることが今朝ありました。東京へ向かう新幹線で新聞を読んでいたところ、商工中金の記事が目に留まりました。その記事には、商工中金が新興融資を4年で8割も増加させ、脱担保に注力し、地銀との連携を強化していく、との記載がありました。また、2018年から創業や事業再生の分野に重点を置き、プロパー融資総額7兆1,000億円のうち、4割を占めるほど尽力されている、とのことです。商工中金の動きは、金融機関からすると非常に理想的で頼りになります。商工中金が地域金融機関との連携等において今後も真っ当な考え方を貫いてくれるのであれば、事業成長担保権も円滑に進むことが期待できます。商工中金が見せるこの姿勢に中村廉平先生のDNAを感じましたので、あえて冒頭でご紹介させていただきました。

前置きが長くなってしまいましたが、本日は「中小企業金融の近未来と事業成長担保権」の評価－ ABL 再考」と題し、大きく４部に分けた構成で進めていきたいと考えています。１つ目は「行動立法学の視点から考えるアプローチの必要性」、２つ目は「事業成長担保権を利用する局面について」、３つ目は今回最もお伝えしたい内容である「債務者の行動変容」、最後に事業成長担保権を使用する金融機関職員のスキルアップの観点から「人材育成とコンサルティング機能について」をテーマに設定しています。これまでのご講演とは少し違う角度から事業成長担保権について深掘りしていきたいと考えています。シンポジウム冒頭のご挨拶で、池田眞朗先生から「これは法律学のシンポジウムではない。ビジネス法務学のシンポジウムだ」とのお話がありました。池田先生の受け売りで恐縮ですが、法律学とは「出来たルールを細かく検証する」学問であり、解釈論であるという見方ができます。一方で、ビジネス法務学とは、世の中の動きをあらゆる角度から検証して、「今後、どのようなルールづくりが社会のためになるのか」を検証していく学問である、と理解しています。今回のシンポジウムで、私が登壇する意義や理由はそこにあると自覚しておりますので、これまでとは毛色の異なるお話に聞こえるとおもいます。あらかじめご理解いただいた上でお聞きいただけましたら幸いでございます。

II　行動立法学の視点から考えるアプローチの必要性

では１つ目のテーマに入ります。まず、池田先生が提唱しておられる行動立法学とは何か、という点から確認していきます。行動立法学とは「新しいルールを作ったら、人はどう行動するのかという、ルールの対象となる人々の行動予測の観点からルールを作るべき」とする考え方で、「誰のためにどういうルールを作ることが最も良いのか、社会的に最適な立法をおこなうための理念や方法論を考察する」という着想を起点とするものです。事業成長担保権の制度設計には、行動立法学の観点はぜひ活かしていただきたいですし、今後この考え方が浸透していってほしいと切に願っています。

これまでは、法律が施行され、市民はそれに従っていくまででした。そのため、その法律をどのように解釈して「適用されていくのか」を考えるものとして法律がとらえられてきました。受け止め方の部分に着眼点があったとでもいえるでしょうか。しかし、国際社会が進展し、近年ではDXなどテクノロジーの進化も急速に進み、あらゆる分野がボーダレスになったことで、法律（ルール）ができた当初には想定しえなかった社会生活基盤が形成されています。その中で、旧来のまま現行法が適用され続けていることに限界や歪みが生じる局面が増えています。今後の立法がどうあるべきかを考えることは、我々研究者の責務ともいえるでしょう。

Ⅲ　事業成長担保権への期待と金融機関の向き合い方

1　新しい担保概念

そうした背景から、現在議論・検討が重ねられている事業成長担保権には自ずと様々な期待がかかります。事業成長担保権は、これまでの「債権回収のための担保」という考え方では制度が成り立ちません。いわゆる個別財産の換価価値に着目した担保ではなく、企業や事業の将来性に担保価値を見出して融資をおこなうことで事業を継続し、ひいては産業を成長させるための仕組みとして好循環を生み出さなければなりません。「新たな担保」と表現した意図はそこにあると考えます。その点に関しては、先ほど尾﨑参事官のご講演でもありましたとおり、事業成長担保権において将来キャッシュフローの把握を必要とする以上、従来の不動産をはじめとした債権回収率を主眼とした担保に目を向ける意味はない、と感じるはずです。その発想が新しい担保の考え方であり、担保の概念が変わったといえるところだと理解しています。

この担保概念のパラダイムシフトともいえる現況に、金融機関はどう向き合うとよいのか、という不安がよぎる方もいらっしゃるかもしれません。これまでとはまったく異なるかたちでの融資手法を適用すること、使いこなすことができるのか、支援を受ける側としても心配が及ぶかもしれません。しかし、このタイミングで事業成長担保権について議論されていることは、金融機関にとっては非常によい機会になっていると私は考えています。

2　金融機関の向き合い方——事業者支援の現況から

先ほど経済産業省の山井さんからお話がありましたとおり、地域金融機関は現在、ゼロゼロ融資の返済等について非常に力を注いでいる局面にあります。3年前に、コロナ禍における中小企業支援策の一つとして、金利ゼロ・保証人ゼロで融資を受けることができる通称ゼロゼロ融資がおこなわれ、多くの企業が融資を受けました。コロナ禍が3年も続くわけがない、と判断した企業も多かったのか、返済の据え置き期間を3年とし、今年の5月から7月にかけて返済がスタートする企業が統計上非常に多いことがわかっています。加えて、ゼロゼロ融資における「金利ゼロ」とは、3年間限定で都道府県が利子補給を行うもので、金融機関と企業が締結している金銭消費貸借契約証書の中では金利が明記されています。つまり、3年間の元金返済を選択していた債務者は、返済がスタートすると同時に金利負担も発生しますので、このまま返済が滞ってしまうと、負債が増えていく一方で状態に陥ってしまうことになります。

そうならないために、金融機関を監督する金融庁や財務局は、事業者支援スキルの定着に注力しています。地域金融機関は「事業性評価に基づく融資」に全力を注いでいるところです。将来キャッシュフローを見据えた融資をおこなうという点においては事業成長担保権と類似した取り組みであり、前例になり得るものです。事業成長担保権の議論が始動したころには手法まで確立していなかったところ、皮肉な話ですが、コロナ禍が追い風となって、事業成長担保権が普及するためのスキルを構築する環境ができつつあります。

コロナの影響で金融機関は事業者支援をやらなければならない状況に陥り

ました。事業者支援とは、簡単にいえば「経営が悪化している会社をいい会社にしていきましょう」という取り組みです。では、「いい会社」の定義とは何か。これはよく聞かれるのですが非常に定義が難しいです。ただ、悪くない会社は明確にいえます。返済しないといけないお金を10年以内に返済するキャッシュフローが見込める計画が立てられる会社です。事業性評価に基づく融資手法が定着しつつあることによって、金融機関職員は将来キャッシュフローを見据えた経営改善計画を立てるためのトレーニングを積むことができています。事業成長担保権は、端的にいえば、企業の将来性を見込むことができるかどうかに成否がかかっているため、金融機関を取り巻く危機的状況は、不謹慎かもしれませんが、図らずもその能力を養う期間として機能していることになります。そういった意味合いで、この苦境は見方によっては好機であるととらえることができるのです。

Ⅳ 事業成長担保権の利用局面――生かす担保としての活用

1 想定される利用局面

次に「事業成長担保権を利用する局面について」に移ります。事業成長担保権が活用されるのは、将来キャッシュフローが見込まれる取引先企業が前提になってくる、という点は皆さんも同様のご認識かとおもいます。すると、お気づきの方もいらっしゃるかとおもいますが、事業成長担保権は多様な場面で柔軟に利活用され、多くの企業を救済することを前提とした仕組みではないかもしれない、という懸念が生まれます。先ほど尾崎参事官も当面の間はニューファイナンスかリファイナンスの局面に限られてくるだろうとのご指摘をなされていました。

ニューファイナンスというのは創業支援（スタートアップ支援）、リファイナンスは端的に表現すれば再生支援（事業再生）になりますが、この射程範囲は非常に広いかもしれません。リファイナンスと聞くと「借り換え」のイメージが先行する方もいらっしゃるでしょう。私もその一人です。ただ、本日の様々なご講演を聞く中で、事業成長担保権が想定しているリファイナンスは、既存の抵当権などを一旦すべて綺麗にして一からやり直す発想を有しているかもしれない、と気がつきました。これは、先ほど粟田口先生のご講演の中であった「メインバンクの復活」という考え方にも非常に親和性があるとおもいます。本来のメインバンクとは、責任をもって取引先企業と向かい合うわけですから、事業継続の可能性や、事業拡大の可能性などもすべて把握したうえで、メイン行以外の金融機関に対して、説明責任を背負っていると解釈すべきだとおもいます。そういった意味合いでは、事業成長担保権の入口としてまずはニューファイナンスとリファイナンスからスタートし、徐々に活路を広げていくことが現実的でしょう。

2 「使う側」の使い勝手の重要性

利用対象や局面を整理することはとても大事ですが、やはりこうした制度は「使う側」の使い勝手の良さが制度としての成否を分ける要素として非常に大きいと感じています。私は自身の活動から多くの金融機関職員と接点を持つ機会を有しています。彼らに事業成長担保権について話を聞いてみると、「利用条件がややこしくなければよい」といった声が多くあがります。苦しんでいる中小企業を救済したいという想いはこの制度にも金融機関にもあります。双方が思いを一にしているにも関わらず、制度を利用するための諸条件が難解であったり、金融機関または取引先企業に多大な負荷をかけてしまうものであれば、現場からは疎まれる制度となり、形骸化するのは時間の問題となるでしょう。

スライドの３点目として記載していますが、事業成長担保権が「学事的な理論が先行する制度」になってしまうと理想とするムーブは起きないという危惧は拭えません。利用ニーズを生まない制度は好き好んで使われることはありません。実際のところ、事業成長担保権は複雑な制度ではあります。ただ、その複雑な印象には「食わず嫌い」の要素が含まれているという点に気づいてほしいとおもっています。例えば、事業成長担保権を行使するには

「信託事業者にならないといけない」といったお話がありました。この時点でハードルの高さを感じてしまう人も多かったとおもいます。しかし、これも先ほどのお話にありましたが、担保付社債に関する信託事業の免許は、最低資本金額1,000万からでも可能であることや、信託会社と与信者（被担保債権者）を兼ねることができるなど、一般の信託業に比べハードルが軽減されることも検討されているようです。大きな信用金庫でなくとも十分に対応できる範疇にあるのです。この信託＝難しそう、といった食わず嫌いにも似た意識から事業成長担保権を複雑なものと印象づけている金融機関職員は案外多いのかもしれません。この点、金融庁も制度検討段階で極力事務負担の軽減を意識して制度設計を検討している様子が垣間見られます。行動立法学の観点からも非常に優れた着想であるといえるでしょう。

実は、今日の講演では実務家として、金融機関を代表するような気持ちで臨んでいて、場合によっては事業成長担保権を真っ向から批判する立場を取ることも想定しておりました。ところが、本日の様々な講演を拝聴してあらためて事業成長担保権と向き合ったとき、制度批判から入るのではなく、まずはやってみる、取り組んでみるといった姿勢から入ったほうが、この制度自体の成長･発展も見込めるのではないだろうか、と心が揺さぶられました。本日は多くの金融機関関係者もご参加いただいていますので、ぜひ使う側として事業成長担保権とどう向き合うべきか再考する機会にしていただければとおもいます。

V　事業を生かす担保論と「ABL再考」

1　ABLの「再考」

次に、本日のメインテーマです。本日の講演を打診いただいた際、提示された講演テーマは「中小企業金融の近未来と事業成長担保権の評価」でした。これだけでも十分に大きなテーマをいただいたとおもったのですが、厚かましくも池田眞朗先生にお願いして「ABL再考」を追記させてください、とお願いをしました。その理由は明確です。金融庁が事業成長担保権の構想を打ち上げた際、それは恐らく、令和2年1月23日に公表した「担保法制の見直しに関する問題提起」にあたると認識しているのですが、その資料の冒頭に「事業を解体する担保から､事業を生かす担保へ」と書いてありました。これ、どこかで聞いたことありますよね。中村廉平先生の論考や池田眞朗先生の論文や著書を読み込んでいる私からしたら逆に寝耳に水のような心境になりましたが、まさか金融庁からこの言葉が出てくるとはつゆほどにもおもいませんでした。後日、金融庁の関係者からお話を伺う機会を得たので聞いてみたところ、きっちり中村廉平先生や池田眞朗先生のお考えについて勉強されているとのことでした。金融庁としては声を大にして言えないとおもいますので､私からあえてお伝えさせていただきますが､金融庁としては「ABL再考」ではなく、事業成長担保権は「ABLの進化版」として実装する心意気があり、事業成長担保権にはABLのDNAがしっかりと刻まれているようです。そうした裏話もあって、今回の講演ではあえて「ABL再考」を私が語ることに意義があるとおもい、サブタイトルとして追加した次第です。

2 「事業を解体する担保」から「生きている担保」の認識

さて、前置きが長くなってしまいましたが本題に戻ります。事業成長担保権について考えるにあたって、ABLについて振り返りましょう。かつて金融実務において融資をおこなうにあたり、事業とは直接関係のない不動産を担保にし、支援をおこなうかたちが定着していました。これは「回収率」に着眼をおいた担保の概念が実務に見合っていたために定着し、浸透していったものと見ています。しかし、不動産を担保にし続けることに限界を迎えはじめ、動産資産を担保に取ることで新たな支援のかたちを取ろうとしたのがABLでした。そのABLの理念について池田眞朗先生は「売掛債権や在庫商品は企業の努力によって担保の質や量が変わる」という点に着目し、「生きている担保」という表現をなされました。債権者である金融機関と債務者である企業の共同作業によって担保価値を上げることができるこの仕組みはまさに「生きている」といえるでしょう。先ほどの粟田口先生のご講演でも「生きた担保」といった表現が出ていましたが、様々な局面で担保の鼓動を感じることができる制度は債権の本質的意義からしても今後は普遍的な制度として定着していかなければならないと考えています。

3　ABL のモニタリング機能と担保の本質

また、山井さんからのご報告にもありましたとおり、ABL には優れたモニタリング機能が備わっています。動産を対象とすることで、事業の中身そのものを常にモニタリングできるのはこれまでにはなかった仕組みでした。かつて皮肉なことに、優秀な金融機関職員と評価される人は、不動産評価に詳しい金融機関職員であるケースは珍しくありませんでした。金融機関が貸出した資金を確実に回収することは過去も現在も大きく変わりませんが、事業者支援の観点がなく、かつ不動産の経済価値が高い時代は、不動産評価が得意であることは、それなりに優秀であると周囲も感じてしまい、一定数存在する結果を生んでいたとおもいます。しかし、不動産にいくら詳しくても不動産評価は事業を支援することにはつながりません。一方で、ABL は売掛債権や在庫管理に目を向けなければなりませんので、自然と取引先企業の事業そのものに興味・関心を抱くはずです。そうした性質も持ち合わせていることから、私は地域金融機関職員に対して「対抗要件を具備しなくてもいいし、対抗要件を留保する状態でもいいから、事業をモニタリングする目的で ABL に取り組んでみたらどうか」といったアドバイスをすることがあるのですが、気乗りされないことがほとんどです。ABL には、最悪のケースである破綻を免れるだけの力がある制度・仕組みだとおもうので、もっと積極的な活用を検討していただいてよいものだと考えているのですが、なかなか普及活動は功を奏しませんでした。

Ⅵ　債権の良質化と事業者（債務者）の行動変容

1 「よき債権者」とは

次に進みます。「良き債権者」とは一体どのような債権者を指すのでしょうか。あまりこういった考えを巡らせることは少ないとおもうのですが、私が担当する講演では必ずといっていいほど触れる内容です。なぜなら、非常にわかりやすく債権の本質をとらえることができるからです。スライドには記載していないのですが、我妻栄先生の『債権総論』の中に「債権の目的を達成するためには債権者と債務者が共同で取り組まなければならない」といったお考えが示されています。あらためて言われるとごく当たり前のことなのですが、実態としてはどうしても債権者と債務者の間には優劣があり、対等で協力関係にあるとは認識されないことが多くあります。単純な話なのですが、お金を貸す金融機関とお金を借りる企業の間で、双方が共同して必ずお金を貸す、返すを繰り返しているうちは債権は毀損しません。お互いが約束を守っている間、債権は共通の目的として成立し続けるのです。だからその証として様々な取り組みの中で「計画書」の策定を要することが多いわけです。計画どおりに遂行されているということは、共通の目的を達成し続けている何よりもの証拠であり、債権が毀損していないことの証明でもあるからです。では、債権はいつ毀損するのか。債権者・債務者のいずれかが債権の目的達成を「諦めたとき」です。

2 「良質な債権」と債務者の行動変容

これまで金融実務において「良質な債権」とは回収率の高い債権を指していました。不動産担保がまさにいい例でしょう。しかし、この場面における債権者と債務者の関係は、お世辞にも対等であり協力関係にあるとはいえません。このスライドにも書いているとおり、これからは、債務者である取引先企業の事業継続や成長・発展に能動的に関与し、支援をし続けられる関係を「良質な債権」と定義するべきだと考えます。企業は事業を継続したり、より高みを目指すための資金を金融機関から借りようとします。金融機関はその心意気に打たれて、是非支援しましょうという思いからお金を貸します。この段階で、企業や事業者はこの活動における主役になるわけです。そして金融機関はその主役を支え、ときにはともに活動するパートナーになります。そして共通の目的を達成するために歩み続けることが求められます。金融機関は事業性評価に基づく融資に積極的な姿勢を見せているため、この点に関する認識はかなり強くなっているといっていいでしょう。となると、この「債権」を通じた関係性が本質化するために必要なのは債務者（企業や事業者）側の行動変容です。彼らも金融機関をパートナーとして認め、支え合う姿勢を見せなければ、債権は毀損しやすくなってしまいます。事業成長担保権が導入されたら、ますますこの姿勢は問われることになるでしょう。

3　金融機関の取引先企業との向かい合い方とローカルベンチマーク

金融機関も「お金を貸している側が偉い」といった妄想は捨て、取引先企業の土俵において対等な関係であり続けられるような取り組みや姿勢が求められます。そのきっかけになるかわかりませんが、あえて取引先企業のことを「お客様」と捉え直してみることを薦めます。金融機関が取引している相手は、みんな最初は「お客様」でした。「お客様」をどうしたら助けられるのか、支えることができるのか。企業価値を上げるために何ができるのかを必死に考え、実践していまの関係性を構築してきたはずです。企業価値が上がれば、企業そのものの成長を実感することができますし、金融機関にとっては格付けにも影響が及び、上質な資産形成にもつながります。現在では、そうした信頼関係を構築するための支援ツールとしてローカルベンチマークがあります。

先ほど経産省の取り組みとして紹介されていましたが、ローカルベンチマークは事業性評価の共通対話ツールとして公表されています。いまでもローカルベンチマークは取り組みや制度としてとらえている金融機関職員も少なからず存在しますが、ローカルベンチマークは金融機関と取引先企業が同じ目線で同じ内容について認識合わせをする対話ツールです。「お客様」を知り、企業価値を上げるためのヒントを探し出すために非常に有用なツールなのです。事業成長担保権には事業性評価が前提となるため、その対話ツールとしてのローカルベンチマークの活用は継続されていくものと見ています。

Ⅶ　事業成長担保権と金融機関

1　事業成長担保権と金融機関のスキル

「債権の良質化」といった観点から事業成長担保権を見てきましたが、次のスライドにも記載しましたとおり、事業成長担保権の成否は当然ながら「使う側」のスキルも求められます。とりわけ、金融機関職員の「目利き力」は養成しなければなりません。事業成長担保権は将来キャッシュフローの把握が必要で、ひいては、取引先企業が成長するかどうかを判断しなければなりません。この点については、事業性評価に基づく融資が着実に浸透しつつありますので、ある程度実績をともなった成長が見込めるものだとおもいます。目利き力に加えて「コンサルティング機能の強化」も成否を分けるポイントとして挙げられそうです。金融庁は事業成長担保権の考えを示す随分前から、金融機関にはコンサルティング機能の強化を訴え続けてきました。金融庁が金融機関に期待するコンサルティング機能とは「地域金融機関は、資金供給者としての役割にとどまらず、長期的な取引関係を通じて蓄積された情報や地域の外部専門家・外部機関等とのネットワークを活用してコンサルティング機能を発揮することにより、顧客企業の事業拡大や経営改善等に向けた自助努力を最大限支援していくことが求められている」とあるように、企業と企業や金融と士業など他者同士をつなぎ、地域経済を活性化させるための人的ネットワークを構築することで事業支援や経営改善を実質化していく取り組みを指します。事業成長担保権にもつながる考え方ですが、これは金融庁が10年近く言い続けてきていることにもなりますので、地域金融機関の矜持としていよいよ本質的に意義を示していかなければならないところです。

次の「事業者支援のスキルの向上と事業性評価」は繰り返しになりますので詳細は割愛しますが、事業性評価に基づく融資の取り組みに活用されるスキルは、そのまま事業成長担保権の実行時に必要なスキルになりますので、実装される前である「いま」のうちにいかに実戦経験を積んでおくか、が肝要となってきます。事業性評価に基づく融資が公表されてから約10年。制度理解という面では一定の成果が見られるところですが、これからは実績の部分で真価が問われることになりそうです。

2　創意工夫の時代――金融検査マニュアルの廃止の意義

この点については、金融庁が発表する行政方針にも明確に打ち出されています。先ほど財務局の島田課長からの報告にもありましたとおり、監督の立場で「地域経済の活性化に向けた事業者支援能力の向上」の取組みを強化しているとはっきり示されています。ゼロゼロ融資の返済懸念に対する伴走支援も求められており、実務においてはより一層のスキルアップと実践が期待されています。この難局を乗り越えることで、事業成長担保権の実質化も光がさしてくるものとおもわれます。

これほどまでに目利き力や事業者支援が強調される背景には「検査マニュアルの廃止」があると見ています。2019年の12月に約20年、適用されてきた金融検査マニュアルが廃止されました。金融検査マニュアルは金融機関の行き過ぎた独断を防ぎ、金融機関そのものが破綻することを防ぐために機能しましたが、一方で画一的な対応を求めるがゆえに、金融機関から「創意工夫」を奪ってしまいました。その功罪は大きく、いまだにその呪縛から逃れられていない金融機関が存在するほどです。これからは事業性評価に基づく融資に留まらず、事業成長担保権まで金融機関に対応が求められます。金融庁が発するメッセージも「今までのやり方をやめなさい」ではなく、「これまで画一的な対応を強いてきたことを止めるので考えてください」といった主旨であると理解したほうがしっくりときます。こうした金融庁の姿勢もまた、事業成長担保権につながる大きな布石といえるでしょう。

Ⅷ　人材育成（目利き力）とコンサルティング機能について

最後に、人材育成の観点について触れておきたいとおもいます。先ほど述べた「目利き力の強化」や「コンサルティング機能の強化」は、一言で言えば、地域金融機関における人材育成をしっかりしましょう、というメッセージになります。目利き力の強化についてはローカルベンチマークの活用が一翼を担うでしょう。やや宣伝のようなお話になりますが、まもなく、金融庁から金融機関担当者に向けて事業者支援の初動対応に役立てるツールとして「業種別支援の着眼点」と題した資料が展開される予定になっています。これは、文字通り取引先企業の業種別に、かなり細かく、でも非常にシンプルに、初動対応について学ぶ教材として発表されます。こういった資料を公表する目的は、兎にも角にも金融機関の若手人材の教育に尽きます。金融庁も本腰を入れて取り組むほど、金融機関にとって金融人材育成は大きな課題になっている、ということです。

事業成長担保権も使う人がそもそもいなければ成功しません。素晴らしい性能の車を作ってもドライバーがいなければ宝の持ち腐れです。事業成長担保権は車です。運転できる人を育てなければ、その車は走ることさえ許されないのです。「業種別支援の着眼点」は教習所とは言いませんが、一人前のドライバーを世に輩出するためにひと役買っていただくツールとして期待していただいてよいとおもいます。

Ⅸ　結びに

最後のスライドです。これからは柔軟な運用と記載していますが、先にもお話ししましたように、信託業の考え方において事務負担を少なくしようとする動きが見えました。こういった動きはこれまであまり見られなかったため、まさに柔軟な運用に取り組もうとしている姿勢が見てとれます。粟田口先生もおっしゃっておられましたが、債権譲渡特例法のときは法務局の商業登記に旗が立っていただけで、風評リスクが流れたといった時代もありました。柔軟かつ容易に様々な制度が利活用できるようになっているのは、ビジネス法務学の観点からも非常に喜ばしいことだと思えます。様々なガイドラインやツールが出始めているのもその潮流なのだと理解しています。

では、この講演の締めの言葉として、池田眞朗先生のお考えを拝借いたします。『債権譲渡の研究』の第3巻に収録されており、2007年に公表された論考から一節ご紹介させていただきます。「ABLの融資者は被融資者と一蓮托生なのであって、被融資企業を倒産させてしまったら、それは融資者の失敗であり、しかるべき損失も負うものと認識すべきである。例えば、倒産段階での在庫品でどれだけ融資金を回収できるかといえば、それは必ずしも十分な結果を得られないものと想定しておくべきである。そのような事態を招かないようにするのが被融資企業へのモニタリングや経営助言であり、つまりABLは従来の不動産担保融資と異なり、貸し出しっ放しではできない。対話型、継続型の動態的な融資形態と認識されなければならない、いわゆるリレーションシップバンキングということになる」。15年以上も前に発表された論考に記載された一文ですが、令和の現代に読んでもひとつも色あせていない核心をついたお考えだということがお分かりいただけるとおもいます。

これにて私の講演は以上となります。どうも、ご清聴ありがとうございました。

中小企業金融の近未来と
事業成長担保権の評価ーABL再考

令和5年2月28日

追手門学院大学経営学部長 教授 水野浩児

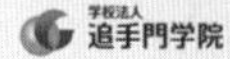

1・事業成長担保権への期待

1・行動立法学的観点からのアプローチの必要性

2・事業成長担保権の利用局面・生かす担保としての活用

3・事業者(担保設定者)の行動変容

4・人材育成(目利き力)とコンサルティング機能

学校法人 追手門学院

2・行動立法学的観点からの検証

行動立法学とは

「新しいルールを創ったら、人はどう行動するかという、その法律で対象となる人々の事前の行動予測の観点から法律というルールを創るべき」とする考え方

「誰のためにどういう法律を創ることが最も良いのか、社会的に最適な立法をするための理念や方法論を考察する」着想

『池田眞朗「行動立法学序説ー民法改正を検証する新時代の民法学の提唱ー」法学研究（慶應義塾大学）93巻7号(2020年)57頁以下)』

行動立法学の考え方が、事業成長担保権の制度設計ならびに制度確立・浸透の鍵を握っている。

3・新たな担保としての期待

1・新たな担保としての期待（従来型の担保ではない新たな類型）

債権の回収における従来からの担保の考え方では、事業成長担保権の考え方に矛盾が出てくる。
どの場面で有意義に使えるのか考えことが効果的であり制度設計が見えてくる
実務面からのニーズの検証が重要

2・事業成長担保権における経営改善計画（再生支援のケース）
・・・・経営改善計画は、「事業の成長が見込まれると全行が同意した計画」であり、企業の将来価値を数値化できるものであり、担保価値と考えられる。
債権回収が必要となる局面では、経営改善計画の進捗に支障が出ている、もしくは計画を立てることができない状況であるため、回収の担保としての考え方に矛盾が生じる。

学校法人 追手門学院

4・利用局面からの検討（利用ニーズの検証）

1・事業成長担保権の活用イメージ
将来キャッシュフローが見込まれる取引先に事業成長担保権をもとに融資支援する

2・事業成長担保権の活用期待
実務を鑑みれば、正常先での活用頻度は高くないことが予想される
短期資金調達（運転資金）は無担保で資金調達・設備などは当該資産を担保に資金調達
信託スキームの煩雑イメージの払拭回避が重要

将来キャッシュフローを評価する場面・・・・（現実的に活用が予想される局面）
創業支援（スタートアップ）　再生支援（事業再生）での活用が期待される

現状における、スタートアップ企業や、事業再生企業は、保証協会や公的機関の保証などを前提に資金調達を行っている。事業成長担保権の導入により、金融実務が発展するイメージ

3・学事的な論理が先行することへの危惧
利用ニーズにないところでの制度設計は作ることが目的になってしまう可能性がある。
例えば、民法改正における連帯保証人を保護する改正は、金融実務において、
円滑になったのか。事務的に煩雑になっただけではないのか。
実務負担・顧客負担が大きくなるとABLの二の舞になる可能性がある。

学校法人 追手門学院

5・ABL再考 「事業を生かす担保」

1・「事業を解体する担保」から「事業を生かす担保」へ（原点回帰）

金融庁が令和2年1月23日に公表した「担保法制の見直しに係る問題提起」
担保権者が事業者と共通の利益をもちにくい構造を生んでいることを課題としている

2・ABL再考
ABLについて「売掛債権や在庫商品は企業の努力によって担保の質や量が変わる」ことに注目し、ABLを「生きている担保」と考えることができる。
企業の活動や力量をトータルに評価して担保の対象とする発想は、ABLと共通した考え方
将来キャッシュフローをベースとする事業成長担保権とABLの類似性

3・ABLの課題（私見）
　ABLは事実上単独の金融機関しか担保取得できない。運転資金（売掛金）を担保に取っている金融機関（メイン）が全面的に支援するのはあたりまえ的な発想になる。

学校法人 追手門学院

6・良き債権者の考え方

1・良質な債権の考え方のパラダイムシフト（原点回帰）

「良き債権者」の考え方の
債権回収を確実に行う債権保全に関心が高い債権者
↓
債務者の成長に能動的に関与する債権者

2・事業者（債務者）の積極的な情報提供や事業改善に取り組む姿勢が前提
主役は事業者であり「事業者の行動変容」がポイントとなる

3・金融機関における顧客の考え方の整理
金融機関実務では、事業者を「顧客（お取引先）」と「債務者」と切り分けて実務が行われていると考えるべき

地域金融機関が実務感覚→向き合うのは顧客（お取引先）である。
企業価値が上がる＝債務者区分が上がる（格付けアップ）→債権の良質化
格付けが上れば→ウインウイン　格付け開示をする金融機関もある
格付けの構造は顧客にとっての自らの成長と、金融機関にとっての良質な資産形成につながる（顧客（お取引先）としての信頼関係の構築の重要性）

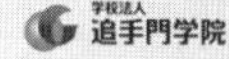

7・債権の良質化の取り組み

1・事業成長担保権が機能するための「目利き力」

事業成長担保権を有効に機能かするかのポイントは、将来キャッシュフローを把握するために、取引先企業の事業が成長するか否かの「目利き力」が前提となる
金融機関が事業の将来性を見る目がなければ、事業成長担保権は無意味なものとなる。そのため、金融庁ではコンサルティング機能の発揮と事業性評価の取り組みを行政方針などで求めている。

2・「コンサルティング機能の強化」の本質的意義

金融庁の「中小・地域金融機関向けの総合的な監督指針（II－５－２－１）」において顧客企業に対するコンサルティング機能の発揮が以下のように明記されており、日常的・継続的な関係強化と経営の目標や課題の把握・分析を金融機関に求めている。
「地域金融機関は、資金供給者としての役割にとどまらず、長期的な取引関係を通じて蓄積された情報や地域の外部専門家・外部機関等とのネットワークを活用してコンサルティング機能を発揮することにより、顧客企業の事業拡大や経営改善等に向けた自助努力を最大限支援していくことが求められている。」

学校法人 追手門学院

8・事業者支援スキルの向上と事業性評価

1・事業性評価に基づく融資と事業成長担保権

平成27年頃より地域金融機関を中心に取り組んでいる「事業性評価に基づく融資」は事業成長担保権を有効に機能するためのスキル直結する。

平成26事務年度 金融モニタリング基本方針（平成26年9月11日公表）に明記
「金融機関は、財務データや担保・保証に必要以上に依存することなく、借り手企業の事業の内容や成長可能性などを適切に評価し（「事業性評価」）、融資や助言を行い、企業や産業の成長を支援していくことが求められる。」

2・「日本再興戦略」改訂2014（平成26年6月24日閣議決定）

地域金融機関等による事業性を評価する融資の促進等が明記された

3・事業性評価スキルは将来キャッシュフローを把握するスキル

学校法人 追手門学院

9・事業者支援マインドの向上と中小企業金融の近未来

1・令和4年金融行政方針（1頁抜粋）

（1）事業者支援の一層の推進
・・・金融庁・財務局は、金融機関による支援状況や事業者ニーズ等についてヒアリングを継続し、事業者に寄り添ったきめ細やかな支援を促していく。・・・・・

（2）地域経済の活性化に向けた事業者支援能力の向上
金融庁・財務局としても事業者支援に携わる地域の関係者の連携・協働に向けた働きかけを面的に進めるとともに社会経済の構造的な変化を見据え、地域金融機関の事業者支援能力の向上を後押ししていく必要がある。

2・ゼロゼロ融資の返済懸念と伴走支援
ゼロゼロ融資の利払いや返済がスタートする2023年夏ころには多くの事業者が資金繰りで窮境に陥ることを想定して、多くの金融機関が伴走支援体制構築を行っている。事業者支援のスキル向上に注力している。

学校法人 追手門学院

10・人材育成（目利き力）の強化

1・コンサルタント機能発揮のための人材育成

例えば、金融機関の担当者が顧客企業を分析し、意匠権や特許の価値に気付き、特許として申請する等のアドバイスをすれば、事業成長担保権が活用しやすくなる。

事業成長担保権を生かすも殺すも「目利き力」にかかってくることとなり、コンサルタント機能を発揮できるための体制整備が重要である。

2・ローカルベンチマーク・業種別支援の着眼点の活用

経済産業省が公表しているローカルベンチマークは金融機関などの支援機関と事業者の対話ツールであり、活用推進のためのロカベンガイドブックも公表されている。
金融庁からは2023年3月に金融機関の担当者が事業者支援の初動対応に役立てるツールとして「業種別支援の着眼点」を公表する予定である。
これらの共通点はマニュアル的であり、目利き力向上のためのツールとして活用できるものである。また事業者にとってもわかりやすいツールであり、事業成長担保権の根幹となる、目利き力の向上について、地道な体制整備が行われると考えることもできる。

学校法人 追手門学院

11・柔軟な運用とABL再考

1・法整備の限界と柔軟な運用

金融実務に新しいルールを適用する場合、柔軟な運用がなされることを前提で制度設計することも必要ではないか。厳格にしすぎて、使えないルールにしないことも重要と思われる。
ビジネス法務学の観点からの検討の重要性

2・最後にABLについての論考の抜粋（ABL再考）

「ABLの融資者は、被融資者と一蓮托生なのであって、被融資企業を倒産させてしまったら、それは融資者の失敗であり、しかるべき損失も負うものと認識すべきである。たとえば、倒産段階での在庫品でどれだけ融資金を回収できるかといえば、それは必ずしも十分な結果を得られないものと想定しておくべきである。そのような事態を招かないようにするのが、被融資企業へのモニタリングや経営助言であり、つまりABLは、従来の不動産担保融資と異なり、貸しっぱなしではできない、対話継続型の動態的な融資形態と認識されなければならない。いわゆるリレーションシップバンキングということになる。」
池田眞朗『債権譲渡の発展と特例法　債権譲渡の研究第3巻』（弘文堂、2010年）342頁

© OTEMON GAKUIN UNIVERSITY 2014 All rights reserved

コメント

片山直也

（司会池田） 各登壇者の皆様の熱のこもった報告が続きました。それで、パンフレットには、最後に質疑応答というふうに書いてあるのですが、最初から私が申し上げましたように、時間の関係で、ここはコメンテーターの片山直也先生のお話を伺って終了の時間になるかと思います。では海外出張中のフランス、トゥールーズから Zoom でご参加いただきました片山先生に、コメントをいただきたいと思います。片山先生、早朝からすみません、よろしくお願い致します。

片山 慶應義塾大学の片山でございます。本日は池田眞朗先生をはじめ、武蔵野大学法学研究所の関係各位におかれましては、担保法制シンポジウム『検討！ ABL から事業成長担保権へ』の開催、誠におめでとうございます。また、本シンポジウムは中村廉平先生の追悼記念のシンポジウムということで、奥さま、朱美様も冒頭の記念式典にご臨席をされる中、関係官庁、実務界、学界を代表する著名な登壇者の皆さま方とともに、コメンテーターとしてお招きくださいましたこと、本当に光栄に存じております。どうもありがとうございます。にもかかわらず、あいにく海外出張と重なりまして、調整がつかず、やむを得ずオンライン参加ということになりましたことを心よりおわび申し上げたいと存じます。

自己紹介は時間の関係で省略させていただきますが、まずは中村先生の謦咳に触れた者の一人としまして、中村先生が熱い情熱を傾けてこられたABLの推進に向けての様々なご尽力、ご業績に改めまして敬意を表しつつ、中村先生のご冥福をお祈り申し上げる次第です。

それでは、コメントに移らせていただきますが、まずは、本シンポの意義を、改めてここで確認させていただきます。本シンポは、昨年12月に、法制審の担保法制部会で「中間試案」が承認され、今まさにパブコメに付されている最中であり、しかも、金融審の事業成長担保権に関するワーキンググループのレポートが今月の10日に公表されたという、まさに時宜を得たシンポジウムであるといえましょう。官界、実務界、学界のそれぞれ第一人者でいらっしゃる登壇者の皆さまから、最新の貴重な情報を提供いただき、多くの示唆を得ることができました。まずは、このようなタイムリーなシンポジウムを企画してくださいました池田先生、また貴重なご報告をしてくださいました登壇者の皆さまに、オーディエンスを代表して、心から御礼を申し上げたいと存じます。

特に、第2報告では、金融庁の尾﨑参事官から、この度、金融審のワーキンググループから提案された事業成長担保権の金融政策的な背景、制度の枠組み、とりわけ新機軸としての信託スキームの採用につきまして、詳細なご報告を伺うことができました。また、第5報告では、倒産法、金融法の双方のスペシャリストでいらっしゃる弁護士の粟田口先生から、現行実務の「足し算方式」と対比する形で「網掛け方式」として、金融庁の「事業成長担保権」構想を分析する踏み込んだご報告をお伺いすることができ、両者の相違点を明確に理解することができました。

続きまして、本シンポの真の意義は、事業性に着目した担保のパラダイムシフトという視点から、この20年来、中村廉平先生と池田眞朗先生が実務と理論の架橋、まさしく二人三脚で推進してこられた流動資産担保、動産債権担保を中心としたABLをめぐる議論が、この度の担保法制の改正をめぐって、事業全体を目的とする事業担保権あるいは事業成長担保権という新たなステージを迎える中で、改めて事業性に着目した担保が、いかに制度設計されるべきかを検討し直すという点にあり、まさに大局的かつ歴史的な意義を持ったシンポジウムであったと拝察しております。

その点では、第1報告において、近畿財務局の島田課長から中小企業金融をめぐるマクロ経済情勢を鳥瞰された上で、中小企業を取り巻く金融行政がいかになされているのかにつきまして、「中小企業活性化パッケージ」、あるいは近畿財務局独自の「事業者支援体制構築プロジェクト」などの具体的な実例を踏まえて、包括的に紹介してくださり、また、第3報告では経産省の山井課長補佐から、ローカルベンチマーク、いわゆるロカベンなど事業性評価の推進の取り組みのご紹介とともに、これまでのABLの普及、それから促進の取り組みをまとめて整理していただき、事業成長担保権などの事業全体を目的とする担保への期待とともに、仮に事業成長担保権が制度化されたとしても、従前のアセット、特に動産・債権を目的としたABLへの取り組みの基本方針は変わらないと6割の金融機関が回答し、さらに1割の金融機関が取り組みは増加されて行くであろうとの数字を報告された点は極めて重要な意義を有すると考えております。

さらに第6報告では、追手門学院大学の水野先生からは、「行動立法学」の観点から、事業成長担保権を新たな担保権として期待するとともに、改めて原点に回帰し、「事業を生かす担保」という視点からABLを再考する必要性を説かれて、事業成長担保権、ABL、いずれにおいても事業支援のスキルとマインドの向上こそが求められるという形で、本シンポを締めくくられた点に、本シンポの真の意義が的確に示されているものと受け止めております。

従前のABLによって推進しようとしてきた中小企業の支援、さらには今般の事業成長担保権によって推進しようとしているスタートアップ等の成長企業の支援、あるいは事業承継、事業再生の局面における事業者の支援、いずれにおきましても事業者支援のための制度設計、担保制度の制度設計においては、一方では水野先生のご指摘のとおり、制度の担い手であるユーザーの側の事業者支援のスキルとマインドの向上が不可欠であるということは疑いのない点かと存じますが、他方で、鶏と卵の関係ということになるのかもしれませんが、制度自体をより良いものにするためには、制度設計を支える法理論のパラダイムシフトもまた重要ではないかと考えている次第です。

実際に私も法制審の委員として議論に参加して、強く感じているのは、担保法制の改革、ゼロベースでの改革を妨げている要因の一つは、確かにユーザーサイド、実務の意識や慣行にあるのでしょうが、同時に、それ以上に他方では、旧態依然としたと言うと語弊があるのかもしれませんが、古典的な民法理論、担保法理論の枠組みがあるのではないかという点です。

最後に若干、お時間を頂戴して、実体法の研究者の1人として常々、考えている点に言及させていただければと思っております。

担保法理論のパラダイムシフトというのは、二つの点で求められていると考えております。

第1は、「財の集合的把握」という点でございます。事業担保は財産全体を包括的に目的財産とする担保制度と位置付けられていいますが、ご案内のとおり、これまでも事業担保の目的が、「事業」自体なのか、「事業財産」なのか、あるいは「事業担保」なのか「包括担保」なのかという議論がなされてきました。理念的には、事業担保の目的は「事業」自体でしかあり得ないと考えております。ゴーイングコンサーンバリュー、事業継続価値は、アセット、固定資産・流動資産に還元できないからであります。ところが、それを受け止める法概念や法制度が伴っておらず、担保物権の目的という枠組みで位置付けざるを得ないことから、「全資産」、「全財産」を目的とし、かつ、それにのれんも含まれるというような説明がなされてきたわけです。

いずれにしましても、事業担保についてアセットレベルで把握して、全財産を担保目的とするということの実質的な意義は、第1には、事業継続価値の維持、第2には、期中における事業収益からの回収あるいは随時弁済のコントロール、そして第３には、デフォルト時の事業譲渡による回収という３点に集約されるかと思われますので、この３点を条文に落とし込むことが立法の課題であるということは明白です。ただ、同時に、これらを支える法理論や法概念の進化が求められているのではないでしょうか。具体的には、「有機的一体」の実質を受け止める法概念として、「営業財産」であるとか「事業資産」、そういった概念をめぐる議論の深化が求められると思います。私自身はフランス法を研究しておりますけれども、フランス法では、「顧客(clientèle)」という無体財産およびそれを中核とする「包括体(universalité)」を観念するなどの、概念とか理論の蓄積がありまして、営業財産とか事業資産を目的とする質権であるとか、あるいは信託担保などの包括担保制度を支えています。

わが国では、流動資産に関する「集合動産」概念、これはかなり議論がなされ、突出をしておりますけれども、より大きな視点から「財の集合的把握」をめぐる概念とか、理論の構築が制度設計の前提として求められているとように思われます。この点は在庫と売掛債権という、２種類の流動資産を目的とするABLに関しても妥当するのではないでしょうか。

他方、事業担保権は全ての財産を目的としますが、同時に、全ての担保価値、優先弁済権を把握しているわけではないという点です。事業担保権が理念的には「事業」を目的とする担保であり、全財産を目的担保とするのは、事業継続価値を維持するための手段にすぎないからです。いわゆる「カーブアウト」の問題ですが、少なくとも、流動資産あるいは将来の収益について、事業担保権が把握している担保価値は平時の収益からの回収、随時弁済の範囲が原則となるのであって、労働債権とか取引債権の優先は織り込み済みということになります。「カーブアウト」を倒産法上の立法政策の問題として位置付けるのではなく、それ以前の問題、すなわち事業担保権の実体法上の本質的な効果として位置付ける、そういう視点が必要であると考えています。

第２は、「担保管理」と「設定者の拘束」という点です。ABLの実務でも、早くからコベナンツやモニタリングによる「期中管理」の規律が行われて、

2008年に公刊された日銀の金融研究所のペーパー、「担保の機能再論」においては、担保の機能として、優先弁済機能、倒産隔離機能とともに、「管理機能」が正面から論じられるようになっております。同時に、平成11年や平成18年の最高裁判決において、担保価値維持義務論が展開されるようになって、集合動産譲渡担保における補充義務も、その文脈において論じられております。

本日のご報告でも、事業担保においては、事業継続価値を維持するために、より広く「経営助言」であるとか、あるいはコンサルティング機能の強化が求められているという指摘が随所にございましたが、この管理機能を、コベナンツとか、あるいは合意ベースの債権的な法律関係ではなく、デフォルトルールとして、担保の法律関係に取り込むことが今後の担保法の一つの課題だと考えております。

実は、このたびの金融審のワーキンググループの提言が画期的だと評価できますのは、以上の事業成長担保権の理論的な課題を、「信託」というスキームで実現しようとした点だと考えております。特に、カーブアウトの課題を、信託受益権の問題として解決しようとした点は卓抜した着眼点であると評価されるべきではないかと思っております。担保管理の効果も信託法上の様々な権利義務として、一定の説明が可能であるように思われます。

しかしながら、担保に関しては、諸外国の例からも明らかなように、どうしても過剰な手続きが求められる「信託」スキーム、これはいろいろ努力をされるということではございますが、例外的な位置付けとなりますので、やはり担保一般の法律構成として信託とは切り離して、以上の2点の課題に対応できる理論をしっかりと構築していく必要があると思っている次第です。

事業性に着目した担保法制は、「信託」スキームによる、事業成長担保権でその全てをカバーできるのかと問われますと、恐らく、最も重要な役割を担うことが期待されるが、「それだけでは不十分ではないか」という回答が想定されるところでございます。

一方、法制審の担保法制部会の「中間試案」に関しましては、「事業性に着目した担保」の法制化という本シンポジウムの企画からは、次の２点の検討が求められると思われます。一つは、ABL に関しては、中間試案が提案する、集合動産譲渡担保と債権譲渡担保の枠で十分に対応できるのか。他に足りないところはないかという点です。そして二つは、事業を目的とする担保については「信託」スキームを用いる事業成長担保権だけでよいのかという点です。

今後は、この二つの点について、法制審で正面から議論がなされるべきでしょうし、それに先行するパブコメにおきましても、様々な観点から意見が求められると考えています。本シンポジウムが、このタイミングで行われた意義は、まさしくそこにあると言っても過言ではないと思っております。

まさしく、池田先生がかねてより提唱されてきた、「生かす担保」論の実定化ということにつながるものと考えている次第です。以上をもちまして、コメンテーターとしてのコメントを終わらせていただきます。長くなりましたが、ご清聴ありがとうございました。

（司会池田）　ありがとうございました。今の拍手は音声が拾えないかと思いますが、会場では皆さんの拍手が鳴り響いております。片山先生、ありがとうございました。

片山　どうもありがとうございました。

（司会池田の閉会の辞）　片山先生から大変、包括的にして行き届いたご懇切なコメントをいただきました。ことに私ども主催者が本シンポジウムにこめた思いを的確に把握してご解説いただきましたこと、感謝に堪えません。厚く御礼を申し上げます。

以上で、時間が予定を７分ほど過ぎておりますが、７分超過で本日のすべてのプログラムを完了できたというのは、正直素晴らしいと思っております。私、最初のごあいさつで、大変、幸いなことに官界、学界、実務界からベストメンバーと申し上げてよい皆さまにお集まりをいただきましたのでということを申し上げて、報告者の皆様にはプレッシャーをかけてしまったかとは思うのですが、今まで私が主催したシンポジウムの中では、間違いなく最高のものができたと思います。自画自賛のようで恐縮ですが、なかなか、これだけのものはもうできないかなと思うぐらい、素晴らしいものになったと私自身は感じております。

最初に申し上げましたように、質問・意見票というのは結局、ご意見をお書きいただくだけになってしまいますけれども、フロアの皆様には、何かコメントがお書きいただけましたら、是非お帰りのときに前のほうにお出しいただければと思います。参考にさせていただいて、本シンポジウムを活字にする際に反映させていただきたいと思います。また、今日会場でお配りした資料の最後には、『SDGs・ESG とビジネス法務学』という、私どもの法学研究所の叢書第 1 巻（武蔵野大学出版会）のご案内を付けております。これが 3 月末に出版の予定ですが、この中で、今日もいくつかコメントいただいた「ビジネス法務学」について、私どもの考えている一番新しいところをご紹介したいと思っております。

そして、実は本日このフロアにお越しの皆様方、そしてオンラインで参加の多数の皆様方のお顔触れを拝見しますと、わが国のビジネス法務学あるいはビジネス法務の実務の世界での非常に重要な位置を占める皆様にお集まりいただきました。最後になりましたけれども、そのことについても大変、ありがたく存じておりまして、ここに御礼を申し上げたいと思います。お一人お一人、ご意見、伺えないのは大変残念ですし、特に最後に片山先生が二つほど問題を提示してくださった、そういうところも本来ならば、ここであと 1 時間ぐらい議論をしたいところなのですが、遠方からいらっしゃった方もおいででしょうし、Zoom でお仕事中に聴いてくださっている方もおいでかと思いますので、10 分オーバーのところで本日のシンポジウムを閉じたいと思います。最後に、報告者の皆さんに拍手を送っていただきたいと思います。Zoom ご参加の皆様は何か反応のマークでお願いできればと思います。

どうもありがとうございました。

それでは、これにて閉会とさせていただきます。本日は最後まで本当にありがとうございました。また、こういう機会が何かできればと願いつつ、まずは本日のお礼を申し上げて解散としたいと思います。ありがとうございました。

（了）

事業成長担保権に信託を用いることに関する一考察

有吉尚哉

I　はじめに

2023年2月10日に公表された「金融審議会「事業性に着目した融資実務を支える制度のあり方等に関するワーキング・グループ」報告」(以下「WG報告」という) においては、事業全体に対する担保権 (事業成長担保権 (仮称)) (以下「事業成長担保権」という) の制度を創設することが提言されている。

事業成長担保権制度の内容については、尾﨑有「事業成長担保権の立案内容の紹介」を中心に本書に所収の「中村廉平教授追悼・武蔵野大学法学研究所シンポジウム『検討！ ABLから事業成長担保権へ』」の各報告の中で詳細な説明がなされているが、その形式面での特徴として事業成長担保権の設定を信託契約によらなければならないとされていることがあげられる。そこで、事業成長担保権自体の意義や可能性についてはシンポジウム報告に委ねるとして[1]、

1)　本稿の執筆時点において、事業成長担保権制度や法制審議会担保法制部会で検討が進められている事業担保権制度の実務的な意義について論じるその他の主な文献として、

本稿では事業成長担保権に信託を用いることの意義や課題を整理した上で、事業成長担保権の設定を信託契約によらなければならないとすることの当否について、考察を行うこととしたい。

II　セキュリティ・トラストの意義

1　事業成長担保権とセキュリティ・トラスト

事業成長担保権の設定を信託契約によるものとすることは、事業成長担保権にいわゆるセキュリティ・トラストの仕組みを用いることを意味するものである。セキュリティ・トラストとは、担保物自体の所有権は信託設定の対象としないまま、担保権のみを信託財産とし、受託者が担保権者となって、受益者たる被担保債権者のために一元的に担保権の管理・行使を行うことを目的とする信託をいう。事業成長担保権制度においても、債務者の事業自体あるいは事業を構成する財産や権利を信託の対象とするのではなく、事業成長担保権を信託財産とすることが想定されている。

そこで、事業成長担保権に信託を用いることの意義を検討する前提として、まずセキュリティ・トラストの一般的な意義について整理をする。

2　セキュリティ・トラストの一般的な意義

セキュリティ・トラストにおいては、受託者が信託財産である担保権について一元的に管理・行使を行うことになる。このことによるセキュリティ・トラストの一般的な意義として、①複数の債権者が共通する担保を有する場合に、担保権の管理・行使を円滑かつ効率的なものとすることが期待できる

粟田口太郎「事業担保権」自由と正義 74 巻 6 号（2023）29-36 頁、近江幸治「民法理論のいま―実務への架橋という課題（7）「事業成長担保権」構想の制度的前提」判例時報 2533 号（2022）96-105 頁、佐藤正謙「事業担保の意義と制度設計」角紀代恵ほか編『現代の担保法』（有斐閣、2022）325-356 頁、井上聡「法制度や融資実務に与える影響と想定される活用場面―新たな融資実務に向けた工夫が必要」金融財政事情 72 巻 41 号（2021）18-21 頁など参照。

こと、②被担保債権の譲渡が行われて債権者が頻繁に変動する場合に担保権の移転に伴う手続を省略することが可能となること、③債権者が海外の当事者である場合に国内の目的物に対する担保権を対象にセキュリティ・トラストを設定するなど、担保の管理が困難な当事者に代わって管理能力に長けた受託者に担保権の管理・行使を委ねることができることといった事項があげられる[2)3)]。

下記Ⅲでは、これらの意義が事業成長担保権について信託を設定する場合にも当てはまるかという観点も含めて、事業成長担保権に信託を用いることの意義を検討する。

Ⅲ　事業成長担保権に信託を用いることの意義

1　WG 報告における説明

前述のとおり、WG 報告においては、事業成長担保権の設定を信託契約によらなければならないとすることが提言されている。その理由としては、次の３つの観点があげられている。

１つめは事業成長担保権の弊害を防止するという観点である。すなわち、事業成長担保権の弊害として、「例えば、個人や一般事業会社、無登録で貸金業を行う者などが、事業に不当な影響を及ぼすことを目的として、事業者への貸付けと同時に株式や重要な事業資産への譲渡担保権等の濫用的な取得・行使をするおそれがあるとの指摘がある。事業成長担保権についても、

2)　西村あさひ法律事務所編『ファイナンス法大全（下）〔全訂版〕』（商事法務、2017）618頁。

3)　但し、セキュリティ・トラストにこのような抽象的なニーズが想定されるものの、わが国においては、実際に設定・運営するための事務・コストを負担してまでセキュリティ・トラストを利用することの実務上のニーズは生じにくい状況にある。そのため、実際のセキュリティ・トラストの利用状況としては、実務上、一定数のセキュリティ・トラストの利用例が存在するものの、セキュリティ・トラストが広く利用されているとまではいえない（拙稿「セキュリティ・トラストの現状と展望－「担保のための信託」の活用可能性」信託フォーラム 19 号（2023）55-57 頁参照）。

債務者が事業成長担保権の内容を理解せずに設定してしまうことで同様の弊害が生じるのではないか、また、事業者が、事業の状況について金融機関と目線を合わせつつ、経営改善のために必要に応じて事業計画等を見直していくことが想定されるところ、事業者が、担保権者と対等な立場で目線を合わせることができるのか、という懸念から、適切な活用がなされるよう、担保権者について限定すべき」という意見があることが述べられている。その上で、この弊害を防止する観点からの意見に応えるために、事業成長担保権の信託を求めることが考えられるとされている[4]。

２つめは事業成長担保権制度の効果を高めるという観点である。すなわち、事業成長担保権への期待として、「事業者がより良い条件で成長資金等を調達できるようにする観点からは、成長企業等の事業の実態や将来性を的確に理解し、成長資金等を供給できる与信者に対して、広く利用を認めるべき」という意見があることが述べられている。そして、この制度の効果を発揮する観点からの意見に応えるために、事業成長担保権の信託を求めることが考えられるとされている[5]。

３つめは関係する債権者の優先劣後関係を法的に確保するという観点である。すなわち、WG 報告においては、事業成長担保権の実行の局面において、一定の共益の費用について随時弁済ができる枠組みとすることに加えて、一般債権者等の保護の観点から、「実行手続における配当可能額（換価代金）の一定割合については、破産手続等の公平性の確保された現行の清算手続において、配当等を得られるような制度を検討することが考えられる」とされている[6]。そして、このように「一般債権者等の取り分を確保する場合には、現行民法の優先関係の体系を前提とする限り、信託法理を利用することが必要と考えられる」と述べられている[7]。

4)　WG 報告 10 頁。
5)　WG 報告 10 頁。
6)　WG 報告 25 頁。
7)　WG 報告 10 頁。

以下それぞれの観点について、信託を用いる理由として、また、信託によることを必要とする理由として、合理的なものといえるか検討する。

2　弊害の防止の観点

WG 報告においては、①事業者が事業成長担保権の内容を理解せずに設定してしまうことで、個人や一般事業会社、無登録で貸金業を行う者などが、事業に不当な影響を及ぼすことを目的として、事業者への貸付けと同時に事業成長担保権の濫用的な取得・行使をする懸念や、②事業者が、担保権者と対等な立場で事業の状況について目線を合わせつつ、経営改善のために必要に応じて事業計画等を見直していくことができない懸念があることが指摘されており、事業成長担保権の適切な活用がなされるよう、担保権者について限定すべきと提言されている。

その上で、WG 報告においては、事業成長担保権の信託を引き受けることを認める業者として、信託業法上の信託会社及び金融機関の信託業務の兼営等に関する法律（以下「兼営法」という）に基づく認可を受けた金融機関（信託兼営金融機関）[8] に加えて、新たに事業成長担保権の信託に関する業を創設することとし、そのような業者に対して免許審査や行為規制を課すことが提案されている。そして、そのような業者が債務者との間で信託契約を締結するに際して、「事業成長担保権の内容や、被担保債権者となる与信者の属性が十分に理解されるよう、契約の相手方である債務者への適切な説明を義務づけることとする」とされている [9]。また、もともと信託の受託者には善管注意義務（信託法 29 条 2 項、信託業法 28 条 2 項）や忠実義務（信託法 30 条、信託業法 28 条 1 項）などの受益者保護のための義務が適用されるほか、信託会社や信託兼営金融機関には信託の引受けを行う際の説明義務や

8)　信託兼営金融機関には、兼営法 2 条 1 項の規定により信託業法の規定が準用されることで信託業法に基づく規制が適用される。以下では、兼営法の準用規定については記載を省略する。

9)　WG 報告 10-11 頁。

書面交付義務が定められている（信託業法25条、26条1項）。

この点、事業成長担保権に信託を用いる場合、その受託者は基本的に信託会社、信託兼営金融機関又はWG報告で提案されている事業成長担保権の信託の引受けを業とする業者に限定されることとなる。これらの業態は、いずれも金融庁の免許などを受けることが前提となっており、金融庁の監督が及ぶ範囲に事業成長担保権の担保権者が限られることになる。そして、信託を引き受ける際に受託者に説明義務が課せられることにより、上記①の懸念として示されている「事業者が事業成長担保権の内容を理解せずに設定してしまう」という事態を防ぐことが期待できる。また、前述のとおり、担保権者となる受託者は金融庁の監督下にあることに加えて、受託者には善管注意義務、忠実義務などの義務が課せられるため、上記②の懸念で示された「事業者が、担保権者と対等な立場で事業の状況について目線を合わせる」ことが一定程度実現しやすい環境につながるものと思われる。

このように事業成長担保権に信託を用いることにより、WG報告において示された事業成長担保権に対する懸念について、一定の対処が図られるものと期待されよう。もっとも、これらの懸念への対処として信託を用いる意味は主に金融庁の監督を受けている業者が担保権者となることを確保することにあり、信託ないしセキュリティ・トラスト自体の機能[10)]が活かされているわけではないように思われる。そのため、上記①の懸念との関係では担保権者となり得る者の範囲を一定の金融機関などに制限したり[11)]、担保権者

10）　信託の一般的な機能としては、①権利転換機能、②意思凍結機能、③財産管理・活用機能、④倒産隔離機能、⑤権利付与機能、⑥ビークル機能をあげることができる（西村あさひ法律事務所編・前掲注2・601-606頁参照）。

11）　前述のとおり、また、下記3でも検討するとおり、WG報告10頁では「事業者がより良い条件で成長資金等を調達できるようにする観点からは、成長企業等の事業の実態や将来性を的確に理解し、成長資金等を供給できる与信者に対して、広く利用を認めるべき」といった意見があることも述べられている。この点、担保権者となり得る者の範囲を限定することは、このような意見と衝突することにもなり得る。もっとも、直接事業成長担保権の担保権者となることが適切ではないような与信者が被担保債権者とな

に一定の説明義務を課したり[12]すればよいのであって、事業成長担保権を一律に信託契約によって設定することを求める必要はないように思われる。また、上記②の懸念との関係でも、担保権者となり得る者の範囲を制限すれば足りるように思われる。さらに、信託を利用する場合においても、特に事業成長担保権の実行の局面では、善管注意義務などの観点から被担保債権者である受益者の意向や利益に配慮して受託者が信託事務を執り行うことになる可能性が高いと考えられるところ、担保権者（受託者）ではなくむしろ被担保債権者の範囲を制限する方が適切とも思われる。そうだとすると、信託を用いることの意義は小さくなるといえよう。

以上のとおり、WG 報告が指摘する弊害を防止するという観点からは、事業成長担保権に信託を用いる結果、基本的に担保権者（受託者）が免許などを受け金融庁の監督に服する業者に限定されることになることで、信託を用いることに一定の意義が認められる。もっとも、その意義は必ずしも信託の機能によるものとはいえず、信託を用いなければならないというものではないと考えられる。

3　制度の効果の発揮の観点

WG 報告では、成長企業等の事業の実態や将来性を的確に理解し、成長資金等を供給できる与信者に対して、広く利用を認めることで、事業成長担保権制度の効果を発揮する観点から、信託によって設定することを求めるべき

る場合に限って、セキュリティ・トラストを必要とし、与信者自身ではなく適格な受託者が担保権者となることを確保するという整理もあり得るものであり、与信者が適格な業態である場合にも一律に事業成長担保権の設定を信託契約によることを求める必要はないように思われる。

12）　例えば、民法 465 条の 10 第 1 項は、主債務者が、事業のために負担する債務を主たる債務とする保証の委託を個人に対してするときは、委託を受ける者に対して、一定の事項に関する情報を提供しなければならないことを定めている。このように金融取引の場面での民事的な規律として当事者に情報提供義務を課すことも法制的にあり得ると考えられる。

と提言されている。この提言の趣旨は必ずしも明確ではないところがあるが、事業成長担保権を利用する与信者のなり手を広げることが期待される一方で、誰でも事業成長担保権の担保権者となることができてしまうと、上記２で述べた弊害が生じてしまうことから、担保権者となる受託者の範囲を限定しつつ、被担保債権者の範囲を広げることが可能となる信託（セキュリティ・トラスト）の枠組みを求めるという考え方ではないかと推測される。

この点、信託の一般的な機能の一つとして権利転換機能が認められる。そして、事業成長担保権においては、本来、与信者が事業成長担保権を保有し担保権者となるべきところ、信託を用いることにより受託者が担保権者となり権利者の転換が生じるとともに、与信者は事業成長担保権（担保権）ではなく受益権を保有することとなるため権利者の数や財産権の性状の転換も生じることになる。このような権利の転換により、前述のとおり、事業成長担保権を利用できる与信者の範囲を広くすることで、事業成長担保権制度の効果を発揮しやすくすることにつながるという評価も成り立ち得ると考えられる。

もっとも、以上のような評価が可能であるとしても、直接事業成長担保権の担保権者となることが適切ではないような与信者が被担保債権者となる場合に限って信託契約によることを求めれば十分であり、事業成長担保権の設定を信託契約によることを一律に求める必要はないように思われる[13)]。

4　優先劣後関係の確保の観点

WG 報告では、事業成長担保権が設定された場合であっても、一般債権者等にも一定の取り分を確保することが提案されており、そのように一般債権者等の取り分を確保するための権利の優先劣後関係を創出するために、信託

13)　また、上記２で述べたとおり、受託者は、被担保債権者である受益者の意向や利益に配慮して信託事務を執り行うことになる可能性が高いと考えられ、信託を用いることで事業成長担保権の弊害を十分に防止できるかは必ずしも明らかではないと思われる。

を用いることが必要としている。そして、事業成長担保権の信託において、基本的に既存の担保権の被担保債権者と同様の扱いとする受益者（与信者）と、一般債権者等の取り分の確保のために指定される受益者（一般債権者等）の２種類の受益者の指定を求めることとしている[14)]。

この点、同じ財産に対して優先劣後関係のある複数の権利者が権利を有する状況を作ることは信託の権利転換機能と親和性があり、実務上、証券化取引などにおいて優先劣後関係をつけてトランシェ分けをした複数の受益権を設定する信託のスキームは一般的に利用されている。そのため、事業成長担保権が設定された場面において、与信者に優先権を認めつつ、一般債権者等にも一定の劣後する内容の権利を認めることは、信託を用いることで実現しやすい建付けであると評価できる[15)]。

もっとも、確かに現行の法制度を前提とすると信託以外の法形式で以上のような効果を実現することは容易ではないと思われるが、（法制上の形式的な問題はあり得るとしても）現行法で定められているものとは異なる効力を有する担保権を立法により新たに創設することはできないことではないものと思われる。この点、例えば、担保権の中でも一般先取特権については他の担保権よりも弱い効力しか認められておらず（民法335条）、現行法においても担保権の効力は一様ではない。また、前述のWG報告10頁の記述の中でも「現行民法の優先関係の体系を前提とする限り、信託法理を利用するこ

14)　WG報告11頁。

15)　一般債権者等をどのように受益者として指定する想定なのか、WG報告の記述からは必ずしも明確ではないが、事業成長担保権が実行される場面においては権利者となる一般債権者等が特定されることになるものの、平時においては一般債権者等が抽象的には観念できるとしても、具体的にどの当事者が該当することとなるか、特定されない状況が想定される。この点、信託の機能として権利付与機能が認められ、信託行為の当事者ではない第三者に対しても受益権を取得させることが可能となるため、事業成長担保権に信託を用いることで、抽象的に一般債権者等を受益者として指定した上で、事業成長担保権の実行の場面において一般債権者等を特定して、具体的な受益者として取り扱うことが可能となる。

とが必要」（傍点は筆者）と述べられており、信託の利用が必要となるのはあくまでも現行民法の優先関係の体系を前提とする場合であることが言及されている。

従って、多様な関係者の利益の優先劣後関係を確保する観点から、信託を用いることが便宜であることは否定できないものの、必ずしも信託によらないでもWG報告で提言されているような事業成長担保権制度を立法により実現することは可能ではないかと思われる。

5　セキュリティ・トラストの一般的な意義との関係

上記Ⅱ1で述べたとおり事業成長担保権制度において想定されている信託はセキュリティ・トラストの一類型と評価することができる。そして、上記Ⅱ2で述べたとおり、セキュリティ・トラストの一般的な意義として、①複数の債権者が共通する担保を有する場合に担保権の管理・行使を円滑かつ効率的なものとすることが期待できること、②債権者が頻繁に変動する場合に担保権の移転に伴う手続を省略することが可能となること、③担保の管理が困難な当事者に代わって管理能力に長けた受託者に担保権の管理・行使を委ねることができることといった事項があげられる。そこで、これらの意義が事業成長担保権に信託を用いる場合にも当てはまるかどうかを検討する。

まず、①の観点について、事業成長担保権の具体的な制度設計や実務動向次第では、特定の事業者に対して与信を行い、事業成長担保権の被担保債権者となる金融機関が多数となる可能性もあり得るものと思われる。また、被担保債権者となる与信者自体は単一ないし少数の金融機関であったとしても、事業成長担保権からの回収金について一般債権者等にも一定の取り分を確保する制度設計から、（潜在的な）受益者となる（不特定の）一般債権者等の利害関係にも配慮して担保権の管理・行使を行うことが必要となる。そのため、受託者が事業成長担保権の担保権者となることで、多様な債権者のために一元的に担保権の管理・行使を円滑かつ効率的に行うことが可能となり得ることは、事業成長担保権に信託を用いることのメリットとなると評価できる[16)]。

次に、②の観点について、事業成長担保権の被担保債権が頻繁に譲渡される状況は必ずしも想定されにくいように思われる。しかしながら、不特定かつ（潜在的に）変動する一般債権者等を特段の手続なしにカバーすることができることは、事業成長担保権に信託を用いることのメリットとなると評価できる。

さらに、③の観点については、事業成長担保権を用いて多様な当事者により成長資金等の供給が行われることが期待されているところ、事業成長担保権に信託を用いることにより、担保管理能力の高くない供給主体に代わって受託者が担保権の管理・行使を行うことができる。また、不特定の一般債権者等のために受託者が担保権の管理・行使を行うことができることも便宜となる。

このように、セキュリティ・トラストの３つの意義のいずれも、事業成長担保権の信託にもメリットとなり得る観点と評価できる。もっとも、いずれの観点も、制度上、事業成長担保権の設定を信託契約によることを必須とさせるものではないと思われる。

6　小括

ここまで述べてきたとおり、事業成長担保権は信託ないしセキュリティ・トラストと親和性があり、信託を利用することが便宜となる面は少なくない。もっとも、立法により事業成長担保権制度を創設するにあたり、信託契約によって設定をすることが必須とまでいえる事情はないように思われる。

16)　但し、下記Ⅳ３及び４で述べるとおり、債権者間に利益相反の状況があり、特に与信者である金融機関が事業成長担保権の信託の受託者を務める場合には、受託者と受益者である他の債権者の間で利益相反状況が生じることになり、その管理が論点となる。

Ⅳ　事業成長担保権に信託を用いることの課題

1　総論

事業成長担保権に信託を用いる場合、上記Ⅲで述べたようなメリットが認められる一方で、事業成長担保権自体の課題とは別に、信託を用いることについての課題や難点が生じることになる。以下、そのような課題や難点について整理する。

2　参入規制と受託者の担い手

まず、事業成長担保権の信託の受託者となることができる者は一定の資格を有する業者に限定することが想定されている。そのため、事業成長担保権の設定について信託契約によることを必要とする場合、事業成長担保権を用いて資金を供与しようとする者は、そのような資格を有している者から受託者となることの協力を得るか、あるいは、自らそのような資格を確保して受託者となることが必要となる。

すなわち、WG 報告 10 頁では「新たに事業成長担保権の信託に関する業を創設することとし、当該業を行う者…に対して免許審査や行為規制を課すこととする」とした上で、信託業法上の免許を受けた信託会社や兼営法上の認可を受けた金融機関等についても、事業成長担保権の信託の受託を認めることが考えられると注記している。この点、WG 報告 11 頁では、「受託者となる信託会社の資格要件を必要以上に厳格にすると、スキームの担い手が非常に限定され」るという問題意識を指摘した上で、「事業成長担保権に関する信託の免許は、信託業法上の信託会社の免許とは異なり、基本的には担保権のみの信託を引き受けることを可能とするものであり、その信託事務も、担保権の実行等に限定される。免許要件についてはこうした実態に応じた形で、過度な負担を課さないよう、合理的に設計すべきと考えられる」と提言されている。

このように WG 報告でも参入要件を合理的に検討すべきことが述べられ

ており、事業成長担保権の信託の受託者の担い手が限定されることへの配慮が示されているものの、（与信者自身が資格を取得する可能性を含めて）一定の資格を有する者を確保しないと事業成長担保権を設定することができないことは、事業成長担保権の利用を制約する形式的な要因となることは否定できないであろう。

3　受託者としての責任

事業成長担保権の信託における受託者の善管注意義務や忠実義務などの義務の具体的な内容をどのように捉えるべきか、制度的な論点となると考えられる。この点、セキュリティ・トラストについて「受託者が負担する義務が過重であったり、また、どのような義務を負担するのか不明確であったりすると、受託者としてのリスクが予想できないので、受託者の成り手が限定されてしまうことになる」と指摘されており[17]、事業成長担保権の信託においても受託者の義務が過重・不明確であると、受託者の担い手が限定されてしまうと想定される。また、受託者の義務は規制上、受託者に求められる態勢にも相関する。そのため、WG 報告 11 頁では、「事業成長担保権に関する信託事業について、受託者の裁量が広範に、また、義務が複雑なものとなった場合には、信託会社は信託事務の適切な執行のために高度な態勢整備等をすることが求められることとなり、結果として、担い手が限定され」るという問題意識が示されている。

この点、WG 報告 11-12 頁では上記の問題意識を示した上で、事業成長担保権の信託の受託者に求められる信託事務は、「現実的には、受益者（与信者）の意思を確認するなど、ある程度定型的に行動すれば足りるものが多いと考えられる。また、もう一方の受益者（一般債権者等）のために、事業成長担保権の実行手続において、その取り分を確保し、給付するという一連の事務についても、ある程度定型的なものとなることが考えられる」とし、

---

17)　谷笹孝史「セキュリティ・トラストに関する実務上の諸論点－動産担保を中心として」NBL907 号（2009）56 頁。

「制度や信託のモデル契約等の工夫を通じて、信託会社が、不必要なコストをかけずに、その事務を適切に遂行できるよう、信託事務の内容を可能な限り明確化・定型化することで、使いやすい制度とすることが望ましいと考えられる」と提言している。しかしながら、具体的な状況によっては、事業成長担保権の信託において、担保権の管理・行使自体の事務処理が容易ではない可能性があることに加えて、権利関係の異なる与信者と一般債権者等の利益をそれぞれどのように配慮して、信託事務を執行すべきか、受託者にとって難しい判断が求められる場面も生じるのではないかと考えられる[18]。特に下記4のコストの観点から、WG報告12頁では与信者が受託者を兼ねることを許容することが提言されているが[19]、その場合には与信者である受託者と一般債権者等との間で利益相反の状況が生じることになり、受託者としてどのように利益相反を管理して忠実義務を遵守するか、非常に難解な課題となることが想定される[20]。

4 コスト

信託を用いることにより受託者に対する信託報酬等の追加的なコストが生じることとなる[21]。この点は、WG報告12頁においても「中小規模のローンの場合にはこうした報酬を事業者が捻出することが難しいケースが出てくることや、スキーム構築コストが高い仕組みとなり、利用しにくくなることが懸念される」という問題意識が示されている。また、WG報告では、上記

18) 事業成長担保権の設定時点において、与信を受ける事業者の信用状態が悪いほど担保権の実行に至る可能性が高くなり、結果として、受託者としての義務・責任を果たすための判断や行為が求められる可能性が高くなる。そのため、そのような事業者を設定者とする事業成長担保権の信託を引き受けることは忌避されやすくなると考えられる。このことは、本来、事業成長担保権の活用により資金調達が円滑になることが期待される信用力の低い事業者ほど、事業成長担保権の信託の受託者のなり手を見つけにくいことを意味する。

19) なお、信託法上、専ら受託者の利益を図る目的で信託を設定することは認められておらず（信託法2条1項）、また、受託者が受益権の全部を固有財産で有する状態が1年間継続したときは、信託の終了事由となるが（信託法163条2号）、受託者が受益権の一部を保有することは制限されていない。

2で述べた参入規制における資格要件が厳格となる場合や、上記3で述べた受託者に求められる態勢が高度なものとなる場合には、結果としてコストが高い仕組みとなるおそれがあることも指摘されている。

この点、WG報告12頁では、与信者が受託者を兼ねることを許容する制度とすることで、コストに関する課題を一定程度解消することが可能となるという考え方が述べられている。もっとも、上記3で述べたとおり、そのような場合には、受託者と一般債権者等の間の利益相反の問題が生じることになる。

5　スキームの複雑さ

そもそもWG報告で提案されている事業成長担保権の制度は、多様な当事者の利益関係の調整を図ろうとするものであるため、それ自体、複雑な制度となっていることは否めない。それに加えて、一般的には当事者にとって馴染みが薄いことの多い信託という仕組みを用いることは、スキームとしての複雑さ・難解さを助長することになり、事業成長担保権の利用の阻害要因となりかねないと思われる。

そのため、事業成長担保権の利用を促進するには、制度の内容自体の問題だけでなく、事業成長担保権の信託のための分かりやすいモデル契約を策定することや、制度の周知を図っていくことが重要なポイントとなるといえる[22]。

---

20)　信託法上、受託者は信託帳簿及び財産状況開示資料の作成・報告義務を負うところ（信託法37条1項〜3項）、香月裕爾「事業成長担保権と金融機関の対応」銀行法務21 895号（2023）36-37頁は、このような義務との関係でも、与信者である金融機関が事業成長担保権の信託の受託者を兼ねる場合に関して、「信託契約の目的である事業成長担保権の財産状況開示報告書を与信者である金融機関が一般債権者等に交付することは、従前の融資実務において特段の事情がなければ、想定し難いのではなかろうか」といった課題があることを指摘する。

21)　このような担保の管理に関連するコストは、一般的には与信を受ける事業者が負担することになると想定される。

22)　この点、WG報告37頁でも「信託は一般的に馴染みのないものである点に鑑みると、当該信託契約や受託会社としての態勢整備の標準的なあり方についても、関係者の多様な創意工夫を妨げないよう留意しつつ、周知・広報していくことが重要と考えられる」と述べられている。

V　結語－事業成長担保権の設定を信託契約によらなければならないとすることの当否

上記Ⅲで述べたとおり、事業成長担保権の弊害を防止したり、制度の効果を高めたりする観点から、事業成長担保権にセキュリティ・トラストを利用するという発想はあり得るものといえる。一方で、理論的には、事業成長担保権を設定するために信託を利用することを必須とする必要性はないものと考えられる。この点、WG 報告では、多様な与信者に事業成長担保権の利用を認めつつその弊害を防止する観点から、一定の資格要件を満たす者だけが受託者として担保権者となれるようにするため、信託を利用することが提言されているが、仮に政策的にそのような目的に合理性が認められるとしても、適格性を有しない者が与信者となる場合に限って信託の利用を義務付ければ足りると考えられる。また、事業成長担保権の設定に信託の利用を必須としてしまうと、上記Ⅳで述べたとおり、（仮に事業成長担保権自体は有用性の高い制度であったとしても）様々な観点から信託を用いなければならないことが事業成長担保権の利用の制約要因となる可能性がある。

以上より、法制上の理由などもあるのかもしれないが、理論的には事業成長担保権の設定を信託契約によらなければならないとすることについては疑問が残るといわざるを得ない。他方、制度的に信託の利用を必須とするか否かにかかわらず、セキュリティ・トラストの仕組みを用いることにより、事業成長担保権の利便性・利用可能性を高める面があることが否定されるものではなく、事業成長担保権制度が導入された暁には、信託の機能を活用した取組みにより、事業者への資金供給が促進されることを期待したい。

事業の収益性に着目した担保をめぐる2つの理論的課題

片山直也

I　はじめに

筆者は、令和5年2月28日に、武蔵野大学で実施されたシンポジウム「検討！ABLから事業成長担保権へ――中小企業金融の近未来」にコメンテーターとして参加し、ABLや「事業成長担保権」など、事業の収益性に着目した担保をめぐっては、第1には、「財の集合的把握」という点から、第2には「担保管理」という点から、2つの理論的な課題があるとの指摘を行った[1)]。本稿は、本シンポジウムの付属資料として、それら2点について、これまで筆者が公刊した論稿[2)]を整理し直して部分的に再録し、若干の補完を行うも

1)　本書171～179頁参照。

2)　主として、片山直也「財の集合的把握と財の法」吉田克己＝片山直也編『財の多様化と民法学』（商事法務・2014年）123頁以下、同「『活用（exploitation）』概念と『権能』論―PFIにおける公共施設等運営権を契機として―」法学研究88巻1号（2015年）29頁以下、同「担保価値維持義務の3つの淵源」池田眞朗先生古稀『民法と金融法の新時代』（慶應義塾大学出版会・2020年）165頁以下、同「動産・債権担保法制をめぐ

のである。今後の「事業成長担保権」の法案化、法制審議会担保法制部会における「要綱案」の取りまとめに向けた審議、さらには法制化を経た後の金融実務や担保法理論の進展に寄与することがあれば幸いと考えている。

なお、本稿では、金融審議会「事業性に着目した融資実務を支える制度のあり方等に関するワーキング・グループ報告」(2023年2月10日)(以下「金融審WG報告」という)が提案する「事業全体に対する担保制度」にかかる担保権を『事業成長担保権』と二重かぎ弧付きで表記し、法制審議会担保法制部会「担保法制の見直しに関する中間試案」(以下「中間試案」という)および法務省民事局参事官室「担保法制の見直しに関する中間試案の補足説明」(令和5年1月)(以下「中間試案の補足説明」という)において検討されている事業担保制度の導入にかかる担保権を指して『事業担保権』と二重かぎ弧付きで表記する。両担保権を含めて広く「事業を目的とした担保(制度)」を示す際には、「事業担保(制度)」と呼ぶこととする。

II　「事業の収益性」に着目した担保の3つのモデル

わが国においても、担保法に関して、「不動産から事業収益へ」とのパラダイム・シフトが説かれて久しいが[3]、これまで、「事業の収益性」に着目

る二元的構成の新たな二つの動向―フランス法を起点としたベルギー法・ケベック法の比較研究の試み―」法学研究94巻11号(2021年)1頁以下に依拠した(再録部分は章節のタイトルに注で示すこととする)。

3)　内田貴「担保法のパラダイム」法学教室266号(2002年)7頁以下、経済産業省企業法制研究会「企業法制研究会(担保制度研究会)報告書－『不動産担保』から『事業の収益性に着目した資金調達』へ」(平成15年1月)『別冊NBL86号新しい担保法の動き』(2004年)、池田真朗「ABL等に見る動産・債権担保の展開と課題―新しい担保概念の認知に向けて」伊藤進先生古稀『担保制度の現代的課題』(日本評論社・2006年)275頁以下(池田『債権譲渡の発展と特例法(債権譲渡の研究第3巻)』(弘文堂・2010年)320頁以下所収)、日本銀行金融研究所・債権管理と担保管理を巡る法律問題研究会報告書「担保の機能再論：新しい担保モデルを探る」(2008年)など参照。

した担保として、どのような形態が想定されてきたのか[4)]、本稿の考察に必要な範囲で整理しておきたい。いささか観念的ではあるが、以下の３つの類型をモデルとして措定することが可能ではないかと考えている[5)]。本稿の検討の直接の対象となるのは、【第３類型】（「事業」を担保にとる方法）であるが、その類型の構造を明らかにするためには、それに先行する２つの類型（【第１類型】「固定資産の集合」を担保にとる方法と【第２類型】「流動資産の集合」を担保にとる方法）との比較を意識することが有益となろう。

①　収益を生み出す装置としての「固定資産の集合」を担保にとる方法（【第１類型】）

【第１類型】は、収益自体を担保目的（客体）とするのではなく、収益を生み出す装置としての固定資産を担保にとる類型である。わが国の各種の「財団抵当」制度やフランスの「営業財産質」制度などが典型例である。事業収益は、通常、固定資産が一体となって生み出されるものであるから、法的概念として、ドイツやわが国の「財団」[6)]やフランスの「事業財産（fonds）」[7)]などの固定資産の集合的把握を可能とする法的枠組みが求められ、法的制度

---

4)　近時の議論の動向を整理するものとして、田髙寛貴「事業収益の担保化に向けた課題と新たな担保法の体系」同編著『担保法の現代的課題―新たな担保法制の構想に向けて』（商事法務・2021年）196頁以下など参照。

5)　担保に限定せず、「財の集合的把握」という視角からいくつかのモデルを整理したものとして、片山・前掲注（2）「財の集合的把握と財の法」123頁以下がある。なお、「集合財産担保」の歴史的展開につき、池田雅則「集合財産の担保化」吉田克己＝片山直也編『財の多様化と民法学』（商事法務・2014年）429頁以下など参照。

6)　近江幸治「日本民法の展開（2）特別法の生成―担保法」広中俊雄＝星野英一編『民法典の百年Ⅰ全般的観察』（有斐閣・1998年）184頁以下、古積健三郎「財団抵当制度とドイツの法制」NBL847号（2006年）8頁以下など参照。

7)　105e Congrès des Notaires de France, *Propriétés incorporelles de l'entreprise,* 2009 ; Dissaux (N.), *Le fonds d'entreprise,* LexisNexis, 2015 ; *etc*. 営業財産（fonds de commerce）につき、福井守『営業財産の法的研究』（成文堂・1973年）、古田龍夫『企業の法律概念の研究』（法律文化社・1987年）など参照。

として、構成部分の散逸を防止しつつ、デフォルト時において一括して売却する制度が必要となる。

②「収益」自体あるいは収益に直結する「流動資産の集合」を担保にとる方法（【第２類型】）

【第２類型】は、「収益」自体あるいは収益に直結する「流動資産の集合」を担保にとる方法である。わが国における集合動産譲渡担保・集合債権譲渡担保をめぐる判例法理の展開、それを踏まえたABL等の実務の取り組みがこれにあたる[8)]。法的概念として、わが国の「集合物」や「集合動産・集合債権」[9)]、フランスの「集合（ensemble）」や「包括体（universalité）」な

---

8)　事業再生研究機構編『ABLの理論と実務』（商事法務・2007年）、池田真朗＝中島弘雅＝森田修編著『動産債権担保―比較法のマトリクス』（商事法務・2015年）、近江幸治「民法理論のいま―実務への架橋という課題（5）集合動産・集合債権等の担保化に対する社会的要請」判時2493号（2021年）2頁以下など枚挙に暇がない。

9)　判例は、周知のように、集合動産譲渡担保につき、「構成部分の変動する集合動産についても、その種類、所在場所及び量的範囲を指定するなどなんらかの方法で目的物の範囲が特定される場合には、一個の集合物として譲渡担保の目的となりうると解するのが相当である」として、「構成部分」とは別に「（一個の）集合物」を観念するいわゆる「集合物論」を採用することを明らかにし（最判昭和54年2月15日民集33巻1号51頁）、さらに、流動する構成部分につき対抗要件（占有改定）の自動取得を認めた（最判昭和62年11月10日民集41巻8号1559頁）。他方、債権については、「集合債権」概念が不要だとする学説も有力ではあるが、判例は、「いわゆる集合債権を対象とした譲渡担保契約」を観念してはいる（最判平成13年11月22日民集55巻6号1056頁）。学説としては、判例を支持する集合物論（二重帰属説）の他に、集合物を「価値枠」と把握する価値枠説、集合物概念を否定する分析論の対立が存する（学説につき、古積健三郎他「集合動産譲渡担保と動産売買先取特権」鎌田薫他『民事法Ⅱ担保物権・債権総論[第2版]』（日本評論社・2010年）145頁以下など参照）。法制審担保法制部会でも、「集合動産」、「集合債権」という概念を用いて審議が行われている（「中間試案の補足説明」19頁以下「第3　集合動産・集合債権を目的とする担保権の実体的効力」参照）。法制審での審議も含めて近時の議論の動向を整理するものとして、生熊長幸「集合動産譲渡担保および集合債権譲渡担保の立案をめぐる問題について」立命館法学402号（2022年）231頁以下、和田勝行「集合財担保の法的構成をめぐる議論と今後の方向性」ジュリ1579号（2023年）22頁以下など参照。

ど[10]、流動資産をまとめて把握する法的枠組みが模索されている。さらに、ABLなど、事業のライフサイクルの中で、流動資産（商品、売掛債権、預金）をまとめて担保にとることの有用性も指摘されている[11]。特に債権譲渡担保など収益に直結した事業債権の担保に関して、ファイナンスのニーズに応じて、「循環型」か「累積型」かを区別して制度設計をすべきであるとの見解が有力である[12]。短期の運転資金の融資に関しては、「循環型」によって、デフォルト時において固定化した債権からの確実な回収が求められる。これに対して、大型の設備投資のための中長期の融資に関しては、「累積型」によって、平時の期中において事業収益から回収を図ることができる枠組みが求められる。

③ 「事業」（企業継続価値）を担保にとる方法（【第3類型】）

【第3類型】は、『事業成長担保権』など、「事業」（企業継続価値）を担保にとる方法である[13]。これは、企業には、アセットを超えた企業継続価値

10）　フランスでも、2006年担保法改正によって、「集合有体動産質（gage d'un ensemble de biens mobiliers corporels）」および「集合無体動産質（nantissement d'un ensemble de biens meubles incorporels）が明文化されている（山野目章夫＝平野裕之＝片山直也「2006年フランス担保法改正の概要」1335号（2007年）32頁以下など参照）。さらに、2006年担保法改正に先行して、商法典上に「在庫質（gage des stocks）」が導入されたが（2006年3月23日オルドナンス、新商法典Art. L527-1以下）、2021年担保法改正により在庫質は廃止され、民法典上の「集合有体動産質」に一本化されている（片山・前掲注（2）「動産・債権担保法制をめぐる二元的構成の新たな二つの動向」39～40頁など参照）。

11）　中島弘雅「ABL担保取引と倒産処理の交錯―ABLの定着と発展のために」金法1927号（2011年）71頁以下など参照。

12）　伊藤眞「倒産処理手続と担保権―集合債権譲渡担保を中心として」NBL872号（2008年）64頁、中村廉平「再建型法的倒産手続におけるABLの取扱いに関する考察―いわゆる『固定化』問題を中心として」NBL908号（2009年）33頁など参照。併せて、角紀代恵「集合動産譲渡担保をめぐる混迷は続く」金法2207号（2023年）12～13頁参照。

13）　事業担保（制度）のニーズについては、事業者を支える融資・再生実務のあり方に関する研究会「論点整理2.0」（令和3年11月30日）など参照。

があることを前提に、アセット・レベルではなく、「事業」自体を担保目的（客体）として把握する類型である。「包括担保」や「全資産担保」など、アセット・レベルでの「財の集合的把握」を模索するものとは方向性を異にする[14)]。実は、事業そのものを対象とする担保制度を整えている立法例は必ずしも多くはなく、UNCITRALモデル法やUCC第9編も「包括担保」法制にとどまるとの指摘が存する[15)]。この点に関して、『事業担保権』も『事業成長担保権』も、いずれも「総財産」を目的としたり、「全ての財産」に及ぶとしたりするものではあるが（「金融審WG報告」8頁、「中間試案」第5章第23の3)、同時に、『事業担保権』については、優先弁済権の範囲の問題として（「中間試案」第5章第24の3)、『事業成長担保権』については、受益者の範囲の問題として（「金融審WG報告」11頁)、一般債権者（労働債権者や商取引債権者）の優先や分配を考慮することから、単純な「全資産担保」と性質決定することはできない。当面、「事業担保（制度)」の一例として、緩やかに解して、検討の俎上に載せることとする。

---

14)　事業担保・包括担保法制については、枚挙に暇がないが、東京弁護士会倒産部編『担保法と倒産・金融の実務と理論―担保法の検討課題』（別冊NBL178号・2021年）所収の伊藤眞「事業価値担保（事業成長担保）は事業再生を促進するか」（2頁以下)、田中亘「事業担保に関する一考察―担保権制約の合理性および会社法の観点から」（15頁以下)、伊藤眞ほか「座談会・事業担保をめぐる課題」（196頁以下)、沖野眞已ほか「座談会・包括担保をめぐる課題」（239頁以下）など参照。併せて、佐藤正謙「事業担保・包括担保の効用と限界―金融実務を踏まえて―（上）（下)」金法2178号（2022年）14頁以下、2179号（2022年）26頁以下、同「事業担保の意義と制度設計」角紀代恵ほか編『現代の担保法』（有斐閣・2022年）325頁以下、同「事業の担保化と担保法改正」ジュリ1579号（2023年）28頁以下、山本和彦「包括担保権の創設と手続法上の諸問題」角紀代恵ほか編『現代の担保法』（有斐閣・2022年）357頁以下など参照。『事業成長担保権』につき、近江幸治「民法理論のいま―実務への架橋という課題（7）『事業成長担保権』構想の制度的前提」判時2533号（2022年）96頁以下、香月裕爾「事業成長担保権と金融機関の対応」銀行895号（2023年）28頁以下、本多知則「事業成長担保権（仮称）に関する基礎的考察―いわゆる積み上げ方式との比較の観点から」金法2201号（2023年）4～5頁など参照。

15)　佐藤・前掲注（14）「事業担保・包括担保の効用と限界（下)」27頁など参照。

【第３類型】の事業担保の本質は、第１には、「事業財産」（事業との関係での「有機的一体性のある資産」）を集合的に把握するという点に存する。そこには、一方では、「のれん」や「契約上の地位」も含まれるという点と、他方では、単なる「包括担保」「全資産担保」とは異なるという点が含意されている。【第１類型】の延長線上で、「財の集合的把握」の実質的な意義が検討される必要がある。そこでは、デフォルト時における「事業譲渡」による回収が念頭に置かれており、その前提として、事業財産の構成部分の散逸を防止することが求められる。

事業担保の第２の本質は、「事業の継続」という点である。デフォルト時だけではなく、期中における随時弁済がより本質的な効果となる。この点では、【第２類型】の「累積型」と共通し、「点」の担保から「線」の担保へとのパラダイムが求められている[16)]。

以上の類型的整理から、事業担保の２つの理論的な課題が自ずと明らかとなろう。第１の課題は、事業担保の目的（客体）とは何かという点であり、財の集合的把握という視角から、「事業」や「有機的一体」を目的とすることの積極的・消極的意義を抽出することにある。第２の課題は、「線の担保」という視角から、期中における担保管理や担保設定当事者の拘束を理論的に基礎付ける点にある。以上の２点は、これまで担保法理の中で必ずしも正面から論じられてこなかった点であり、【第３類型】だけではなく、【第１類型】・【第２類型】にも関連する課題である。換言すれば、『事業成長担保権』、『事業担保権』の導入を契機に、担保法理全般の抜本的な見直しが求められているということも可能であろう。

16）「点」の担保と「線」の担保との対比という分析視角について、粟田口太郎「動産・債権担保立法の座標軸」金法 2167 号（2021 年）34 ～ 35 頁、法制審議会担保法制部会第 31 回会議「委員等提出資料 31—4 粟田口参考人提出資料」など参照。

Ⅲ　事業担保の目的(客体)とは何か？——財の集合的把握の視角から

第1の理論的な課題、すなわち事業担保の目的（客体）は何かという点について検討を行う。事業担保権を含めた「収益性に着目した担保」においては、担保の目的（客体）の「交換価値」の把握から、「収益価値」の把握というパラダイムが通底にあり、そこにはそもそも担保を離れて、広く権利客体について、「物」なのか、「財」なのかという根本問題が横たわる。この点についてはフランス法が示唆に富む。いささか遠回りではあるが、「財の集合的把握」の出発点を確認する作業からはじめよう。

1．「財」の「効用（efficacités)」と「利活用（exploitation)」[17)]

(1)「物」論のパラダイム——「物」から「財」へ

現代社会における財の多様化を前提とするならば、物を有体物に限定する現行民法の体系に代置して、あるいはそれと並置させて、有体物、無体物および集合物の区分を相対化し、法主体に効用（efficacité）をもたらす単位としての「財」を観念することによって、法主体によるその有用性・効用の享受（専有）を保障する法システム（それを「財の法」と呼ぶ）を導入することが不可欠となるであろう[18)]。

「物」概念も、広義において、主体である「人」の外界に存し、人に有用性・効用をもたらすモノ（客体）を指すと定義するならば、有体物に限定されず、無体物・集合物も包含できるが、逆に、臓器その他の身体由来物など人格的な効用のみに享受が限定されるべきモノも含まれることになるので、譲渡性や差押可能性が認められ、資産（patrimoine）を構成するモノを指す概念

---

17)　以下の記述は、主として、片山・前掲注（2)「財の多様化と民法学」140～143頁の一部に加筆をし、再録したものである。「exploitation」概念は、特許権の「実施」、著作権の「利用」、事業については「経営」に該当する多義的な概念である。本稿では、文脈に応じて、適宜、「利活用」、「経営」と訳し分けてゆく。

18)　片山直也「財産の管理」新世代法政策学研究17号（2012年）124頁参照。

として「財」概念は有用である。さらに「財」概念は、単なる客体ではなく、主体と客体との関係（より正確には、客体のもつ主体に対する関係）に着目する概念である点において、客体そのものを指す「物」概念と区別されるべきである。

この点で、フランス民法典は、講学上、「財の法（le droit des biens）」と呼ばれる第２編において、ローマ法と異なり「物（res, choses）」を直接に規定するのでなく、「財（les biens）」という視角から法典が編纂されている点に特徴がある。すなわち「すべての財産（biens）は、動産または不動産である」（516条）と規定するが、「動産」概念は、「開かれたカテゴリ」であり、民法典制定以来、今日に至るまで社会の発展に伴って生み出されてきた新たな財（無体財）、すなわち知的財産、顧客（営業財産）、有価証券ポートフォリオなどを「動産」として受け入れてきた[19)]。営業財産や有価証券ポートフォリオには、無体財であるとともに、集合財としての特徴が存する。

ちなみに、ボワソナード旧民法は、フランス民法の構成を一歩進めて、「財産（biens）」を「権利（droits）」であると定義しつつ（財産編１条１項）[20)]、「物」の区別として、「特定物」、「定量物」、「集合物（collection）」、「包括財産（universalité des biens）」の４つを挙げていた（同16条）[21)]。

以上の「物」と「財」の峻別が意味を持ってくるのが、無体物と集合物である。無体物に関しては、客体としての物自体を観念することに法的な意味はなく、その効用について、人の行為（活用・実施）が規制の対象となるに過ぎない。集合物においては、主体に効用をもたらす単位として、個々の構成要素（物）と区別された集合を「財」と観念することに重要な意義が存す

---

19)　*Cf. ex.* Voirin (P.), La composition des fortunes modernes au point de vue juridique, *Rev. gén. droit,* 1930, p. 103 ; *etc.*　併せて、片山直也「財産―bien と patrimoine」北村一郎編『フランス民法典の200年』（有斐閣・2006年）183～184頁以下参照。

20)　Boissonade (G.), *Projet de Code civl pour l'Empire du Japon, accompagne d'un Commentaire,* t. 1er : des droits réels, 2e éd., 1882, n° 2, p.21.

21)　片山・前掲注（19）「財産」177頁注（1）参照。

るのである。本稿の対象である事業担保の客体は、まさしく無体物や集合物を包含する「有機的一体」であることから、ことさらに「財」の概念が有用であることは明白であろう。

(2)「利活用（exploitation）」概念

財の多様化は、所有権につき「権能の束」としての側面を再認識させると同時に、効用の分配という視角から、「権能」の再整理・再類型化を促している。

中世ローマ法学（バルトロス）以来の伝統的な法理論は、所有権の「権能」につき、使用（usus）、収益（fructus）および処分（abusus）の３つに区分し（現行民法 206 条）、所有権の行使について、保存行為（actes de conservation）、管理行為（actes d'administration）および処分行為（actes de disposition）の３つの行為を区別してきた（共有に関する民法 251-252 条参照）。

しかしながら、従前から所有権の行使につき「管理」と「処分」の区別は困難であるとの指摘がなされてきた。さらに近時は、資産の利活用（exploitation）や運用（valorisation）といった現代取引社会のニーズを反映して、「権能」の３分類を見直すことが主張されている。たとえば、フランスでは、使用・収益を包摂した概念である「享受（jouissance）」につき、「単なる使用（le simple usage）」、「消極的享受（la jouissance passive）」と区別して、「積極的享受（la jouissance active）」を打ち立てる学説がある[22)]。積極的な享受とは、労働やノウハウを用いて資産の利活用や運用をなし、資本を増殖させることを指す。具体的には、営業財産の活用、有価証券ポートフォリオの運用などが想定されている。たとえば、ポートフォリオによる資産運用を法的に保障するためには、構成要素の処分権限（権能）を

22） *Cf. ex.* Le Fur (A.-V.), « L'acte d'exploitation de la chose d'autrui », *RTD civ.*, 2004, pp. 440-445.

認めつつ、ポートフォリオの同一性およびその管理を維持できなければならない。すなわち、構成要素と区別された「集合」を法的に観念すること（財の集合的把握）とともに、構成要素の処分を包含しつつ、「集合」につき運用（価値増殖）をなす行為を権能として正当化する概念が必要となる。その点では、集合財論と権能論は表裏一体であり、財の多様化の両輪である。

2. 事業財産と「利活用・経営（exploitation）」概念[23)]

それでは、さらに、事業財産との関係で、フランスの「利活用(exploitation)」概念を分析しておこう。事業担保の基礎理論としての位置づけとなる。

(1)「用途による不動産」と「利活用（exploitation)」概念

まずは、フランス民法典（1804年）における「用途による不動産化(immobilisation par destination)」を挙げることができる。すなわち、フランス民法典は、「土地の所有者がその土地の用役（service）または利活用(exploitation)[24)]のためにそこに設置した動物または物は、用途による不動産である」(第524条1項）とし、具体的には、耕作用の動物、農業用具、圧搾機、ボイラー、蒸溜器、貯蔵桶および樽などが、「用途による不動産」となるとする（同条２項)。これらの規定は、主として、農地（不動産）への事業用固定資産の付加という形で農業社会に対応しようとしたものである。その後、判例は、造園業に必要な培養土のストック、製造機械、ブラスリーの樽などに拡張し、19世紀後半以降の産業社会にも対応している[25)]。

---

23) 以下の記述は、主として、片山・前掲注（2)「『活用（exploitation)』概念と『権能』論」31～35頁の一部に加筆をし、再録したものである。

24) 農業という事業のための事業用固定資産の付加という点からは、ここでのexploitationには「経営」という意味が強く含意されている（法務大臣官房司法法制調査部編『フランス民法典—物権・債権関係—』(法曹会・1982年）2頁は「経営」と訳出している)。

25) Cass. 3^{e} civ., 5 mai 1981, n° 79-15966, Bull.civ. III, n° 89 ; Cass. civ, 24 janv. 1912, DP 1913, 1, p.337 ; *etc.*

「用途による不動産化」は、「従物の原則（principe de l'accessoire)」の発展型であり、法的擬制（fiction juridique）によって、動産から不動産への性質の転換にまで踏み込んだものである[26]。法的テクニックは、次に取り上げる「営業財産」とは異なるが、いずれも「事業の基盤となる有形・無形の固定資産の一体的把握」（いわば「収益装置としての財の集合的把握」）というニーズに応えるものであると分析できよう。

(2)「営業財産」と「経営（exploitation)」概念

「営業財産（fonds de commerce)」は、18世紀においては、単に、商人の有する商品の集合体を意味するに過ぎなかったが、19世紀中葉以降、営業財産の譲渡および担保化が広く行われるようになり、それに伴い営業財産概念に商人の「経営（exploitation)」の諸要素である顧客（clientèle)、賃借権(droit au bail)、商聘(enseigne)、商標(marques)、商品(marchandises)などが包摂されるようになる。やがて、19世紀後半には、顧客、賃借権などの無体的要素を中心的要素とした、交換価値を有する一つの集合体としての営業財産概念が形成され、それに対応した法整備が進められた。具体的には、1898年3月1日法は、営業財産質入れの第三者対抗要件として、商事裁判所書記課備え付けの登記簿 (registre) への登記 (inscription) を要求し、1909年3月17日法は、質権の成立要件の明確化（同法第8条、10条)、質権客体の明確化（第9条)、登記手続きの整備（第11条、第12条）等の措置を定めた（2000年新商法L. 第142-1条～L. 第142-5条)[27]。営業財産の歴史上の評価（顧客の保護が自由な競争参入を阻害するとの批判など）は別として、営業財産の特徴は、非均質な構成要素によって構成される1つの無体財であり、収益装置としての固定資産（有体・無体）の集合的把握

---

26) Dross (W.), *Droit civil, Les choses*, LGDJ, 2012, n°s 414 et s., pp. 763 et s.

27) 片山・前掲注（19）「財産」200～201頁、原恵美「担保目的の信託」池田ほか編著・前掲注（8）『動産債権担保』205～209頁など参照。

というニーズに対応したものであったと評価できる。

営業財産は、「顧客（clientèle）」[28)]（商人から商品供給やサービス提供を受ける人の集合）を前提とし、かつ「経営（exploitation）」が商行為としての性質を有していることが要件とされる[29)]。

なお、20世紀末には、事業財産（fonds）が拡大し、判例によって、「自由業財産（fonds libéral）」が承認されるようになる。専門家と顧客（クライアント）との関係（特に弁護士、医者等の自由業）は intuitus personae であるので、判例は長らく、自由業の顧客（clientèles）は取引外としてきたが、次第に禁止を緩和し、承継者に顧客を紹介する約束、場所と設備を譲渡する約束、競業を避止する約束を有効とした[30)]。その他、事業財産（fonds）としては、手工業財産（fonds artisanal）、農業財産（fonds agricole）などがある[31)]。

(3)「農業経営（exploitation agricole）」概念

農漁業法典（Code rural et de la pêche maritime）は、立法編の第３章を「農業経営（exploitation agricole）」に充てている（同法典L. 第311-1条～373-6条）。

植物または動物の生物学的循環の支配（maîtrise）および経営（exploitation）に関連し、かつ、その循環の展開に不可欠の１つないし複数の段階を構成するすべての活動、および、農業経営者（exloitant agricole）によってなさ

28）*Cf. ex.* Sorbier（M.）, *La clientète commerciale : cession, location et partage*, 2003, L'Hermattan.

29）*Cf. ex.* Delpech（M.）, *Fonds de commerce*, 19e éd., 2019, Delmas, no 001.22, p. 3, nos 011.11 et s., pp. 78 et s., nos 002.91 et s., pp. 24 et s. ; etc.

30）Civ. 1re, 7 juin 1995, no 93-18222 ; D. 1995, 560 ; Civ. 1re, 3 juillet 1996, no 94-18371 ; D. 1997, 531.

31）*Cf. ex.* Dissaux, *Le fonds d'entreprise*（*supra note*（7））, nos 51 et s., pp. 25 et s. ; 105e Congrès des Notaires de France, *Propriété incorporelles de l'entreprise*（*supra note*（7））; *etc.*

れる、生産活動の延長、または経営を補助する活動は、農業活動（activités agricoles）とみなされる（同法典L. 第311-1条第1項）。

農業経営代表（chef d’exploitation agricole）が登記された農業財産登録簿（registre des actifs agricoles）を調製しなければならない（同法典L. 第311-2条第1項）。経営者は、農業活動に際して活用される事業財産（「農業財産（fonds agricole）」と呼ばれる）を組成し（同法典L. 第313-1条第1項）、それに農業財産質（nantissement du fonds agricole）を設定することができる（同条第二項）。質権は、家畜（cheptel mort et vif）、在庫（stocks）、事業財産の活用に供される譲渡可能な契約および無体的権利、ならびに招聘（enseigne）、経営称号（nom d’exloitation）、通称（démonination）、顧客（clientèle）、特許（brevets）およびその他の関連する知的所有権に及ぶ（同条第3項）[32]。

（4）知的所有権と「利活用（exploitation）」概念

知的所有権に関しても、広く「利活用（exploitation）」概念が用いられている。たとえば、著作権については、知的所有権法典（Code de la propriété intellectuelle）の第1部「文学的および美術的所有権」、第1章「著作権」の第2節「著作者の権利」において、著作者が「排他的利用権（droit exclusif d’exploiter）」を享受するとの規定（同法典L. 第123-1条第1項）を置き、第3節を「権利の利用（Exploitation des droits）」に充てている（同法典L. 第123-1条以下）。また、特許権については、第2部「産業的所有権」、第6章「発明および技術的知見の保護」、第1節「発明特許権」、第3款「特許権に結びつけられた権利」の第1項を「排他的実施権（droit exclusif d’exploitation）」に充てている（L. 第611-1条、L. 第613-1条以下）。

32） 農業経営および農業財産につき、*cf. ex.* Clerget (E.) et Gasselin (C.), Le fonds agricole, Le temps de la clarification, in 105e Congrès des Notaires de France, *Propriété incorporelles de l’entreprise* (*supra note* (7)), pp. 333 et s.

知的財産権の法的性質をめぐっては、法典が「知的所有権（propriété intellectuelle）」との呼称を用いているにもかかわらず、有体物所有権と同様の「所有権」と構成することに批判があり、論争が繰り返されてきたところであるが、近時の学説は、知的財産権は、物権・債権のいずれにも属さない第３の独自のカテゴリ（sui generis）を構成するとし、様々な知的財産権から抽出される共通の性質として、「利活用の独占（monopole d'exploitation）」という側面があることを指摘するものが有力である[33]。

かかる視角を明確に打ち出したのは、ルビエ（Paul Roubier）である。ルビエによれば、所有権や債権が、すでに取得された権利として、静的（statique）であるのに対して、知的財産権は、利活用（exploitation）によってはじめて価値（valeur）が生み出される容仮的なものとして、動的（dynamique）である。利活用に結びつけられた価値は、最終的には、顧客（clientèle）から生み出される[34]。知的財産権の共通的性格を「顧客権（droits de clientèle）」と呼ぶべきか否かは別として、ルビエの見解の中心に「利活用（exploitation）」があることは明らかである[35]。

フランスでは、事業財産における「利活用（exploitation）」概念の展開が、「無体財産（biens incorporels）」論のそれと軌を一にしている点は興味深い。実は、1930年代、ヴォワランおよびルビエの論文において確立された無体

33）*Cf. ex.* Pollaud-Dulian (Fr.), *Droit de la propriété industrielle,* 1999, Montchrestien, n° 25, pp. 11-12 ; Dross, *op. cit.*(*supra note* (*26*)), n°s 467, 467-1 et 467-2, pp. 852-854 ; Malaurie (Ph.) et Aynès (L.), *Droit civil, Les biens*, 8e éd. avec Julienne (M.), 2019, n° 209, pp. 84-85 ; *etc.*

34）Roubier (P.), Droits intellectuels ou droits de clientèle, *RTD civ.,* 1935, pp. 251 et s., *surtout,* p. 295.

35）*Cf. ex.* Pollaud-Dulian, *op. cit.* (*supra note* (*33*)), n°s 19-20, pp. 9.「利活用契約の一般理論（théorie générale des contrats d'exploitation）」の定立を提言するものとして、*cf. ex.* Marino (L.), *Droit de la propriété intellectuelle,* PUF, 2013, p. 49, n° 35, pp. 80-82.

財産権の2大領域は、営業財産（fonds de commerce）および知的財産権（droits intellectuels）であり、前者すなわち事業財産（fonds）の本質を顧客（clientèle）ととらえるならば、「顧客への権利（droit à la clientèle）」と「知的財産権」と言い換えることもできる[36)]。以上の分析視角はその後、フランスにおける「財の法」の1つの支柱として、今日まで承継されているといっても過言ではない[37)]。

3. 固定資産の集合（収益装置）を目的とする担保における収益の把握[38)]

それでは、担保の目的（客体）の話に戻ることにしよう。事業の収益性に着目した担保としては、まずは、事業の基盤となる有形・無形の固定資産を一体的に把握しようとする担保形態（【第1類型】）であり、わが国では、工場抵当法など、各種財団抵当法がそれにあたる。フランスにおいては、営業財産質、農業経営財産質などの事業財産質がこれに該当する。そこでは、いわば収益装置として、「財団」や「事業財産」概念により一体的把握がなされている[39)]。

(1) わが国における固定資産一体型担保―財団抵当

まずは、工場抵当法は、付加一体物概念（民法370条）を拡張し、「其ノ

---

36) Voirin (P.), La composition des fortunes modernes au point de vue juridique, *Rev. gén. droit,* 1930, pp. 103 et s ; Roubier, *op. cit.*(*supra note*(*34*)), pp. 251 et s.

37) *Cf. ex.* Ripert (G.) et Boulanger (J.), *Traité de droit civil d'après le Traité de Planiol,* t.II : *Obligations* (*Contrat-Responsabilité*), *Droits réels* (*Biens-Propriété*), 1957, n°s 2871 et s., p. 997 ; Zenati-Castaing (Fr.) et Revet (Th.), *Les biens,* 3e éd., 2008, n°s 53 et s., pp. 99 et s. ; Catala (P.), La transformation du patrimoine dans le droit civil moderne (1966), n° 19, p. 25, *do,* L'évolution contemporaine du droit des biens, Exposé de synthèse (1991), n° 21, p. 74, in *Famille et patrimoine,* 2000 ; 片山・前掲注（19）「財産」189頁など参照。

38) 以下の記述は、主として、片山・前掲注（2）「財の集合的把握と財の法」127-130頁の一部に大幅に改訂をし、再録したものである。

39) 前注（6）（7）参照

土地（建物）ニ備附ケタル機械、器具其ノ他工場ノ用ニ供スル物」に工場抵当権の効力が及ぶと規定するが（同法２条１項２項）、さらに「財団」の組成を認める（同法８条以下)。工場財団は、工場に属する土地及び工作物（1号)、機械、器具、電柱、電線、配置諸管、軌条その他の附属物（2号)、地上権（3号)、賃貸人の承諾あるときは物の賃借権（4号)、工業所有権（5号)、ダム使用権(6号)の全部または一部をもって組成することができる(11条)。そして「工場財団ハ之ヲ一箇ノ不動産ト看做ス」（同14条1項）との規定を置く。この「擬制」により工場財団は１つの物（不動産）とし、所有権および抵当権の客体となり（同条２項)、１つの工場財団につき、工場財団登記簿が調製される（19条)。工場財団の保存登記によって、その構成要素(工場財団に属すべきもの）の処分が禁止される（29条、33条)[40]。このように、工場財団は、事業を営むための有形・無形の固定資産（収益装置）を一体化するために、「擬制」によって１つの物（不動産）を観念するという法技術である[41]。

次いで、他方、鉄道抵当法による「鉄道財団」は、鉄道線路（その他の鉄道用地及びその上に存する工作物並びに之に属する器具機械）(同法３条1号)、工場、倉庫……その他工事又は運輸に要する建物及び其の敷地並びに之に属する器具機械（同２号)、地上権・登記した賃借権・地役権（同条５号)、車両（及びこれに属する器具機械）(同条６号）などによって組成されるが、不動産ではなく、「一箇ノ物」と看做され（同法２条３項)、所有権や抵当権の客体となる（同法４条１項)。公示は登録である（同法27条１項)。工場やその敷地の価値が高く、不動産に集約される形で財団が組成される工場財団と異なり、建物やその敷地よりも、鉄道路線の価値が高く、広く鉄道事

40）　酒井栄治『特別法コンメンタール・工場抵当法』(第一法規・1988年）86頁以下など参照。

41）　その他、「鉱業財団」(鉱業抵当法３条)、「漁業財団」(漁業財団抵当法６条)、「港湾運送事業財団」(港湾運送事業法26条)、「道路交通事業財団」(道路交通事業抵当法19条)、「観光施設財団」(観光施設財団抵当法11条）が同様の性質を有する。

業のために必要な様々な財が一体として扱われる点に特徴がある[42)]。

以上、各種財団抵当法が規律する「財団」は、「不動産」財団構成（任意選択主義）と「物」財団構成（当然帰属主義）とに大別されるが[43)]、いずれも事業のための有形・無形の固定資産の集合（収益装置）であり、法律上の擬制により、一物として取り扱い、経済的一体性を確保するという点に特徴が存する[44)]。固定資産の集合ではあり、「事業性」に着目した「収益装置」の担保化と位置づけることができるが、そこでは、「収益」自体の把握はまったく企図されていない。

(2) フランスにおける「営業財産質」

わが国の財団抵当、後に検討する事業担保と対比する上で興味深いのが、フランスの「営業財産質」(nantissement de fonds de commerce) である。先述したように、19 世紀中葉以降、営業財産の譲渡および担保化が一般的にみられるようになり、それに伴い営業財産概念に商人の「経営 (exploitation)」の諸要素である顧客（clientèle)、賃借権（droit au bail)、商聘（enseigne)、商号（marques)、商品（marchandises）などが広く包摂されるようになり、19 世紀後半には、顧客、賃借権などの無体的要素を中心とした、交換価値を有する 1 つの集合体としての営業財産概念が形成されてくる。営業財産の

---

42)　同様に、鉄道抵当法を準用する「軌道財団」(明治 42 年法律第 28 号・軌道ノ抵当ニ関スル法律 1 条)、明治 42 年法を準用する「運河財団」(運河法 13 条）がある。

43)　近江・前掲注（6）191 頁など参照。

44)　戦後、企業担保法が制定され、「財団」を目的とする財団抵当権とは異なり、債務者である株式会社の「総財産」を一体として担保権の目的とする企業担保権が認められた（企業担保法 1 条 1 項)。企業担保権は、イギリスのフォローティング・チャージをモデルとした「流動担保」である点に特徴があるが、株式会社発行の社債の担保のために限定されているため利用が制約され、無担保社債の出現によりその存在意義が問われている（執行秀幸「企業担保権の内容と効果」加藤一郎＝林良平『担保法大系第 4 巻』(金融財政事情研究会・1985 年）2 頁以下参照)。

法的性質をめぐっては、「顧客への権利（droit à la clientèle）」を本体とし諸要素がその従物（accessories）を構成すると分析する有力説[45]と、諸要素が「事実上の包括体（universalité de fait）」[46]を構成すると分析する判例・通説との対立が存したが[47]、いずれにせよ営業財産の本体が、顧客と場所（賃借権）であり、いずれも無体的な権利である点は争いがない。

わが国の事業担保権と対比して、もっとも重要な点は、営業財産の構成要素のうち、債権、商品には、質権の効力が当然には及ばないとされる点である[48]。流動資産（商品・債権）を担保の範囲から外す理由は、それらが商人の営業活動・販売の基礎であること、一般債権者（無担保債権者）の利益

45）後注（34）（36）の Voirin, Roubier 論文参照。

46）近時の文献として、*cf. ex.* Denizot（Aude）, *L'universalité de fait,* LGDJ, 2008 ; Binctin（Nicolas）, L'immatériel et l'universalité : vers la théorie de la valeur, in M. Grimaldi, N. Kanayama, N. Katayama et M. Mekki（dir.）, *Le patrimoine au XXIe siècle: regards croisés franco-japonais, Collection Vol.12*, Société de législation comparée, 2012, pp.145 et s. ; Blandin（Yannick）, *Sûretés et bien circulant, Contribution à la réception d'une sûreté réelle globale,* LGDJ, 2016; Nallet（Antoine）, *La notion d'universalité, Étude de droit civil, Nouv. Bib. de thèses, vol. 209,* Dalloz, 2021 ; *etc.* 片山・前掲注（2）「財の集合的把握と財の法」135頁以下、原・前掲注（27）「担保目的の信託」205～212頁など参照。なお、「事実上の包括体」については、「固定的集合（ensemble stable）」と「流動的資産（assiette flottante）」の２類型に分類され、補塡義務や物上代位などの効果が認められるべきか否かが類型的に論じられている（*Cf.* Denizot, *op. cit.*(*supra note*(*46*)), n°s 339 et s, pp. 229 et s. ; Zenati-Castaing et Revet, *op. cit.*(*supra note*(*37*)), n° 133, p. 206 ; *etc.*）。

47）Cass. civ., 17 juin 1918, *DP* 1922.1.128 ; *S.* 1922.1.313, note H. Rousseau ; *V. aussi,* Dissaux, *op. cit.*(*supra note*(*7*)), n° 34, p. 16 ; *etc.*

48）*cf. ex.* Dissaux, *op. cit.*(*supra note*(*7*)), n° 551, pp. 242-243 ; Delpech（X.）, *Fonds de commerce,* 18e éd., 2011-2012, Delmas, n° 11.60, pp. 78-79, n° 12.12-12.13, pp. 81-82, n° 72.25, p. 274 ; Bourassin（M.）et Brémond（V.）, *Droit des sûretés,* 7e éd., 2020, n° 999, p. 712 ; *etc.* 債権につき、Com. 21 juin 1950, *JCP* 1950, II, 5898, *obs.* Albert Cohen（同判決は、債権は当然に営業財産の要素となるものではなく、売却の際には、債権を含む明示の合意が必要で、対抗要件は、民法典1690条によるとする）、商品につき、Req. 21 juin 1933, *DH* 1933, 426.

確保（債権者平等）にあるといわれている[49]。

このように、歴史的には、「事業性」に着目する担保は、「固定資産の集合(収益装置)」の形態（【第 1 類型】）を出発点とすることが明らかとなった。財の集合的把握により、収益装置の一体性を確保し、事業譲渡による実行により、一体としての交換価値の把握を可能とすることが目指されていたと整理することができよう。他方、収益自体は、取引債権者等の一般債権者（取引債権者・労働債権者など）に与えられるものであり、担保権者は手を付けないことが原則とされていた。

4. 事業担保におけるパラダイム―収益把握の意義と制約

先に【第 3 類型】である事業担保の本質について、2 つの点を指摘した。このうち第 1 点の、「のれん」や「契約上の地位」を含めた「有機的一体性のある資産」の把握という点は、すでに 19 世紀末葉から 20 世紀初頭において、フランスの営業財産質などですでに確立していた【第 1 類型】の担保における「財の集合的把握」のテクニックであることが明らかとなった。【第 1 類型】と【第 3 類型】の決定的な違いは、収益自体を担保目的とするか否かという点である。【第 1 類型】では、収益装置としての固定資産の集合は把握するが、収益を含めた流動動産は、一般債権者（取引債権者・労働債権者など）に付与され、担保目的からは外されるのが原則とされた。これに対して、【第 3 類型】の事業担保権には、【第 2 類型】の流動資産担保（特に「累積型」担保）の系譜により、収益自体にも担保の効力を及ぼすことが認められる担保として制度設計されようとしている。たとえば、『事業成長

49）　以上につき、片山・前掲注（19）「財産」200-201 頁など参照。商品を担保に取る場合には、別途、民法上の動産質や商法上の在庫質が設定されるという（*cf. ex.* Delpech, *op. cit.*(*supra note*(*29*)), n° 72.26, p. 274 ; *etc.*)。これに対して、農業財産質（nantissement de fonds rural）は、在庫に効力が拡張される点は興味深い（*cf. ex.* Bourassin et Brémond, *op. cit.*(*supra note*(*48*)), n° 999, p. 712, note 3 ; *etc.*)。

担保権』に関しては、「事業成長担保権が、のれん等も対象に含むためには、総財産とするのみでは足りず、事業活動から生まれる将来キャシュフローも担保の目的とするものであること（将来設定者に属することになる財産を含むこと）を明確化する必要がある」としている（『金融用 WG 報告』8 頁)。

しかし、単純な「包括担保」や「全資産担保」とは、発想を異にし、一線を画すべきである。事業担保の目的は、事業（企業継続価値）であり、収益把握には、事業の継続性という点から自ずと制約がもたらされるはずだからである。全財産担保取引（プロジェクト・ファイナンス、LBO ファイナンスなど）は、SPC など「倒産隔離」(責任財産分離）の手法が前提とされ、それゆえに全資産担保が正当化されるのであって、同一に論じることはできない。そこで、事業担保における収益把握の意義と制約の原理を解明する必要がでてこよう。

まずは、収益把握の意義（積極的意義）については、集合債権譲渡担保の「累積型」と共通する面が存する。中長期の大型のファイナンスを可能とするためには、デフォルト時の事業譲渡による回収とともに、平時から随意弁済により事業収益から回収することを本質とする担保権の存在が不可欠である。それによって、収益の把握は正当化される。今後は、「交換価値（企業継続価値)」の把握とともに、期中における「収益」の把握を、新たな担保の本質として位置づけ、物権的効力として規律して行く方向性が模索されるべきであろう。

次いで、収益把握の制約（消極的意義）であるが、この点は、事業担保が企業継続価値を把握する担保であり、事業の継続が前提となる担保であることによって正当化がなされるであろう。それゆえ、一方では、【第３類型】の事業担保権は、【第１類型】に属する 20 世紀型の営業財産質、すなわち、収益自体には一切手を付けず、一般債権者に付与する担保形態とは異なり、一定の範囲で収益からの優先的な回収が確保されるべきである。しかし、他方では、収益のすべてを把握しているわけではなく、一定の割合で商取引債権・労働債権を差し引いた残り部分を把握するに過ぎないという点を制度設計の大前提としなければならない[50]。この点がまさに、事業担保が包括担保とは異なる所以であり、いわゆる「カーブアウト」[51]の問題は、倒産法上の政策判断ではなく、それ以前の問題として、担保権の本質（収益把握の制約）および担保権の実体法上の効力の及ぶ範囲として説明がなされるべき点であると考える。

この点について、『事業担保権』は、「全ての財産」に及ぶとするものではあるが（「中間試案」第5章第23の3)、同時に、優先弁済権の範囲の問題として（「中間試案」第5章第24の3))、一般債権者（労働債権者や商取引債権者）の優先や分配を考慮するとしていることから、倒産法上の政策判断の前段階として、担保権の実体法上の効力の及ぶ範囲として論じられていることが明らかとなろう。

他方、『事業成長担保権』は、信託契約によってのみ担保権の設定が可能

50）　本多弁護士は、「累積型」における担保価値の把握について、次のような理解を示している。「一方、将来キャッシュフローをみて取り組む長期的なファイナンスにおいては、ファイナンス期間中に流動する（担保パッケージを構成する）資産に累積的に担保権が及ぶことが期待されている。この場合に担保権者が期待しているのは、（トップラインではなく)、仕入れや人件費等の必要経費が控除された後のフリーキャッシュフロー（ボトムライン）の将来価値であるが、担保権者がボトムラインの将来キャッシュフローについて価値把握できる上で、その源泉である資産自体に将来にわたり累積的に担保権の効力が及ぶことが前提となる」（本多知則「さらなる議論が求められる3つのポイント」金法2207号（2023年）22～23頁)。同様に、事業成長担保権における商取引債権や労働債権等の優先性について、「一計算時期における総キャッシュフローから事業運営上必要なキャッシュアウトフローを控除した残額であるフリーキャッシュフローが将来にわたり創出されることを前提とし、事業価値はその現在価値を合計したものとすれば（インカムアプローチ)、こうした優先性を認めるのは整合的といえる」との分析をなしている（本多知則「事業成長担保権（仮称）に関する基礎的考察―いわゆる積み上げ方式との比較の観点から―」金法2201号（2023年）4～5頁参照)。

51）　カーブアウトにつき、井上聡「担保権者が把握するものと一般債権者に残すもの」東京弁護士会倒産法部編『担保法と倒産・金融の実務と理論―担保法の検討課題』（別冊NBL178号・2021年）89頁以下、沖野眞已ほか「座談会・包括担保をめぐる課題」同『担保法と倒産・金融の実務と理論』286～288頁、佐藤・前掲注（14)「事業担保・包括担保の効用と限界（下)」29～32頁、山本・前掲注（14)「包括担保権の創設と手続法上の諸問題」359～364頁以下など参照。

であるとしつつ、一般債権者等の取り分の確保のために、信託受益者として指定するという信託法に特殊なテクニックを用いるものであるが、「被担保債権者」として「2種類の受益者」(与信者と一般債権者等)を指定するというのであるから(「金融審WG報告」11頁)、『事業成長担保権』の実体法上の効力が受益者の指定に反映していると分析することは可能であろう。

ちなみに、事業担保権の被担保債権に先立って弁済を受けられる一般債権の範囲および優先弁済の根拠について、法制審担保法制部会の部会資料において、①「当該債権の対価である給付が事業担保権の目的である総財産、すなわち設定者の企業価値の維持、増大に寄与したからである」という考え方、②「そもそも事業担保権が担保価値として把握したのはその事業が継続的に生み出すフリーキャッシュフローであるという理解に基づき、事業担保権の被担保債権の弁済に充てられる原資はこれを生み出すために必要な費用を控除したものであるという説明」、③「より政策的な観点を強調する説明」の3つの考え方が提示されていた(部会資料18第2、3(11～17頁)参照)。

この点について、佐藤弁護士は、「②は事業担保権を実質的に骨抜きにするものであり、およそ採り得ないだろう」とし、「事業担保権というと、②のように『フリーキャッシュフロー(又はネットキャッシュフロー)に対する優先権』との表現が用いられることがあるが、事業担保権の本質の正確な把握を誤らせるおそれがあり、適切でない」と指摘されている。その前提として、「事業価値又はキャッシュフローを引当としてファイナンスに取り組む当事者にとって、一般債権者(の一部)への支払を優先して行う契機・論理は、回収の最大化を図る上で、担保目的たる事業価値の維持が重要であり、そのためには、これに必要な費用を合理的な範囲で支払うことを受けざるを得ない、というものである」と、「合理的な範囲で」にルビを付して力説されている[52]。

52) 佐藤・前掲注(14)「事業の担保化と担保法改正」32頁参照。

私見は、商取引債権や労働債権が、「全て」、費用として、事業担保権の被担保債権に優先するというわけではなく、あくまで、抽象的な説明にとどまるが、事業収益の分配については、平時における随時弁済の割合が、実行時・倒産時においても基準となるべきではないかと考えている。すなわち、事業担保は、事業譲渡の対象となる固定資産部分（ゴーイング・コンサーンバリュー）については、事業担保権者が優先弁済権を確保しているが、事業収益からの随時弁済部分については、取引債権者・労働債権者との関係で一定の割合でしか優先弁済権を有しておらず、実行時・倒産時も、事業継続を前提とする限りは、その割合が維持されるというのが、事業担保の実体法上な効力（優先関係）だと理解している（法制審議会担保法制部会第 9 回議事録 13 ～ 15 頁、同第 10 回議事録 16 ～ 18 頁、同第 22 回議事録 49 ～ 50 頁〔片山直也〕など参照）。

Ⅳ　事業担保権の期中における管理

1. 事業担保における管理機能

担保の機能については、近時、収益管理型の担保への注目が集まる中、日銀のペーパーにおいて、①優先弁済確保機能、②責任財産分離機能とともに、③管理機能（コントロール機能）があることが明らかにされている[53]。従前の担保法学および担保実務は、①優先弁済確保機能にのみ注目し、③管理機能（コントロール機能）は、本来、無担保融資において実務上考慮されるにとどまり、担保法の埒外とされてきたが、今日的には、担保制度の制度設

53） 債権管理と担保管理を巡る法律問題研究会・前掲注（3）「担保の機能再論」1 頁以下参照。近時は、担保の機能として、債権者と債務者との間の「再交渉のツール」という点に着目するものが散見される（池田真朗「ABL—『生かす担保論』後の展開と課題」同『債権譲渡と民法改正（債権譲渡の研究第 5 巻）』（弘文堂・2022 年）409 ～ 411 頁、中井康之「集合財担保が担保するもの—担保実行手続における再交渉」ジュリ 1579 号（2023 年）34 頁以下など参照）。

計においても無視し得ないとの理解が広がりつつある。

ところで､事業担保における期中管理には２つの側面があると考えられる。すなわち、事業担保権などの【第３類型】においては、収益装置としての固定資産の集合を担保目的とする【第１類型】と共通する収益装置の管理という側面と、ABL など「収益」自体や流動資産を担保目的とする【第２類型】と共通する収益の管理という側面である。具体的には、第１が、事業資産の散逸・価値下落を防止し（より広く積極的に経営を管理し)、担保価値（企業継続価値）を維持してデフォルト時における事業譲渡に備えるという機能であり、第２が、期中において事業収益を維持し、随時弁済による回収を確保するという機能である。

これまで、期中管理は、もっぱら「コベナンツ」に委ねられる、担保外のファイナンス実務上の考慮点として位置づけられてきたが、近時は最高裁判決を契機に､担保価値維持義務論からの分析にも一定の進展が見受けられる。今後、期中管理に関しては、担保権の効力として取り込むべき根幹的な部分と、融資当事者の合意（コベナンツ）に委ねられる派生的な部分とを整理した上で、前者を理論的に位置づけ、法制化に基礎を与えることが重要であると考えているが、ここでは、まずはその萌芽として、これまでの担保価値維持義務をめぐる議論を整理しておこう。

2. 担保価値維持義務論の展開[54)]

周知のように、最高裁平成 18 年 12 月 21 日判決[55)]を契機として、「担保価値維持義務」に関する議論が活発に行われるようになった。平成 18 年判決は、債権質の事案についての判決であり、その射程が問題となるが、先

54)　以下の記述は、主として、片山・前掲注 (2)「担保価値維持義務論の３つの淵源」166 ～ 174 頁の一部に加筆をし、再録したものである。

55)　最判平成 18 年 12 月 21 日民集 60 巻 10 号 3964 頁。

行する最高裁大法廷平成11年判決[56]との連続性からその射程を広く捉えて、交換価値支配権としての担保物権について担保価値維持義務を観念する方向性が志向されている[57]。

他方で、近時は、流動資産担保（ABLなど）の制度設計における補充義務を視野に入れた議論がなされており[58]、そこにおいて、その補充義務を正当化する根拠の1つとして、背後に担保価値維持義務の一般原則が存するとし、そこから補充義務を演繹する説明がなされている。

しかしながら、広く担保価値維持義務の射程として包摂されつつある事象には、異種のものが混在し、そもそも淵源を異にする複数のルールが交錯しているようにも思われる[59]。

ここでは、わが国における担保価値維持義務をめぐる近時の議論を整理し

---

56)　最大判平成11年11月24日民集53巻8号1899頁。

57)　清水恵介「担保価値維持義務について―最高裁判所平成18年12月21日判決に示唆を受けて―」民情250号（2007年）20～21頁、片山直也『詐害行為の基礎理論』（慶應義塾大学出版会・2011年）613頁以下、原謙一「『担保価値の維持』に関する理論枠組みについて」横浜法学23巻2号（2014年）75～76頁、110～111頁、127頁以下など参照。

58)　森田修「ABLの契約構造―在庫担保取引のグランドデザイン」金法1959号（2012年）39～40頁、植竹勝「ABLにおける担保価値維持義務―ABL取引に関する契約実務を踏まえて」金法1967号（2013年）19頁以下など参照。

59)　鳥山泰志「抵当本質論の再考序説（6・完）」千葉大学法学論集25巻4号（2011年）は、平成18年判決に関して、「このこと（伝統的な理解の基礎には、権利質の客体が権利という無体物であることに由来する特殊性の配慮があること：片山注）を無視して、債権質権者の拘束を担保価値維持義務の発現と直ちに理解することができようか」と疑問を提起し、「同判決のいう担保価値維持義務にも過剰な意義を与えることは慎むべきであるように思われる」と指摘している（93～94頁）。鳥山論文は、担保毎の異質性を「物の個性」から生じる「心理圧力効」の違いに見出すことから、「物上抵当等と権利質との間での差異を無視することも許されない」と考えているようである（鳥山泰志「『抵当本質論の再考序説』その他について」民法理論の対話と創造研究会編『民法理論の対話と創造』（日本評論社・2018年）142～143頁参照）。

60)　さらに、近時、経済学的分析に基づき、「担保の期中管理」と「担保価値維持義務」を本格的に検討し、新たな提言を行う論稿（西内康人「担保の期中管理―担保価値維持

た上で、フランスにおける近時の立法動向も参考にしつつ、改めて担保価値維持義務を３つの淵源という視角から分析し直して、再定位を試みることとしたい[60)]。

(1) 担保価値維持義務をめぐる近時の議論の動向

(ⅰ) 最高裁平成 11 年判決を契機とした議論——抵当権侵害に基づく担保価値維持請求権

最高裁大法廷平成 11 年判決は、まず、抵当権者は、原則として、抵当不動産の所有者が行う抵当不動産の使用または収益について干渉はできないが、「第三者が抵当不動産を不法占有することにより、競売手続の進行が害され適正な価額よりも売却価額が下落するおそれがあるなど、抵当不動産の交換価値の実現が妨げられ抵当権者の優先弁済請求権の行使が困難になるような状態があるときは、これを抵当権に対する侵害と評価することを妨げるものではない」とした。その上で、抵当権者は、抵当権の効力として、抵当不動産の所有者に対して、「右状態を是正し抵当不動産を適切に維持又は保存するよう求める請求権」を有し、この請求権（侵害是正・維持保存請求権）を保全するため、債権者代位権を定める民法 423 条の「法意」に従って、所有者の不法占有者に対する妨害排除請求権を代位行使し、所有者のために本件建物を管理することを目的として、不法占有者に対して直接抵当権者への明渡しを請求することができると判示した[61)]。

そして、奥田昌道裁判官の補足意見は、法廷意見の「侵害是正・維持保存請求権」を受けて、それを「担保価値維持請求権」と読み替え、ここに「担保価

義務の経済学的基礎付けとその解釈を中心として」田髙寛貴編著『担保法の現代的課題—新たな担保法制の構想に向けて』（商事法務・2021 年）97 頁以下）が注目される。

61）最高裁判決は、傍論として、「第三者が抵当不動産を不法占有することにより抵当不動産の交換価値の実現が妨げられ抵当権者の優先弁済請求権の行使が困難になるような状態があるときは、抵当権に基づく妨害排除請求として、抵当権者が右状態の排除を求めることも許される」としている。

値維持」という概念が最高裁判決において初めて用いられることとなった[62]。

しかし、ここでは、設定者の「担保価値維持義務」が正面から認められたわけではなく、権利および権利侵害に対する救済の側面から、「抵当権の効力」として、抵当権者の設定者に対する「担保価値維持（侵害是正・維持保存）請求権」が認められたに過ぎない[63]。そこで、学説には、抵当権は物権であり、「わざわざ担保価値維持義務を論じなくてもよい」と分析するもの[64]と、後述の最高裁平成18年12月21日判決を踏まえて、設定者に対する「担保価値維持請求権」と設定者の「担保価値維持義務」を表裏の関係として対比しつつ根拠づける方向性が示されつつあると評価するもの[65]とに二分されている。

次いで、最高裁は、平成17年3月10日判決において[66]、権原（期間5

62） もっとも、法廷意見のいう請求権と補足意見のいう請求権を区別し、後者との関係で前者を「侵害是正請求権」と呼ぶべきであるとの見解も有力である（松岡久和「抵当目的不動産の不法占有者に対する債権者代位権による明渡請求―最大判平11・11・24の検討（下）NBL683号（2000年）38頁、併せて道垣内弘人『典型担保法の諸相（現代民法研究Ⅰ）』（有斐閣・2013年）203頁参照）。

63） 「担保価値維持（侵害是正・維持保存）請求権」の法的性質については、調査官解説は「物権である抵当権の一内容」であり「『物権的な』性質のもの」とし（八木一洋「解説」判解民平成11年度（下）854頁）、奥田元裁判官も「抵当権という物権を根拠として生じる請求権」であるとするにとどまり（奥田昌道『紛争解決と規範創造』（有斐閣・2009年）33頁）、「物的義務」としての「担保価値維持義務」を認めるか否かについては必ずしも明らかにしていない（調査官解説は「抵当権者が請求権を有する反面として、抵当不動産の所有者は一定の義務を負うことになる」（八木・前掲「解説」856頁）と指摘するにとどまる）。

64） 鳥山・前掲注（59）95頁は、抵当不動産の所有者は、抵当権者による「受忍」を求められているものであり、「物権的請求権から反射的に生じるものであるに過ぎない」とする。

65） 清水・前掲注（57）20～21頁、片山直也「判批」平成19年度重要判例解説（ジュリ1354号・2008年）71頁など参照。なお、近江説は、「担保関係」（担保権者と担保設定者の関係）は、信義則の支配により、諸々の義務によって拘束されている関係であり、その一つが「担保価値維持義務」であるとしてきたが、その「担保価値維持義務」概念が、本判決（「担保価値維持請求権」）によって追認されたと分析する（近江幸治『民法講義Ⅲ担保物権〔第3版〕』（成文堂・2020年）7頁、178頁参照）。

年の長期賃借権または転借権）に基づく占有者についても、一定の要件の下、占有排除を認める判決を下した。最高裁は、「抵当権設定登記後に抵当不動産の所有者から占有権原の設定を受けてこれを占有する者についても、その占有権原の設定に抵当権の実行としての競売手続を妨害する目的が認められ、その占有により抵当不動産の交換価値の実現が妨げられて抵当権者の優先弁済請求権の行使が困難となるような状態があるときは、抵当権者は、当該占有者に対し、抵当権に基づく妨害排除請求として、上記状態の排除を求めることができる」とした。結論としては、妨害排除請求権（物権的請求権）として、設定者を介することなく、抵当権者の占有者に対する直接の明渡請求を認めた判決であるが、その理由として述べるところは、設定者の行為に着目し、あたかも設定者の「義務」を論じているようにも思われる。すなわち、最高裁は、「なぜなら、抵当不動産の所有者は、抵当不動産を使用又は収益するに当たり、抵当不動産を適切に維持管理することが予定されており、抵当権の実行としての競売手続を妨害するような占有権原を設定することは許されないからである」と判示しているのである。

いずれにせよ、平成 11 年判決が出た時点では、同判決が債権者代位権の被保全権利として想定した「担保価値維持請求権」と「担保価値維持義務」論との関係については、必ずしも十分な議論はなされていなかった。両者の関係について意識的に論じられるようになるのは、次の最高裁平成 18 年 12 月 21 日判決の出現に伴うフィードバックによるものである。

（ⅱ）最高裁平成 18 年判決を契機とした議論――債権質における担保価値維持義務

最高裁平成 18 年 12 月 21 日判決[67]は、敷金返還請求権に債権質を設定して融資を受けた設定者（正確には破産管財人）が、他に預金等の資産があるにもかかわらず、賃料を支払わず、賃貸借契約を合意解除して敷金を未

66）　最判平成 17 年 3 月 10 日民集 59 巻 2 号 356 頁。

67）　最判平成 18 年 12 月 21 日民集 60 巻 10 号 3964 頁。

払賃料に充当したという事案につき、「債権が質権の目的とされた場合において、質権設定者は、質権者に対し、当該債権の担保価値を維持すべき義務を負い、債権の放棄、免除、相殺、更改等当該債権を消滅、変更させる一切の行為その他当該債権の担保価値を害するような行為を行うことは、同義務に違反するものとして許されないと解すべきである」と判示して、債権質設定者が質権者に対して「担保価値維持義務」を負うとした上で、担保価値維持義務違反として、質権者の財団に対する不当利得返還請求権（財団債権）を認めた。「担保価値維持義務」という概念を、初めて用いた最高裁判決である[68]。

ところで、同判決については、債権質における「拘束力」をめぐる従前の議論との関係が問題となるところである。すなわち、債権質に関しては、ド

68）　清水・前掲注（57）20～21頁、片山・前掲注（57）『詐害行為の基礎理論』621頁など参照。なお調査官解説は、平成11年判決を念頭において、「担保権設定者が負う担保価値維持義務という概念については、最高裁は、既に抵当権について実質的にこれを認める判断をしている」と分析している（谷口安史「解説」判解民平成18年度（下）1383頁注（9）参照）。

69）　【ドイツ民法1276条】

第1項　質権の目的である権利は、質権者の同意があるときに限り、これを法律行為によって放棄することができる。この同意は、同意によって利益を受ける者に対して、これを表明しなければならない。同意を撤回することはできない。この規定は、第876条第3文の規定の適用を妨げない。

第2項　権利を変更するときも、前項と同様とする。ただし、変更が質権を害しないときは、この限りでない。

（ヴォルフ＝ヴァレンホーファー（大場浩之＝水津太郎＝鳥山泰志＝根本尚徳訳）『ドイツ物権法』（成文堂・2016年）657頁参照）

70）　相殺の効力につき、大判大正5年9月5日民録22輯1670頁、大判大正15年3月18日民集5巻185頁など参照。判例の分析については、原謙一「債権質の拘束力について―担保価値維持義務の法的根拠に関する考察」横浜国際経済法学21巻2号（2012年）61頁以下など参照。

71）　学説の変遷については、原・前掲注（70）「債権質の拘束力について」99頁以下に詳しい。次注の通説（中島、鳩山、我妻説）の形成に至る前史として、起草者の一人で

イツ法と異なりその点を明確に定めた明文規定は存しないものの[69]、わが国の通説・判例[70]は、古くから、質入債権について、免除や弁済を禁止し、質権者の同意なくしてなされた消滅・変更行為は質権者に対抗できないとの解釈論を展開してきた[71]。債権質の「拘束力」や設定者の「拘束」と呼ばれてきた議論である。代表的な学説である我妻説は、「質入れ債権に及ぼす拘束力」と題して、「質権は、その目的たる債権について、その支配する交換価値を破壊する行為をなすことを禁ずる力があること、あたかも債権の差押に同じ、と解するべきである」との理解の下、「第481条第1項を類推し、質入れ債権の債権者及び債務者のなす、その債権の取立・弁済・免除・相殺・更改その他質入れ債権を消滅・変更させる一切の行為は、これを質権者に対抗しえないとなすべきである」との「481条1項類推適用論」を主張していた[72]。

そこで、この従前から存した「拘束力」に関する議論と平成18年判決で用いた「担保価値維持義務」概念との関係が問題となる。

第1は、担保物権の効力である留置的効力と優先弁済的効力との関係である。従前、「拘束力」に関しては、留置的効力と関連づけて説明する学

ある富井が、「第三債務者ハ既ニ質権設定ノ通知又ハ承諾ニ依リテ『質権上ノ拘束』ヲ受クルカ故ニ爾後自己ノ債権者タル質権設定者ニ弁済ヲ為スコトヲ得ス。仮令之ヲ為スモ質権者ニ対シテハ其効力ナキコト勿論ナリトス」、「質権設定者ハ免除其他ノ行為ニ依リテ質権ヲ消滅セシムルコトヲ得サルハ勿論トス」として、後に「債権質の拘束力」として説明されるようになるルールの設定をなしていた点に注目すべきである（富井政章『民法原論第2巻物権』（有斐閣・1922年）529～530頁、535頁）。また同時期に、神戸寅次郎は、「物権性」を承認し（権利目的説）、「質入主ハ此種ノ廃止行為ヲ為スノ権能ヲ有スルモ、尚質権ハ之ヲ尊重セサル可ラス」、「随ツテ廃止行為ハ質権者ニ対シテハ無効ナリト解セサル可ラス」とし、いわゆる「相対的権利」が残存するものと説明する（神戸寅次郎『権利質論［合本]』（巌松堂・1912年）202～203頁参照）。

72)　我妻栄『新訂担保物権法（民法講座Ⅲ）』（岩波書店・1968年）191頁。先行する学説として、中島玉吉『民法釈義巻ノ二下（物権篇下）』（金刺芳流堂・1920年）は、「潜在的状態」として「目的債権ヲ保存スル義務」があるゆえに、取立や免除によって目的債権を消滅せしむることはできないとする（1012頁）。同様に、鳩山秀夫『担保物権法』（国文社出版部・1929年）は、「其ノ権利の処分権に付き法律上の拘束」を受けるゆえに、債権の処分、弁済の受領、免除等ができないとしていた（153～154頁）。

説[73]、優先弁済的効力と結びつけて説明する学説[74]、物権的効力とは切り離して説明する学説[75]に分かれていたが、近時は、拘束力は優先弁済的効力と接近しているとの分析が有力になされているところである[76]。その点では、平成18年判決が、「担保価値」の維持という観点から、従前の「拘束力」から導かれる効果（債権の放棄、免除、更改等当該債権を消滅、変更させる一切の行為の禁止）を説明した点は、近時の拘束力をめぐる学説の方向性を追認し、より一般化したものと評価できよう[77]。

第2は、「義務」と構成することの意義である。平成18年の事案は、単純な既発生の債権を質入債権とする債権質ではなく、敷金返還請求権という「条件付債権」を質入債権とする債権質である。敷金返還債権は、明渡時に不履行等があれば充当して、残余があればそれについて債権が発生する条件付きの債権である。よって敷金の充当は、既存債権の放棄や弁済と異なり、

73）　松岡久和『担保物権法』（日本評論社・2017年）は、「質権が設定者の権利行使を制約することによって対象の価値を支配し、債務者に心理的圧迫を加えて間接的に弁済を促す効力」を「権利行使制約力」と呼び、有体物の留置的効力に相当する債権質の権利行使制約力として、「債権質の設定者は、取立て・免除・相殺・更改など、質権の設定された債権を消滅・変更することができない」とのルールを説明する（222～223頁）。道垣内弘人『担保物権法［第4版］』（有斐閣・2017年）も、債権質権には留置的効力は観念できないが、設定者・第三債務者の「拘束」を「動産質権・不動産質権の目的物留置に対応するといってもよい」とする（116頁）。

74）　石田喜久夫「債権・その他の財産権の質権の内容、効力」加藤一郎＝林良平編『担保法大系第2巻』（金融財政事情研究会・1985年）725頁は、「優先弁済権能の確保」として、設定者・第三債務者に対する拘束（効果として対抗不能）を導く。また、清水元『プログレッシブ民法［担保物権法］』（成文堂・2008年）156頁は、「債権質の本体はむしろ目的たる債権の交換価値を支配するところにあり、留置的効力は優先弁済権能を保全し、維持するためのものとみるべきである」とし、端的に設定者の担保保存義務・担保価値維持義務を認める。

75）　拘束力を物権ないしその効力から切り離して説明する学説として、まず、近江・前掲注（65）『民法講義Ⅲ担保物権』は、一般理論として、「担保物権」と「担保関係」（担保権者と担保設定者の関係）を区別し、「担保物権」は、債権を保全するために設定されるものであり、ここにあっては、「当事者間に、債務が履行されない場合には誠実に担保設定者としての責任を果たそうとする意思が存在していることは明らかである」の

直ちに対抗不能となるわけではない。担保価値の維持について「義務」を観念し、不当性（正当な理由に基づかないこと）を判断する余地を残しておく必要がある。一種の違法性判断に近く、この点に、従前の「拘束力」概念が想定する場面を一歩踏み越えて、「担保価値維持義務」を一般化する必要があったと分析できる。

最後に平成18年12月21日判決の射程が問題となる。債権質は、物ではなく債権（権利）を担保目的とするゆえに、設定者は、債権を放棄するなどによって容易に担保目的である権利を消滅、変更させることができる。そこで、判例は、質権設定者は、質権者に対して、当該債権の担保価値を維持すべき義務（担保価値維持義務）を負うとし、債権の放棄、免除、相殺、更改等当該債権を消滅、変更させるなど担保価値を害する行為を行うことは、同

で、この関係を「担保関係」（Sicherungsverhältnis）と呼ぶのが適切である」が、「担保関係は、信義則の支配するところであり、諸々の義務によって拘束されている関係というべきであ（り）」、「とりわけ、設定者には担保価値維持義務が課されている」と説いている（7頁、178～181頁、351～354頁）。さらに、新田敏「民法における権利拘束の原則―債権質及び土地賃借権の場合を中心として―」法研38巻1号（1965年）236頁は、質権の目的物たる債権を消滅せしめた場合に、その行為を無効としあるいは質権者に対抗し得ないという効果を質権から導こうとするのはその根底において背理だとし、質権設定者および第三債務者に加えられる諸拘束は、民法が「権利の上に権利が存立する制度を規定する場合に当然の前提としているところの」「権利拘束の原則」（「ある権利が他の権利（又は法律関係）の存在を前提として、その基礎の上に存立し、又はその相当価額を保有し得る場合、特別の事情がない限り、基礎たる権利の権利者及びその法律関係の当事者はその意思によってその権利又は法律関係を消滅せしめ得ない」との原則）に基づくものといわなければならないとする。

76）　原・前掲注（70）「債権質の拘束力について」163～171頁、同・前掲注（57）「『担保価値の維持』に関する理論枠組みについて」115～118頁参照。

77）　原・前掲注（70）「債権質の拘束力について」176頁など参照。平成18年判決以降は、担保価値維持義務を根拠として拘束力を説明する学説が多数となりつつある（安永正昭『講義物権・担保物権法（第2版）』（有斐閣・2014年）387～388頁、河上正二『担保物権法講義』（日本評論社・2015年）108頁、生熊長幸『担保物権法（第2版）』（三省堂・2018年）204頁など参照。

義務違反として許されないとしたのであるが、債権質（権利の担保）以外の約定担保についても、広く「担保価値維持義務」を観念することが有用か否か、その法的性質如何（物的義務か人的義務かその両方を含むか）が問われよう[78]。特に本稿の関係では、【第1類型】の固定資産の集合を目的とする担保に関しては、集合を構成する財の散逸のリスクが存することから、「担保価値維持義務」を観念する必要性が高いと思われる（その点は【第3類型】も同様であろう）。

また他方で、以上の定型的に想定される典型担保・非典型担保における担保価値維持義務（法定の担保価値維持義務）と、当事者間の特別な合意（コベナンツ）による担保価値維持義務（約定担保価値維持義務）との関係をいかに整理するかが、もう1つの重要な課題となろう[79]。

（iii）ABL（流動動産担保）における補充義務をめぐる議論

周知のように、集合動産譲渡担保に関する最高裁平成18年7月20日判決[80]は、譲渡担保設定者が「通常の営業の範囲」内で構成部分たる動産を処分する権限が付与されているとすると同時に、「通常の営業の範囲」を超える売却処分をした場合、当該処分の相手方は目的物の所有権を承継取得することはできないと判示した。

在庫のような流動資産を担保の目的とする集合動産譲渡担保においては、設定者の事業活動を継続するために、設定者に広範な処分権限が付与されることから、その反面として、設定者は、新たな在庫の補充によって在庫の担保価値を維持することが求められる[81]。実は、「担保価値維持義務」概念は、

78）片山・前掲注（57）『詐害行為の基礎理論』623～624頁など参照。

79）たとえば、増担保請求権は、増担保条項による約定の増担保請求権と法定の増担保請求権とを区別して、担保価値維持義務論との関係を論じる余地が存する。

80）最判平成18年7月20日民集60巻6号2499頁。

81）最判平成18年7月20日との関係では、同判決は、「通常の営業の範囲」を超えた処分によって相手方は有効に所有権を承継取得できないとしたが、「通常の営業の範囲」を超えた処分と「担保価値維持義務」違反行為との関係についても今後は課題となろう。

このような流動資産担保やABL（本稿のモデルでは【第２類型】）においてこそ、存在意義があるということもできよう[82)]。

かかる文脈から、近時は、「担保価値維持義務」の積極的な位置づけが意識されるようになってきている。例えば、森田修教授は以下のように説いている。

「……ABLは、設定者による担保目的物の中途処分権を本来的に許容する。具体的には集合債権譲渡担保であれば設定者が随時債権の取立を行い、集合動産譲渡担保であれば設定者が在庫商品を譲渡し売掛債権を得ることが、取引の重要な前提である。……不動産、とくに土地は放置していても侵害さえ排除すれば減価しないが、在庫は常に担保価値を維持するように努力を行わなければ、そもそも担保権の対象として機能しない。この点を踏まえれば、在庫担保権に基づく担保価値維持請求権には、抵当権に基づくそれとは異なり、本来的に積極的な内容を認めるべきことになる。期中管理における在庫担保権の効力に関する法律問題のアルファにしてオメガは、かくして担保価値維持義務の具体化として捉えられる。」[83)]

担保の機能については、近時、収益管理型の担保への注目が集まる中、日銀のペーパーにおいて、①優先弁済確保機能、②責任財産分離機能とともに、③管理機能（コントロール機能）があることが明らかにされている[84)]。従

82)　植竹弁護士は、「抵当権、質権の当然の効力として認められるに至っている『担保価値維持義務』は、これらと同様に担保対象資産の交換価値を把握しているものとされる譲渡担保権についても同様に認められるべきものであり、また、かかる『担保価値維持義務』は、担保権設定者と担保権者との間における担保権設定契約に基づく権利義務関係（債権的効力）としてのみ捉えるべきものではなく、譲渡担保権が有する中核的な物権的効力として承認されるべきである」とする（植竹・前掲注（58）「ABLにおける担保価値維持義務」21頁）。

83)　森田・前掲注（58）「ABLの契約構造」39頁。

84)　債権管理と担保管理を巡る法律問題研究会・前掲注（3）「担保の機能再論」1頁以下参照。

前の担保法学および担保実務は、①優先弁済確保機能にのみ注目してきた。他方、③管理機能（コントロール機能）は、本来、無担保融資において実務上考慮されるにとどまり、担保法の埒外とされてきたが、今日的には、担保制度の制度設計においても無視し得なくなってきている。そして、森田教授は、この管理機能の法的表現がまさしく「担保価値維持義務」なのだとし、抵当権においては管理（コントロール）機能の重要性が顕在化するのは実行前後の有事の際であったが、ABL（在庫担保）においては、平時においてすでに管理（コントロール）機能が需要となってくると指摘する[85)]。

さらに植竹弁護士は、設定者の処分権限と担保価値維持義務（補充義務）との関係について、「譲渡担保権設定者に認められている処分権限は、同人が負担する『個々の構成要素の処分等により集合体の価値が減少する場合には代償物の補充をすることによって、集合体の価値を維持すべき義務（補充義務)』と一体のものとして理解されるべきである」とし、「とくにABLにおいては、担保対象資産とされる流動資産全体の『担保価値』は、担保権設定者が誠実に代償物の補充行為を行うことによって初めて維持されるのであり、『担保価値維持義務』の本質は、担保対象資産の価値、状態をあらかじめ定められた一定の姿にしなければならないという作為義務にあるというべき」[86)] とする。

以上が、わが国における担保価値維持義務をめぐる現時点の議論の状況である。平成18年判決を契機として、平成11年判決にフィードバックがな

85)　森田・前掲注（58）「ABLの契約構造」39～40頁。

86)　植竹・前掲注（58）「ABLにおける担保価値維持義務」22頁、24頁。植竹弁護士は、作為義務としての担保価値維持義務については、「ABLにおける『担保価値維持義務』は、当事者（とくに担保権設定者）の行為を規律するために、ある程度具体的な命題として、譲渡担保権設定契約等におけるコベナンツ（遵守事項）条項として定められることによって提示され（る)」（同24頁）としている。

されて、抵当権および質権（債権質）について担保価値維持義務が認められているとの理解の下、流動動産担保（ABL）における補充義務を、担保価値維持義務という視角から位置づけようとする傾向が有力となりつつあると要約することができよう。

方法論としては、抵当権と質権に関する判例法理から、交換価値支配権である担保物権に共通の本質的な義務として「担保価値維持義務」の一般原則を抽出し、そこから、流動資産担保の制度設計において必要とされる「補充義務」等を、「担保価値維持義務」の一般法理から演繹・具体化するという手法である。そこには、一般原則（プリンシプル）と規範（ルール）との動態的な法形成の一端を見出すことができるとも分析できよう[87]。

ただ同時に、【第２類型】に属する流動動産譲渡担保（ABL）における担保価値維持義務は、設定者に積極的な行為義務を課すものであり、抵当権や質権（債権質）さらに【第１類型】の固定資産の集合を目的とする担保における担保価値維持義務とは義務内容が異なることも確かである。そもそも担保価値維持義務という一般的な義務を論じることの意義は乏しいとの批判も存する[88]。

節を改め、フランスにおける近時の立法例も参考にしつつ、「担保価値維持義務」とされるものの中において混在する、根拠（それゆえに義務違反の要件・効果）を異にする異種の義務を識別し、事業の収益性に着目した担保の類型に応じて、「担保価値維持義務」論の再構成を試みたい。

87）　規範の重層構造およびその動態的把握について、片山直也「詐害行為の類型と法規範の構造―『類型論』から『重層的規範構造論』へ」森征一＝池田真朗編『内池慶四郎先生追悼論文集・私権の創設とその展開』（慶應義塾大学出版会・2013年）205頁以下など参照。

88）　鳥山・前掲注（59）は、「……債務者に課される担保価値維持義務の個別的な内容は、その違反によって生じる効果に応じて異なると解することは可能である。だが、そうならば、担保価値維持義務という一般的な義務を論じることの意義は大きく没却するのである」（94頁注106参照）と主張する。

3　担保価値維持義務論の再定位[89)]

(1) 担保価値維持義務論の3つの淵源

(i) 占有者の保存義務

第1の淵源は、占有者の保存義務である。この義務は、占有担保については担保権者に（日民298条、350条参照)、非占有担保については設定者にそれぞれ課されるシンメトリーに構造上の特徴を有し（仏民2344条1項2項参照[90)])、そもそも、設定者の担保価値維持義務には収斂できない面が存する。当面、非占有担保における設定者の義務に限定するとした場合、有体動産質における「保存義務」は、あくまで有体物の「引渡義務」に付随したものであり（日本民法400条参照)、その内容である「物の保存」は、基本的には物の物理的な滅失または損傷等のリスク回避が想定されており、非占有担保における設定者の保存義務違反の効果は、失期(期限の利益の喪失)、追加担保の請求が柱となる。

抵当権者に設定者の妨害排除請求権の代位行使を認めた最高裁平成11年

---

89) 以下の記述は、主として、片山・前掲注（2)「担保価値維持義務論の3つの淵源」190～194頁の一部を大幅に改訂し、再録したものである。

90) フランスでは、2006年の担保法改正の主要改正事項の一つとして、非占有担保としての動産質権の整備が進められ、その一環として、保存義務についても、改正前には占有担保における債権者の保存義務の規定のみが置かれていたのを改め、占有担保と非占有担保のシンメトリーを前提として、民法典第4編担保の有体動産質（du gage de meubles corporels）の章に次の規定（2344条）が設けられたのである。

【仏民法典2344条1項】

質権が占有移転を伴って（avec dépossession）設定された場合、債権者又は合意された第三者が質物の「保存義務（obligation de conservation)」を果たさないときには、設定者は、質物の返還（restitution）を請求することができ、損害賠償も妨げられない。

【仏民法典2344条2項】

質権が占有移転を伴うことなく（sans dépossession）設定された場合、設定者が質物の「保存義務(obligation de conservation)」を果たさないときには、債権者は、被担保債務の期限の失期を主張するか又は質物の追加（complément de gage）を請求することができる。

判決は、抵当権の実行としての競売による買受人への占有移転を前提とした上で、設定者に対する侵害是正・維持保存請求権を論じていることから、仮に担保価値維持義務を観念するとしたならば、占有者の保存義務の延長線に位置づけることができるようにも思われる。

（ⅱ）権利担保における拘束力

第２の淵源は、権利担保における権利拘束の原則である。これは、ドイツやわが国における債権質の拘束力に関する議論に代表され、設定者による債権の放棄など債権消滅行為を質権者に対抗できない（対抗不能）との効果が中心となる（481 条 1 項類推適用論）[91]。広く権利を目的とする担保（権利担保）について、「権利放棄を担保権者に対抗できない」との一般原則（398 条参照）を導き出すことができるが[92]、さらにその周辺領域において、放棄ではないが、債務不履行解除による権利消滅を防止するための通知義務を負っているにもかかわらず、それを怠った場合の救済までも想定するならば[93]、何らかの「義務」を措定し、その義務違反についての違法性判断を

91）通説は、「質入れ債権の債権者及び債務者のなす、その債権の取立・弁済・免除・相殺・更改その他質入れ債権を消滅・変更させる一切の行為は、これを質権者に対抗しえないとなすべきである」との「481 条 1 項類推適用論」を主張していた（前注（72）参照）。

92）この「対抗不能」という効果が債権質の拘束力の核心部分であるとするならば、担保価値維持義務の第２の淵源としては、「債権質」にとどまらず、権利を目的とした「権利担保」、さらには担保に限定されず「権利」一般に妥当する一般原則が存することが認識されなければならない。それは、従前いわゆる「親亀・子亀」論として議論がなされてきた局面が包含され、一般命題化すれば、「自己の権利上に他人のために権利を設定した者の拘束」（新田・前掲注（75）223 頁、236 ～ 237 頁、249 頁以下など参照）ということになる。

93）最判平成 22 年 9 月 9 日判時 2096 号 66 頁は、最高裁として初めて、借地上建物に抵当権を設定する際に金融実務上慣行として行われている念書（事前通知条項）の効力を正面から論じて、賃貸人等が通知を怠ったことにより抵当権者に損害が生じた場合には、通知義務の不履行として損害賠償責任を負うとした。平成 22 年判決は、「担保価値維持義務」に言及するものではないが、同判決についても、「担保価値維持義務」論の視角から論じることが有用であるといえよう。平成 22 年判決によって、「担保価値

行う仕組みが求められよう。そこにおいて、「担保価値維持義務」を論じる意義が存する。

わが国で最初に「担保価値維持義務」を明示した平成 18 年判決は、敷金返還債権という条件付債権を質入債権とする債権質であり、敷金の充当は、放棄のように直ちに「対抗不能」となるわけではないことから、担保価値維持義務を観念し、不当性（正当な理由に基づかないこと）が判断されたと分析することが可能であろう。

ちなみに、フランスでは、ドイツやわが国のように、「債権質の拘束力」に関する議論をベースに「権利担保」という視角から論じるのではなく、2006 年担保法改正では、準用規定が設けられて、広く債権以外の無体財質権（le nantissement des biens incorporels）には、特別の規定がない限り、有体動産質（le gage de meubles corporels）に関する規定が準用されることが明記され（民法典 2355 条 5 項)、これには設定者の保存義務に関する 2344 条 2 項が含まれている。

（iii）流動資産担保における補充義務

第 3 の淵源は、設定者への処分権限付与に伴う補充義務・担保価値維持義務である。流動資産担保においては、担保目的物の処分権限が設定者に付与され、その反面として、設定者は補充（取替）義務ないし担保価値維持義務を負うというのが、この類型における設定者の義務の本質である。義務の内容は、原初形態としては、代替物との「取替」を義務づければ足りるが（仏

維持義務」論に新たに提供された論点は、①設定者の担保価値維持義務とは別に、設定者以外の第三者（土地賃貸人）につき担保価値維持義務が認められるか否か、②定型的に想定される典型担保・非典型担保における担保価値維持義務（法定の担保価値維持義務）とは異なり、当事者間の特別な合意（事前通知条項を含む念書に基づく合意）による担保価値維持義務（約定担保価値維持義務）が認められるか否かの 2 点にある（片山直也「借地上建物への抵当権設定における担保価値維持義務—最高裁第 1 小法廷判決平成 22 年 9 月 9 日判決を契機として—」法研 84 巻 12 号 (2011 年) 308 ～ 311 頁参照)。

民2342条参照)[94]、大量で複雑な企業間の取引においては、在庫の種類も多岐にわたり、在庫の劣化や市場の変動も想定すると、処分した商品と同種同量の商品の補充として単純化することはできず、在庫管理を全体として評価して価値が維持されているかどうかが問題となり得る。そこで、フランス法は、2006年担保法改正により、商法典上に在庫質に関する規定を新設した（2006年3月26日オルドナンス）。そこにおいては、より一般的に広く担保価値の維持を義務内容として規律し（仏商旧L.527-6条2項参照)[95]、さらに一歩踏み込んで、一定の価値減少が生じた場合に直ちに担保権者に権

---

94) 2006年の担保法改正によって、民法典上の非占有有体動産質（gage sans dépossession）が「代替物（choses fongibles)」を目的とする場合について、規定が設けられ、その後、2021年改正により一部変更がなされて、以下の規定となっている（2006年法では、特別の合意の効果としていたところ、2021年改正法では、原則と例外を入れ替えて、原則として差し替えが可能と改めている)。「代替物」としては、在庫のような流動資産も含まれる。

【仏民法典2342条】

占有移転を伴わない質権が代替物（choses fongibles）を目的とする場合は、設定者は、反対の合意があるときを除き、その物を、同等の物を同量で差し替えることを条件として、譲渡することができる。

95) 商法典上の在庫質に関しては、債務者・設定者の義務については、次条に以下の詳細な規定が置かれていた（本文で言及したように、これらの規定は、2021年担保法改正により廃止されているが、参考のために引用しておく)。

【仏商法典旧L.527－6条】

1項　質権が占有を奪わないものである場合、債務者は、民法典1197条及び本条に定められた条件に従って、量及び質において在庫の保存（conservation des stocks en quantité et en qualité）をしなければならない。

2項　債務者は、その所為によって在庫の価値を減少させてはならない（ne pas diminuer de son fait la valeur des stocks)。債務者は、担保の目的である在庫の状況及びそれに関するすべての取引の会計を債権者が調査できるようにしなければならない。

3項　在庫の状況が、設定証書において指定された価値の少なくとも10%の減少が生じた場合、債権者は、債務者に催告した後に、担保の再設定（rétablissement de la garantie）又は減少した割合に応じた貸付金の一部の返還を請求することができる。

利行使を認めるとの規定が設けられていた（仏商旧 L.527-6 条 3 項、4 項参照)。効果は、補充（取替）を中核としつつ、担保再設定、一部返済、失期（全部返済）などが想定されていた。

これに対しては、集合財産・包括財産を目的とする商法や特別法上の複数の質権および登記制度が錯綜し、複雑化していることから[96]、民法上の動産質への統合、登記制度の集中化の必要性が説かれてきたところである[97]。このような批判を受けて、2021 年 9 月 15 日オルドナンス（24 条）

---

4 項　在庫の状況が、少なくとも 20%の減少が生じた場合、債権者は、期限が到来したものとみなして、債務者に催告した後に、債権全額の返還を請求することができる。

5 項　しかしながら、L.527 − 1 条の予めの合意において、前 2 項に定められた率よりも高い率を定めることができる。

ここで、注目すべきは、第 1 項の占有に伴う「保存義務（obligation de conservation)」とは別に、第 2 項前段で「その所為によって在庫の価値を減少させてはならない」として、「担保価値維持義務」(「在庫の価値を減少させてはならない（ne pas diminuer de son fait la valeur des stocks）義務」）を規定している点である。さらに、第 3 項および第 4 項においては、在庫のコントロールが、市場の変動（variation des cours）や在庫の老朽化（vétusté des stocks）によって、価値の減少を示した場合には、それが債務者の管理行為に責任があるか、外在的な原因によるものであるかを問わず、価値減少の割合に応じて、段階的に債権者の権利（その裏返しとしての債務者の結果責任）を規定している。また、金融実務では、「補填条項（clauses d'arrosage)」と呼ばれるもの、すなわち金融証券口座質の設定行為において、当初担保に提供された証券の価値が低下した場合に、口座の中に新たな金融証券を追加することを設定者に課す条項がしばしば用いられるという。フランスの担保価値維持義務につき、ピエール・クロック＝片山直也訳「フランス法における設定者の担保価値維持義務」慶應法学 44 号（2020 年）213 頁以下参照。

96)　2021 年改正前のフランス法の状況につき、瀬戸口祐基「第一部　フランス法」商事法務編『動産・債権を中心とした担保法制に関する研究会報告書〔付・各国の動産・債権を中心とした担保法制に関する調査研究業務報告書〕』(別冊 NBL177 号、2021 年）195 頁以下など参照。

97)　ジャン＝ジャック・アンソー（片山直也＝齋藤由起訳）「2017 年フランス担保法改正準備草案に関する一考察」法研 93 巻 8 号（2020 年）93 〜 94 頁など参照。

によって、在庫質は、フランス担保法の「簡素化（simplification）」という趣旨から、商事質権（gage commercial）、設備機材備品質（nantissement de l'outillage et du matériel d'équipement）、ホテルワラント（warrant hôtelier）および石油ワラント（warrant pétrolier）とともに、廃止されることとなった[98]。

(2) 広義の担保価値維持義務への収斂の可能性

第1の淵源（占有者の保存義務）と第2の淵源（権利拘束の原則）の関係は、一方では、有体物と無体財（権利も含む）の区分に対応している面も存するが、他方では、比較法的には、フランス法は、第2淵源である権利拘束の原則が明確には意識されておらず、有体動産における占有者の保存義務を、無体動産にも準用して解決を図っている。その意味では、物を有体物に限定するドイツやわが国の法制では二元的構成に親和的であるのに対して、財を有体財に限定せずに無体財も財として取り込むフランスの法制は一元的構成に親和的であるとの分析も可能ではあり、第1淵源と第2淵源の区別は相対的なものであって、交換価値を維持する義務として、より包括的な概念である「担保価値維持義務」に収斂させる余地は十分に存すると思われる。そして、この意味での担保価値維持義務は、本稿の課題である事業性に着目した担保の類型では、収益装置として固定資産の集合を目的とし、構成部分の散逸のリスクが高い【第1類型】において、より重要な役割を演じることになる。事業財産を構成する固定資産には、有体財も無体財も含んだ有機的一体であるから、むしろ両者は統合されるべきように思われる。

---

98) Minsitère de la justice, Rapport au Président de la République relatif à l'ordonnance n° 2021-1192 du 15 septembre 2021 portant réforme du droit des sûretés, *J.O.* 16 septembre 2021, texte 18 sur 133, p. 14.　フランス2021年担保法改正につき、片山直也＝齋藤由起「2021年フランス担保法改正オルドナンスによる民法典の改正―人的担保および物的担保（動産担保）に関する条文の翻訳ならびに共和国大統領に対する報告書による解説―」法研95巻11号（2022年）65頁以下参照。

なお、第1淵源（占有者の保存義務）と第2淵源（権利拘束の原則）とでは、効果の違いがあった。第2淵源には「対抗不能」という第1淵源の保存義務には取り込めない効果を基本としている点である。このことは、第2淵源を知らないフランス法において、詐害行為取消権により「対抗不能」の効果を導くことが提案されていることが示している。逆に有体財や無体財など様々固定資産の集合によって成り立つ【第1類型】の担保において担保価値維持義務を観念する際には、「対抗不能」の効果が本質的な効果となろう。

第3の淵源においては、処分権限が設定者に付与されていることが特徴である。【第2類型】の集合動産譲渡担保・集合債権譲渡担保が典型例である。その点の意義は、第2淵源との対比により明らかとなる。理論的には、第2淵源（権利拘束の原則）においては、設定者に処分権限が与えられていないゆえに、設定者の行為の効果は対抗不能となるのに対して、第3淵源（流動資産担保の補充義務）においては、設定者には、処分権限が付与されているので、その行為は、原則、有効かつ対抗可能であり、担保権者の救済のためには、補充義務や担保価値維持義務などの義務を観念する必要が出てくると分析できる。これは、無権限処分（無権代理）と権限濫用との構造の違いに対比することが可能であろう[99]。無権限処分（無権代理）は直ちに無効ないし対抗不能であるが、権限内処分は濫用（フロード）があって初めて対抗不能となる。補充義務や担保価値維持義務など「義務」を観念することの実質的意義は、濫用（不当性）の判断基準を定めることに他ならない。さらに第3淵源も含めた広義の担保価値維持義務を観念する意義は十分に存するが、その際に無権限処分と権限濫用の構造上の違いを認識しておくことが有用であろう。

99）髙秀成「権限と権限濫用―フランス法からの示唆」NBL987号（2012年）40頁以下など参照。

4. 事業担保における担保価値維持義務とコベナンツ

前述のとおり、【第３類型】の事業担保における期中管理には、２つの側面があると考えられる。１つは、デフォルト時に事業譲渡によって債権を回収することができるように、期中から企業継続価値を維持・管理することである。これは、原理的には、収益装置としての固定資産の集合を担保目的とする【第１類型】における収益装置の管理と共通する。よって、担保価値維持義務の視点から論じることが可能であろう。しかしながら、異なる面も存する。程度の差とも言えるが、事業担保については、新規ビジネスのスタートアップなどが想定されており、担保目的である「事業」については設定者である事業者の柔軟な経営判断で事業資産の大胆な組み替えも許容されているのが通常であると推測できなくはないからである。

理念的には、【第３類型】の事業担保の構造を次のように分析することが可能であろう。事業者・設定者には、「exploitation」について広範な「権限」、すなわち、事業についての経営権、事業資産についての利活用権（処分権も含む）が付与されている。他方、金融機関・担保権者には、その権限の行使について「管理（コントロール）」を行う「権限」（管理権限）が与えられる。金融機関・担保権者の「管理権限」に対応して、事業者・設定者が「義務」を負担することになる。事業者・設定者は、事業・事業財産に関する「権限」を有すると同時に、その権限に内在する制約として、金融機関・担保権者に対して「義務」を負うわけである。

ところで、先述のとおり、事業担保の期中管理は、大別して２つに分けることができる。第１は、主として失期時の事業譲渡を想定して、事業および事業資産の担保価値（交換価値）、換言すれば「企業継続価値」の維持・管理を行うことである。これに対応した事業者・設定者の義務は「担保価値維持義務」と整理することができよう。第２は、期中における随意弁済により事業収益からの回収を管理することである。

第１の趣旨の管理については、もっぱら「コベナンツ」に委ねられる実務上の考慮点として位置づけられてきたが、担保価値維持義務論の展開を踏まえて、今後は、担保価値維持義務として、担保権の効力として取り込むべき根幹的な部分[100]と、融資当事者の合意（コベナンツ）に委ねられる派生的な部分とを整理した上で、前者を理論的に位置づけ、法制化に基礎を与えることが重要であると考えている。

設定者の義務に関しては、今後、次の２つの点から論じる必要があると考えている。まずは、根幹的な部分を担保権の効力として取り込むことができるか否か、すなわち、法定の担保価値維持義務を「物的義務（obligation réelle)」と構成する余地があるか否かという点である。次いで、たとえ「契約上の義務（obligation contractuelle)」であったとしても、第三者効を付与することはできないかという点である。後者に関しては、債権侵害論やフロード法理（詐害行為取消権の転用論）など、債権の第三者効に関する議論が参考となる。中長期の融資に際して用いられるコベナンツは、広く債務者の事業や資産の管理・処分に担保目的で制約を課す合意である。よって、原則として、合意の当事者である担保権者（債権者）・設定者（債務者）間でのみ効力を生じるものであるが、債務者が合意（コベナンツ）に反して、資産の管理を怠り、あるいは資産を処分した場合に、債権者は第三者に対して

---

100)　再生可能エネルギー事業における洋上風力発電機設備や太陽光パネル、バイオ産業における知的財産権などの主要な固定資産については、物権的な担保価値維持義務が観念されるべきであろう。

101)　この点につき、片山・前掲注（2）「担保価値維持義務の３つの淵源」193～194頁、同前掲注（57）『詐害行為の基礎理論』611頁以下など参照。

担保価値維持義務の「物的義務性」と破産管財人への承継につき、岡伸浩「破産管財人の受託者的地位と担保価値維持義務をめぐる考察」新井誠先生古稀『高齢社会における民法・信託法の展開』（2021年、日本評論社）81～92頁など参照。

詐害行為取消し等との関係については、西内・前掲注（60）「担保の期中管理」も、第１に、判例が債権者代位に準じる事例や詐害行為取消に準じる事例につき、担保価値維持義務を認めてきたことからすれば、「債権者代位や詐害行為取消しの保全の必要性と同様の要件を課すべきでないか」という点（116頁）、第２に、ABLに関して「通常の営業の範囲」という基準を用いることで「一般条項的に禁止範囲を設定する方法」も

何が主張できるかという視点からの議論は可能であろう[101)]。

第２の趣旨の管理は、期中において事業収益を維持し、随時弁済による回収を確保することにある。期中における事業債権の取立ておよび取立金の充当（回金）の確保という点に集約されよう。

この点は、ABLなど「収益」自体や流動資産を担保目的とする【第２類型】と共通し、特に、集合債権譲渡担保における取立権の帰属[102)]の問題と関連する。累積型の集合債権譲渡担保に関しては、アセットが事業債権に限定されていることから、担保権者に法的な取立権を付与して、第三債務者が直接に担保権者の口座に振り込むことも想定されよう。法制審担保法制部会の中間試案でも、原則として設定者に取立権が付与されるとしつつも、「設定行為に別段の定めがあるときはその定めに従うものとする」とし、別段の合意によって、担保権者に取立権を付与することができるとの案が提案されていたところである[103)]。これに対して、事業担保に関しては、事業者・設定者に広範な権限が付与されていることから、事業債権の取立権は、法的には事業者・設定者に付与され、事業者・設定者が取り立てた取立金について、自動的な口座振替など、金融機関・担保権者への回金が確実になされる措置を

考えられるが、「第三者の保護との関係で、対内的な概念と対外的概念が流動的に解釈されうること」に疑念が残ることから、「第三者の保護も念頭に規律を形成している債権者代位、詐害行為取消しに準じて考えることは、こうした概念の錯そうを回避することにつながる」という点（119頁）を指摘している。

また、「権限範囲の特約」に関連して、山下純司「債務者の担保価値維持義務―立法の方向性」角紀代恵ほか編『現代の担保法』（有斐閣・2022年）732頁は、「担保価値維持義務という視点はきわめて有用であるが、実定法の義務として立法する際には、過剰規制とならないように、要件の精緻化など慎重な検討が求められよう」と注意喚起を行う。

102)　取立権限を「物権的」に構成するか否かが重要な課題の１つとなる（この点につき、和田勝行「集合財担保の法的構成をめぐる議論と今後の方向性」ジュリ1579号（2023年）26～27頁など参照)。

103)　「中間試案」第３、４（９頁)。

取り、それを継続することが、コベナンツ（合意）レベルでの義務と構成されることになろう。

V　結びに代えて――事業の収益性に着目した諸種の担保の役割分担

最後に、本年2月の武蔵野大学におけるシンポジウム、そしてその成果としての本書のタイトルは、「検討！ ABLから事業成長担保権へ―中小企業金融の近未来―」であるが、その趣旨は、事業の収益性に着目した担保について、ABLが歴史的な役割を終えて、『事業成長担保権』に移行するという点にあったわけではないことを改めて確認しておきたい。本稿では､敢えて､考察対象をやや広めに設定し､事業性に着目した担保を3つの類型に分けて、それぞれを比較しつつ、共通点、相違点はどこにあるのか、検討を行った。我々は、【第3類型】の新たな『事業成長担保権』『事業担保権』の出現にばかり目を奪われて、従前の【第1類型】、【第2類型】の担保形態を過去のものとして葬り去ってはならない。【第1類型】と【第3類型】の共通点（有機的一体としての固定資産の集合の維持）、【第2類型】と【第3類型】の共通点（累積型としての随時弁済の確保）を確認しつつ、ビジネス法務学の視点から[104)]、役割分担を明確にし、それぞれが多様な資金調達のニーズに応じた最適な選択肢として広く用いられるように、「事業の収益性に着目した担保」全体のグランドデザインを議論すべきではないかと考えている[105)]。

---

104)　ビジネス法務学の概要につき、池田眞朗「ビジネス法務学序説―武蔵野大学大学院法学研究科博士後期課程の開設にあたって―」武蔵野法学15号（2021年）402頁（横書5頁）以下など参照。ビジネス法務学は、「社会の動態を捉える学問」であり、「変革の時代をリードする選別と評価、推奨」がその役割の1つとされる（池田眞朗「ビジネス法務学の確立へ」金法2209号（2023年）1頁参照）。

105)　鐘ヶ江洋祐「シン・与信管理―金融実務のアップデートと担保法改正」金法2207号（2023年）15頁は、「事業の生み出す将来キャッシュフローに着目した新しい担保を目指すのであれば、事業担保についても、シン・与信管理のもとで、ABLや個別担新たな『事業成長担保権』『事業担保権』の出現の担保法理に与えたインパクトは計り知れない。「金融取引促進法」という視角[106]からの今般の担保法制の見直しを経て、事業担保を取り込んだ上での、金融法務および担保法理の新たな展開に期待したい。

保融資とも柔軟に組み替え可能な融資メニューの１つとして設計されるべきである」と指摘する。

106）「規制法から促進法へ」の視角につき、有吉尚哉「資金調達のための法的ツールと規制法・促進法」武蔵野法学 12 号（2020 年）432 頁以下、池田真朗「行動立法学序説―民法改正を検証する新時代の民法学の提唱」（初出・2020 年）同『債権譲渡と民法改正（債権譲渡の研究第５巻）』（弘文堂・2022 年）629 頁以下、637 頁～ 638 頁など参照。

＊本稿は、科学研究費補助金基盤研究（C）課題番号 19K01376 および 2023 年度慶應義塾学事振興資金（個人研究）による研究成果の一部である。

〈武蔵野大学法学研究所叢書 2〉
検討！ABLから事業成長担保権へ

発行日　2023年7月31日 初版第1刷

編著者　池田眞朗

発行　武蔵野大学出版会
〒202-8585 東京都西東京市新町1-1-20 武蔵野大学構内
Tel. 042-468-3003 Fax. 042-468-3004

印刷　株式会社 ルナテック

装丁・本文デザイン　田中眞一

ISBN 978-4-903281-60-5

武蔵野大学出版会ホームページ
http://mubs.jp/syuppan/